高等学校土木工程专业系列选修课教材

道路工程设计导论

本系列教材编委会组织编写
张雪华　肖　鹏　主编

中国建筑工业出版社

图书在版编目(CIP)数据

道路工程设计导论/张雪华,肖鹏主编.—北京:中国建筑工业出版社,2000
高等学校土木工程专业系列选修课教材
ISBN 978-7-112-04021-6

Ⅰ.道… Ⅱ.①张…②肖… Ⅲ.道路工程-设计-高等学校-教材 Ⅳ.U412

中国版本图书馆CIP数据核字(2000)第13778号

《道路工程设计导论》是土木工程专业系列选修课教材之一。本书共分9章,内容包括路线设计(含交叉口设计),路基、路面设计与施工,道路绿化和环境及高速公路的简介。阐述了道路工程的设计原理、计算方法、施工方法及对材料的要求。全书着重基本概念、基本理论的阐述,以解决工程中的实际问题,适当介绍了目前国内外高等级公路的动态,各章均附有思考题以供学生复习。

本书为高等学校土木工程专业非道路工程方向的四年制本科选修课教材,也可供从事道路工程设计和施工的工程技术人员参考。

高等学校土木工程专业系列选修课教材
道路工程设计导论
本系列教材编委会组织编写
张雪华　肖　鹏　主编
*
中国建筑工业出版社出版(北京西郊百万庄)
新华书店总店科技发行所发行
北京富生印刷厂印刷
*
开本:787×1092毫米　1/16　印张:12½　字数:300千字
2000年6月第一版　2007年6月第八次印刷
印数:9901—11100册　定价:**15.40**元
ISBN 978-7-112-04021-6
(9428)

土木工程专业系列选修课教材

编 委 会 名 单

前　言

本书是根据“土木工程专业系列选修课教材”编审委员会1999年3月南京会议审定的“道路工程设计导论编写大纲”编写的。

全书采用我国现代最新的有关公路与城市道路工程方面的技术标准和规范，并适当介绍国内外高等级道路的动态。

本教材遵循少而精的原则，以符合授课对象的特点和要求。由于本课程学时少，教学内容较多，因此在教学中有条件时，应借助幻灯，录像等进行。

本书第1、8、9章及第6章的6.4、6.5节，第7章的7.1、7.2、7.4节由苏州城建环保学院张雪华编写；第2章由苏州城建环保学院隋永芹编写；第3章由河海大学陶桂兰编写；第4章及第7章的7.3、7.5节由扬州大学肖鹏编写；第5章由南京建筑工程学院桑辰编写；第6章的6.1、6.2、6.3节由合肥工业大学郭建营编写。全书由张雪华、肖鹏主编并统稿，由苏州城建环保学院艾军教授主审。

限于篇幅和水平，书中的不足之处希望使用本书的单位和个人提出宝贵意见，以便再版时修改。

目　　录

第1章　总　论

1.1　道路运输的特点和国内外道路发展概况

1.1.1　道路运输的特点

交通运输是国民经济的基础产业，是社会扩大再生产和商品经济发展的先决条件，对促进国民经济持续、快速、健康发展和社会、文化的进步具有重要作用。随着社会主义市场经济体制的逐步建立，沿海、沿江、沿边对外开放的进一步扩大，随着产业结构的调整，农业结构的转变，区域经济的发展，人民生活水平的提高和消费结构的转变，对运输的需求更加旺盛。为适应社会主义市场经济体制的需要，对交通运输提出了更高的要求。

现代交通运输系统是由铁路、道路、水运、航空及管道等5种运输方式组成。这5种运输方式在技术、经济等方面各有特点，各自适应一定的运输要求及自然、地理等条件。它们在国民经济发展计划统筹安排下，合理分工、协调发展、取长补短、相互衔接，形成了完整的综合运输体系。

道路运输在综合运输体系中占有极重要的位置。它具有面的性质，它可以进行"门对门"的直达运输，也可以与其他运输方式相配合，起到客货集散、运输衔接等作用。其主要特点有：

(1)适应性强　道路网分布面宽，密度大，其分布区域比铁路、水运要大十几倍，而且它能深入工矿和山村，中转环节少，货运损失也较少。

(2)机动性好　汽车运输可以随时调动、装卸、起运；可以运送少量客货，也可以运送大量客货；可以单独运行，也可以组队运输，这对国防和山区建设有重要意义，特别是在农村经济发展中占有优先的地位。

(3)速度快捷　在中、短途运输中，特别是在高等级道路上运行，比铁路运输更快。随着人民生活水平的提高，旅游事业的发展，客货运输中的中、短途运输增加很快，它可以减少货物积压，加快资金周转，改善经营管理，提高经济效益，特别对特殊货物及鲜货等的紧急运输有重要意义。

(4)投资较少　道路建设原始投资较少，车辆购置费也较低，资金周转快，社会效益也较显著。

(5)运输费用较高　与铁路和水上运输相比，道路运输的费用较高，特别在低等级道路上长途运输，车速低，运输成本相对较高。此外，汽车行驶中发动机的废气含有害成分，特别在车辆密度大的区域会造成环境污染。

1.1.2　我国道路发展概况

建国以来，我国道路事业发展很快，技术上也有很大进步。建国初期，我国可通车的公路里程仅8.07万km，1985年通车里程达94万km，到1999年底就达到133.6万km，其中高速公路11000km。同时我们也看到，我国道路建设还严重滞后于交通需求：公路数量少，等级低，路况差，混合交通严重，至今还没有一条贯通我国东西或南北的高等级公路，国道网中平均昼夜交通量超过设计能力上限的路段占国道网总里程的一半以上，约3万km的国道主干线交通量超过通行能力1倍以上。因此，"九五"规划将进一步提高公路网的密度和通达深度，同时将重点实施"两纵两横"国道主干线及3条重要路段。两条纵干线是：同江—三亚(含长春—珲春支线)及北京—珠海；两条横干线是：连云港—霍尔果斯及上海—成都(含万县—南充—成都支线)；3条重要路段是：北京—沈阳，北京—上海及重庆至北海西南出海通道。以上约1.8万km，其中70%采用高速公路标准建设，并将联结我国主要经济区域一百多个省会和中心城市，基本贯通国道主干线，重要港口和陆上主要口岸的干线公路的混合交通和拥挤状况将有明显改观。公路质量也有所提高，500车次/日以上等级公路基本实现高级或次高级路面。规划到2020年将基本建成"五纵七横"国道主干线，除上述的"二纵二横"还有三条纵干线是：北京—福州(含天津—塘沽支线和泰安—淮阴连接线)、二连浩特—河口及重庆—湛江；五条横干线是：绥芬河—满州里、丹东—拉萨(含天津—唐山支线)、青岛—银川、上海—瑞丽(含宁波—杭州—南京支线)及衡阳—昆明(含南宁—友谊关)。还要建成45个公路主枢纽。我国城市道路发展也很快，北京、上海、天津及广州等大城市已修建了快速干道和各种互通式或分离式立体交叉和高架桥等。

1.1.3 国外道路发展概况

相比之下，国外的道路运输比我国要发达得多。早在第二次世界大战以后，道路运输首先在几个发达的国家迅速地发展起来。由于道路运输对环境的适应能力很强，道路上可以行驶不同的车辆，旅客和货物等可以直接由起点运到终点，在距离不很长的情况下，效率很高，表现出很强的竞争能力。因此在竞争中道路的运输量大幅度上升，而原来运输量大的铁路客货运输量却大幅度下降。表1-1、表1-2的统计数字即表明了这一点。

发达国家交通方式所占的比例表 **表1-1**

国 名	年 度	道路(%)	海运(%)	铁路(%)	合计(百万吨公里)
法 国	1986	67.1	3.7	29.2	164000
	1987	69.2	3.5	27.2	172000
	1988	70.3	3.7	25.9	195600
原联邦德国	1986	55.0	20.8	24.2	250000
	1987	57.1	19.2	23.7	249500
	1988	57.6	19.9	22.5	266400
英 国	1985	64.2	26.2	9.6	159100
	1986	60.5	29.9	9.6	172000
	1987	61.3	29.3	9.4	184800
美 国	1985	32.3	20.3	47.4	3036000
	1986	33.0	20.4	46.6	3092000
	1987	33.0	21.3	46.9	3330000
日 本	1985	47.5	47.4	5.1	433893
	1986	49.7	45.5	4.8	434685
	1987	50.5	44.9	4.6	408585

发达国家全国道路里程覆盖国土面积比例表 **表 1-2**

国　名	高速公路里程(km)	主干线公路里程(km)	国土面积(km^2)	高速公路里程/国土面积($km/10^3km^2$)	主干线公路里程/国土面积($km/10^3km^2$)
美　国	84361	733601	9372614	9.00	78.27
原联邦德国	8970	39814	248694	36.61	160.09
英　国	3100	15406	299988	10.33	51.36
法　国	7100	35070	551000	12.88	63.65
意大利	6216	51862	301277	20.63	172.14
日　本	4661	50941	377801	12.33	134.84

从以上数据可以看到:发达国家(除美国外)的道路在交通运输中都占有较大的比例,其原因就在于发达国家不仅是道路路线长,而且高等级公路占的比例大,道路网布局密度大,道路交通占全国交通总量的比例大,在交通运输中起着重要的作用。以原联邦德国为例:至1988年时的近30年中,其汽车客运能力增加了15%,铁路客运能力仅增加了5%;公路货物运输增加了85%,而铁路货物运输几乎未增加。

1.1.4　道路测设新技术的发展概况

(1)利用电子计算机技术使道路工程设计中CAD技术的应用环境不断改善和提高

计算机辅助设计(CAD)在我国的发展已有近20年的历史。多年来在我国政府及有关主管部门的高度重视和大力支持下,这一技术的推广、应用、普及已经取得了很好的成绩。许多工程设计单位装备了国际先进水平的CAD系统,具备了用CAD技术完成勘察设计全过程的能力,并且培养了一批既有丰富工程经验又能进行软件开发的综合人才,形成了一支上万人的CAD技术骨干队伍,为我国工程设计技术的腾飞奠定了基础。CAD技术以其高效、精确和工程效益最佳成为推动我国工程设计改革、促进技术进步、提高设计质量、降低工程造价、发挥投资效益的一项重要措施,成为中国工程设计水平的重要标志之一。

我国大规模CAD技术的应用开始于80年代后期,至今已在全国几乎所有的高等级道路上采用,其内容涉及到道路路线、互通式立交、桥梁、涵洞等的分析计算和图表绘制。应用计算机技术改变了过去人画手算的传统作业方式,使设计图纸面貌一新,更重要的是它实现了快速优化设计,大幅度地提高了设计质量。实践表明:计算机优化纵断面设计,可降低工程造价5%～10%;道路路线设计系统的应用替代了以往70%～90%的设计计算工作量和60%～70%的出图工作量,它将整个道路设计水平向前推进了一大步。计算机三维实体造型技术的实现,改变了以往对设计目标的几何检查仅靠设计人员对设计图纸进行仔细的复核审校来确保其在几何上的正确性和相容性的做法,而是直接采用通过道路全景透视图、复合透视图或动态透视图的办法来全面真实地反映拟建道路在竣工后的概貌。

(2)利用计算机技术对道路工程地质进行遥感解译

利用电子计算机结合道路工程地质遥感解译的技术来进行道路勘测设计,是一种先进的测设方法和重大的综合应用技术,它的研究和应用是对道路传统测设方法的一场革命,是对道路规划、勘测和设计的变革,有着划时代的意义。目前我国遥感技术在道路工程地质中的应用及研究主要内容包括:1)区域地质;2)地质构造和不良地质;3)水文地质(地表水、地下浅水范围);4)古河道、软土等几个方面的解译,尤其是应用遥感资料在区域地质情况比较复杂的地区进行道路工程地质的遥感解译,具有明显的解译效果。对道路可行性研究阶段的初步设计,用于路线方案比选、指导工程勘探等方面可以收到事半功倍的效果。可见,通过航测遥感图像的解译。能获取道路工程设计所需的主要工程地质资料,可使道路路线线形布置在结合地形、地质、水文、筑路材料等自然条件的合理位置,达到合理利用地形,避免或最小限度地接触不良地质地段、道路沿线的水文条件良好、筑路材料料场接近路线的走廊范围,尽可能地选用较高的技术指标,从而提高道路的测设和使用质量。

(3)利用计算机技术与航空摄影测量技术相结合进行地形图测绘和形成数字化地模

(4)利用计算机技术与全球卫星定位系统(GPS)进行快速控制测量和其他高精度测量

全球卫星定位系统(GPS)是一个世界范围的、全天候的卫星导航系统,它由卫星部分、地面控制部分和用户接收机三部分组成。

卫星部分由均匀分布在6个相对于赤道的倾角为55°的近似圆形轨道上的24颗卫星组成。轨道面的夹角为60°,轨道平均高度为20200km,12恒星时绕地球一周,这样的布局可保证全球任一测站在任何时刻均能收到4颗以上卫星的信号。

每一个工作的GPS卫星给用户提供不同的信号,当用户能同时看到4颗卫星时,就可以测定未知位置的接收机到已知卫星的4个瞬间距离。利用常规的三边测量技术,就可以确定用户在四维坐标中(即一个三维坐标和一个时间值)的位置。

用户接收机由主机、电源和天线组成。主机的核心为微电脑、石英振荡器及输出设备,在专用软件控制下进行对GPS工作卫星的选择、数据采集、加工、传输、处理和存贮,并对设备系统状态进行检查、报警,对部分非致命故障的排除和承担整个接收系统的自动管理。天线一般采用全方位型的,能采集来自各个方位的卫星信号。

目前GPS的观测方法基本为多普勒法、伪距法、干涉法、载波相位法等4类,国外约有百余厂家生产不同观测及处理方法的接收机。从总的趋势来看,接收机的体积越来越小,操作越来越简单,耗电越来越省,而处理能力则越来越强。

GPS全球卫星定位系统特别适合于勘探测量、工程放样、碎部测量等。它可以迅速地实时测定大批点位的坐标成果,并且对所测的控制网或导线点没有通视的要求,因此,它大大地减少了测量时的外业工作量,生产效率和测量精度均显著提高。

近年来,国内已对高等级道路实施GPS控制测量和部分导线测量(如石家庄—太原、宁通、乌鲁木齐—奎屯、徐州—连云港、海口—文昌、平罗—青铜峡等高速公路或一级公路均采用了GPS进行控制测量),取得了速度快、精度高、经济效益显著的效果。目前,利用GPS进行高等级道路的测量已经在全国范围内全面展开。

1.2 道路的基本组成及作用

按道路所在位置、交通性质及其使用特点,道路可分为:公路、城市道路、厂矿道路、林区道路及乡村道路等。公路是连接城市、农村、厂矿基地和林区的道路。城市道路是城市内道路。厂矿道路是厂矿区内道路,林区道路是林区内道路,它们在技术方面有很多相同之处。下面主要介绍公路和城市道路。

1.2.1 公路的组成及作用

公路是线形结构物,它包括线形和结构两个组成部分。

1. 线形组成

公路线形是指公路中线的空间几何形状和尺寸。这一空间线形投影到平、纵、横三个方向而分别绘制成反映其形状、位置和尺寸的图形，就是公路的平面图、纵断面图和横断面图。公路设计中，平、纵、横三方面是相互影响，相互制约，相互配合的，设计时应综合考虑。

平面线形由直线、圆曲线和缓和曲线等基本线形要素组成。纵断面线形由直线（直坡段）及竖曲线等基本要素组成。公路线形设计时必须考虑技术经济和美学等的要求。

2. 结构组成

公路的结构是承受荷载和自然因素影响的结构物，它包括路基、路面、桥涵、隧道、排水系统、防护工程、特殊构造物及交通服务设施等。不同等级的公路在不同的条件下其组成会有所不同，如汽车停车场在汽车行驶数量少的公路就不必设置。

(1)路基　是行车部分的基础，它承受路面传递下来的行车荷载，它是由土、石按照路线位置和一定技术要求修筑成的土工带状体。

(2)路面　是用各种筑路材料铺筑在公路路基上供车辆行驶的构造物。它直接承受行车荷载和自然因素的作用，供车辆在上面以一定车速安全而舒适的行驶。

(3)桥涵　桥梁是为公路、城市道路等跨越河流、山谷等天然或人工障碍物而建造的建筑物。涵洞是为宣泄地面水流而设置的横穿路堤的小型排水构造物。在低等级道路上，当水流不大时可修筑用大石块或卵石堆筑的具有透水能力的透水路堤和通过平时无水或水流很小的宽浅河流而修筑在洪水期间允许水流漫过的过水路面。在未建桥的道路中断处还可设置渡口、码头等。

(4)排水系统　为了防止地面水及地下水等自然水浸蚀、冲刷路基，确保路基稳定，需设置排水构造物，除上述桥涵外，还有边沟、截水沟、排水沟、跌水、急流槽、盲沟、渗井及渡槽等。这些排水构造物组成综合排水系统，以减轻或消除各种水对道路的侵害。

(5)隧道　隧道是为道路从地层内部或水底通过而修筑的建筑物。隧道可以缩短道路里程并使行车平顺快速。

(6)防护工程　在陡峻山坡或沿河一侧的路基边坡修建的填石边坡、砌石边坡、挡土墙、护脚及护面墙等可加固路基边坡保证路基稳定的构造物。在易发生雪害的路段可设置防雪栅、防雪棚等。在沙害路段设置控制风蚀过程的发生和改变沙粒搬运及堆积条件的设施。沿河路基可设置导流结构物如顺水坝、格坝、丁坝及拦水坝等间接防护工程。

(7)特殊构造物　在山区地形、地质复杂路段，可修建悬出路台、半山桥及防石廊等以保证道路连续和路基稳定的构造物。

(8)交通服务设施　为了保证公路沿线交通安全、管理、服务及环境保护的一些设施，如照明设备、交通标志、护栏、中央分隔带、隔音墙、隔离墙、加油站、停车场、食宿站及绿化和美化设施等。

1.2.2　城市道路的组成及作用

城市道路将城市的主要组成部分如居民区、市中心、工业区、车站、码头及其他部分连接起来，形成完整的道路系统，通常其组成如下：

(1)机动车道和非机动车道。

(2)人行道（包括地下人行道及人行天桥）。

(3)交叉口、步行广场、停车场、公共汽车站。

(4)交通安全设施　人行地道、人行天桥、照明设备、护栏、标志、标线等。

(5)排水系统　街沟、雨水井、窨井及雨水管等。

(6)沿街设施　照明灯柱、电线杆、邮筒及给水栓等。

(7)地下各种管线　电缆、煤气管及给排水管道等。

(8)绿化带。

(9)大城市还有地下铁道、高架桥等。

道路工程的主体是路线、路基(包括排水系统及防护工程等)和路面三大部分。在道路设计中它们是相互联系、相互影响的。路线设计中要有经济合理的线形,还应充分考虑通过地区的自然与地貌等因素,以保证路基的稳定性。路基设计要求具有足够的强度和稳定性,以保证路面结构的整体强度和稳定性,保证行车安全和快速。

1.3　道路的等级划分

1.3.1　公路的等级划分

按交通部部颁《公路工程技术标准》(JTJ001—97)以下简称《技术标准》根据使用任务、功能和适应的交通量分为高速公路、一、二、三、四5个等级。

(1)高速公路　具有4个或4个以上车道,设有中央分隔带,全部立体交叉并具有完善的交通安全设施与管理设施、服务设施,全部控制出入,专供汽车分向、分车道高速行驶的公路。一般能适应按各种汽车(包括摩托车)折合成小客车的远景设计年限年平均昼夜交通量为25000辆以上,具有特别重要的政治、经济意义。

(2)一级公路　它与高速公路设施基本相同,只是部分控制出入,一般能适应按各种汽车(包括摩托车)折合成小客车的远景设计年限年平均昼夜交通量为15000～30000辆,是连接高速公路或是某些大城市的城乡结合部、开发区经济带及人烟稀少地区的干线公路。

(3)二级公路　一般能适应按各种汽车(包括摩托车)折合成中型载重汽车的远景设计年限年平均昼夜交通量为3000～7500辆,为中等以上城市的干线公路或者通行于工矿区、港口的公路。

(4)三级公路　一般能适应按各种车辆折合成中型载重汽车的远景设计年限年平均昼夜交通量为1000～4000辆,为沟通县、城镇之间的集散公路。

(5)四级公路　一般能适应按各种车辆折合成中型载重汽车的远景设计年限年平均昼夜交通量为:双车道1500辆以下;单车道200辆以下,为沟通乡、村等地的地方公路。

公路等级应根据公路网的规划和远景交通量的发展,从全局出发结合公路的使用任务、性质等综合决定。远景设计年限为:高速公路、一级公路为20年;二级公路为15年;三级公路为10年;四级公路一般为10年,也可以根据实际情况适当缩短。

车辆折算系数,以中型载重汽车为标准的车辆折算系数参考表1-3。

车　辆　折　算　系　数　　　　**表1-3**

车　型	中型汽车	小客车	拖挂车	摩托车	大中小型拖拉机	畜力车	人力车	自行车
折算系数	1.0	0.5	1.5	0.5	1.0	2.0	0.5	0.1

公路的技术标准是法定的技术准则,它是指公路线形和构造物的设计、施工在技术性能、几何尺寸、结构组成方面的具体规定和要求。它是在根据汽车行驶性能、数量、荷载等方面的要求和设计、施工及使用的经验基础上,经过调查研究和理论分析制定出来的。各级公路主要指标汇总如表1-4。

各级公路主要指标汇总表

表 1-4

公路等级		高速公路						一		二		三		四	
地形		平原		微丘	重丘	山岭		平原微丘	山岭重丘	平原微丘	重丘山岭	平原微丘	重丘山岭	平原微丘	重丘山岭
计算行车速度(km/h)		120			100	80	60	100	60	80	40	60	30	40	20
车道数		8	6	4	4	4	4	4	4	2	2	2	2	1 或 2	
行车道宽度(m)		2×15	2×11.25	2×7.5	2×7.5	7.5	7.0	2×7.5	2×7.0	9.0	7.0	7.0	6.0	3.5 或 6.0	
路基宽度(m)	一般值	42.5	35.0	27.5 或 28	26.0	24.5	22.5	25.5	22.5	12.0	8.5	8.5	7.5	6.5	
	变化值	40.5	33.0	25.5	24.5	23.0	20.0	24.0	20.0	17.0				4.5 或 7.0	
曲线半径(m)	极限最小值	650			400	250	125	400	125	250	60	125	30	60	15
	一般最小值	1000			700	400	200	700	200	400	100	200	65	100	30
	不设超高最小值	5500			4000	2500	1500	4000	1500	2500	600	1500	350	600	150
中间带宽度(m)	中央分隔带宽度	3.0(2.0)			2.0 (1.5)	1.5	1.5	2.0 (1.5)	1.5						
	左侧路缘带宽度	0.75(0.5)			0.75 (0.5)	0.5 (0.25)	0.5 (0.25)	0.50 (0.25)	0.5 (0.25)						
	中间带宽度	4.5(3.0)			3.5 (2.5)	2.5 (2.0)	2.5 (2.0)	3.0 (2.0)	2.5 (2.0)						
路肩宽度(m)	硬路肩宽度	3.25 或 3.5(3.0)			3.0 (2.75)	2.75 (2.5)	2.5 (1.5)	3.0 (2.75)	2.5 (1.5)						
	土路肩宽度	0.75			0.75	0.75 (0.5)	0.5	0.75	0.5	1.5	0.75	0.75	0.75	0.50 或 1.50	
停车视距(m)		210			160	110	75	160	75	110	40	75	30	40	20
最大纵坡(%)		3			4	5	5	4	6	5	7	6	8	6	9
桥涵设计车辆荷载		汽车——超 20 级			挂车——120			汽车——超 20 级 挂车——120 汽车——20 级 挂车——100		汽车——20 级 挂车——100		汽车——20 级 挂车——100		汽车——10 级 履带——50	

注:1. 表中括号内数值,当受条件限制时采用;

2. 如中央分隔带下埋设管线等设施时,其宽度不得小于 2.0m;

3. 受地形条件或其他特殊情况限制时,经技术论证,最大纵坡可增加 1%。

1.3.2 城市道路的等级划分

《城市道路设计规范》(CJJ37—90)按城市道路系统的地位、交通功能和对沿线建筑物的服务功能分为四类。

(1)快速路　主要为城市长距离交通服务,其技术要求为:

1)至少要有四个车道,中间设分车带,有自行车通过时应在两侧加设自行车道。

2)进出口采用全控制或部分控制。

3)大部分交叉口采用立体交叉,与次干道可采用平面交叉,与支路不能直接相交。过路行人集中点要设置过街人行天桥或地道。

(2)主干路　是城市道路网的骨架,它联系城市各主要分区、港口与车站等。自行车多时可采用机动车和非机动车分流的断面形式。

(3)次干路　它配合主干路组成城市道路网,连接城市各部分和集散交通。它是城市交通干路,兼有服务功能,可设置停车场。

(4)支路　是一个地区(如居住区)内的道路,也是与干路的联系道路,它解决局部地区交通,以服务功能为主。部分支路可用以补充干道网的不足。

城市道路的分类和分级及主要技术指标可参考表 1-5。

城市道路的分类和分级及主要技术指标　　**表 1-5**

项目 类别	级别	计算车速(km/h)	双向机动车车道数(条)	机动车道宽度(m)	分隔带设置	横断面采用形式
快速路		60、80	≥4	3.75	必须设	双、四幅路
主干路	Ⅰ	50、60	≥4	3.75	应设	单、双、三、四
	Ⅱ	40、50	3~4	3.75	应设	单、双、三
	Ⅲ	30、40	2~4	3.5~3.75	可设	单、双、三
次干路	Ⅰ	40、50	2~4	3.75	可设	单、双、三
	Ⅱ	30、40	2~4	3.5~3.75	不设	单
	Ⅲ	20、30	2	3.5	不设	单
支路	Ⅰ	30、40	2	3.5	不设	单
	Ⅱ	20、30	2	(3.25~)3.5	不设	单
	Ⅲ	20	2	(3.0~)3.5	不设	单

注:1. 各类道路依城市规模、交通量、地形分为:Ⅰ、Ⅱ、Ⅲ级,大城市采用Ⅰ级,中等城市采用Ⅱ级,小城市采用Ⅲ级;
2. 设计年限规定:快速路、主干路为 20 年;次干路为 15 年;支路为 10~15 年。

复习思考题

1-1 道路运输与其他运输方式的区别在何处?

1-2 道路(公路、城市道路)的组成、各部功能及要求是什么?

1-3 道路划分等级的依据及其功能是什么?

第2章 道路平面设计

道路是一个三维空间实体，是带状的空间结构物。其设计主要包括路线走向和线形设计两方面的问题，它们是密切联系又相互制约的。

路线设计应合理利用地形，正确运用技术标准，保证线形的均衡性。道路线形应在平、纵、横三方面进行综合设计，保持各元素之间的协调一致。这三方面的组合不仅要满足汽车动力性能的要求，而且还要满足驾驶员视觉和心理等方面的要求，这对保证汽车行驶安全顺适具有极其重要的作用。

道路平面线形是指道路中线投影到平面的几何形状和尺寸。平面线形设计时如受地形、地物等障碍的影响而发生转折，就需要设置圆曲线，为保证行车的舒顺与安全，在直线、圆曲线间或不同半径的两圆曲线之间要插入缓和曲线，圆曲线与缓和曲线合称为平曲线。

路线设计应妥善处理远期与近期、整体与局部的关系，结合地形、地物、地质、水文、气象、筑路材料等自然条件，充分考虑农业、环保等方面的要求，注意与铁路、航运、空运、管道等运输的配合协调，通过综合研究分析，认真进行方案比选，不同的路线方案应对其工程造价及对自然环境和社会环境的影响进行充分论证和分析，达到技术经济、环境效益相统一。

2.1 选线与定线

2.1.1 选线的一般原则

道路路线是道路的骨架，道路选线是整个道路勘测设计的关键，它对道路的使用质量和工程造价都有很大的影响，所以需要综合考虑多种因素，妥善处理好各方面的关系，其基本原则如下：

(1)应根据道路使用任务和性质，综合考虑沿线国民经济发展情况和远景规划，正确处理好远期和近期的关系，使路线在路网中能起到应有的作用；

(2)选线应在保证行车安全、舒适、迅速的前提下，做到工程量小、造价低、营运费用省、效益好及有利于施工和养护；

(3)应注意与农田基本建设相配合，做到少占耕地，且尽量避免占用经济作物田或穿过经济林园等；

(4)应注意选择地质稳定、水文地质条件较好的地带通过；

(5)应重视环境保护，注意由于道路修建、汽车交通运行产生的影响和污染；

(6)充分利用有利地形，正确运用技术标准，搞好路线平、纵、横三方面的结合，力求平面短捷舒顺、纵面平缓均匀及横断面经济稳定。

运用上述选线原则选择路线时对不同的地形条件、不同等级的道路，会有不同的侧重。

2.1.2 各种地形条件下路线走向的选择

1. 平原微丘区选线

平原区地面起伏变化微小，有时有轻微的起伏和倾斜。平原地区除泥沼、盐渍土、河谷漫滩、草原、戈壁、沙漠等外，一般多为耕地，居民点分布较密，在天然河网湖区，还有湖泊、水塘、河汊多等特点。

平原区选线，地形对路线的制约不大，平、纵、横三方面的几何线形容易达到较高的技术标准，但往往会受当地自然条件和地物的影响，路线布设时应注意如下几点：

(1)根据平原区地形条件和地物分布的特点，路线布设应尽可能顺直短捷，一般采用较长直线，较大半径的曲线及中间加入缓和曲线的线形；

(2)路线布设要注意支援农业，少占农田，紧密与农田水利建设相结合，使路线既不片面求直而占用大片良田，也不片面强调不占农田而使路线弯曲过多，造成行车条件恶化；

(3)路线穿越城镇居民区时，要做到靠城不进城，利民不扰民；

(4)平原区河渠湖泊较多，桥涵工程量大，路线在跨越水道时，无论在平面或纵断面上，都要尽可能不破坏路线的平顺性。

2. 山岭重丘区选线

山岭地区山高谷深，坡陡流急，地形地质条件复杂，山脉水系清晰，气候上暴雨多、山洪急，溪流水位变化幅度大，路线方向明确，不是顺山沿水就是横越山岭，顺山沿水的路线按线位所在部位不同，又可分为沿河线、山腰线、山脊线等。在一条相当长的路线中，往往不是一种形式的路线，而是由几种形式的路段相互交替组成。这里只重点介绍沿河线、越岭线的选线要点。

(1)沿河线

沿河线是沿山谷溪流两岸布设的路线。一般地面纵坡较缓，纵面受制约小，由于溪谷较窄，溪流又多曲折，路线平面受制约较大，所以沿河线的布设主要应处理好对岸的选择、线位高低和跨河岸地点三者之间的关系：

1)河岸选择　路线应选在台地较低、支沟小且少和水文地质条件较好的一岸；在积雪冰冻地区，应选在阳坡和迎水的一岸；除高等级公路外，一般路线可选择村庄居民点较多、人口较密一岸，以方便群众；

2)跨河换岸地点　跨主河桥与河岸选择相互依存，互相影响，跨支流桥应服从路线走向。所以要处理好桥位和桥头布设问题，可采用斜、直桥等以适应线形设计的要求；

3)线位高低　线位高低应综合考虑地形、地质、水流情况、路线的技术等级和工程经济而定。一般采用低线位，但必须做好洪水调查，把路线放在设计洪水位的安全高度上，以保证路基稳定和安全。

(2)越岭线

越岭线是在适当地点穿越垭口，走向与山脉方向大致垂直的路线。其特点是需要克服很大的高差，路线的长度和平面位置主要取决于纵坡的安排。因此越岭线的选线以纵断面设计为主导，布线时主要处理好垭口的选择、过岭标高和垭口两侧路线展线方案三者之间的关系：

1)垭口选择

垭口是决定越岭线方案的重要控制点，在符合路线总方向的前提下，应综合地质、气候、地形等条件，从可能通过的垭口中，选择标高较低和两侧利于展线的垭口；对于垭口虽高、但山体薄窄的分水岭，采用过岭隧道方案有可能成为最合适的越岭方案。

2)过岭标高

过岭标高应结合路线等级、地质情况、两侧山坡展线方案和过岭方式等因素，经过技术经济比较后选定，通常高等级公路采用隧道，低等级公路采用路堑。采用路堑形式时，深挖可使路线平顺；浅挖使土石方数量减少，但路线较曲折。当深挖超过 25～30m 以上时，采用隧道往往比路堑经济。

3)垭口两侧展线方案

越岭线两侧展线时中间各控制点的地形、地质条件可采用如下三种形式：

A. 自然展线　是以适当坡度顺着自然地形，利用绕山嘴、侧沟来延展距离、克服高差；

B. 回头曲线　是指当中间控制点的高差较大，靠自然展线无法取得必需的距离以克服高差时，路线可利用地形设置回头曲线进行展线；

C. 螺旋展线　当路线受限制很严，需要在某处提高或降低某一高度才能充分利用有利地形，而且无法采用其他展线方式时，可考虑采用螺旋展线的方法。

2.1.3 定线

定线是根据既定的技术标准和路线方案，结合地形、地质条件，综合考虑平、纵、横三方面的合理安排，具体定出道路中线的确切位置。要求在平面上定出路线的交点和平曲线半径，在纵断面上定出变坡点及设计坡度，在横断面上定出中心填挖尺寸和边坡坡率。定线是道路设计中很关键的一步，它不仅要解决工程、经济方面的问题，而且对如何使道路与周围环境相协调，满足驾驶人员视觉和心理反应要求，以及道路本身线形的美观问题都要在其过程中充分考虑。

影响定线的因素很多，涉及的知识面也很广，因而应当吸收桥梁、水文、地质等专业人员参加，发挥各种专业人员的才能和智慧，使定线成为各专业组协作的共同目标。道路定线质量在很大程度上还取决于采用的定线方法，常用的有纸上定线、实地定线和航测定线三种方法。

1. 纸上定线

纸上定线是在大比例尺地形图上具体确定道路中线的位置。

(1)准备工作

在地形图上标绘各个控制点、应避让的地段和区域。

(2)根据地形和地物初定路线的位置

在相邻控制点之间，根据所经过的不同地形和地物分布情况，参照准备工作所标绘应避让的地段和区域，满足一定标准和要求，选择合适的路线位置，沿着前进方向加密中间控制点。

(3)定线

定线必须满足技术标准的有关规定，同时又要参照初拟的路线位置进行。根据不同地形特点，定线方法有“直线型定线法”和“曲线型定线法”。直线型定线法是先定出与地形相适应的一系列直线，然后用适当的曲线把相邻的直线连接起来的传统定线方法。曲线型定线法是借助弯尺先定出圆曲线，然后用缓和曲线相互连接的以曲线为主的定线方法。

确定平面线形是一个反复试定、检查和调整的过程，直到找出符合标准的最佳路线后，再进行下一步工作。

(4)纵断面设计

路线的平面线形确定以后，可按照规定要求设置中桩，绘制路线的纵断地面线，进行纵断面设计。

(5)最佳横断面修整

在路线的平面和纵断面基本确定以后,应绘制出地面横坡较陡地段以及其他可能高填深挖处的横断面,找出最佳横断面位置,由此修整平面或横断面设计线形。

(6)现场核对

在室内利用地形图进行纸上定线后的平、纵、横断面的成果,应再到现场进行实地核对检查。

2. 实地定线

实地定线即直接在现场确定中线,此法常用于技术标准较低和地形等条件简单的公路。

3. 航测定线

航测定线是利用航空测量资料(航摄像片、航测地形图等)借助航测仪器来建立立体模型进行定线,再到实地放线。如此可将大量野外工作移到室内,能扩大视野,不受气候和自然地理环境的限制。

2.2 道路平面线形

2.2.1 直线、平曲线

1. 直线

直线是平面线形设计的基本要素之一,是平原区道路的主要线形,具有距离短、易布线等特点。但直线线形缺乏灵活性,不易与地形、地物等自然环境相协调,应用受到限制。如直线路段过长,景色单调和公路环境缺少变化,易引起驾驶员的疲倦、注意力难以集中,对行车安全不利。所以长直线路段应根据地形、地物、驾驶员的心理状态及保证行车安全等合理布设。

直线的最大与最小长度应有所限制,其与曲线长度的比例应合理。直线的最大长度及其在曲线间最小长度可参考表 2-1。

直线最大长度及其在曲线间最小长度 **表 2-1**

公路等级		高速公路				一级		二级		三级		四级	
计算行车速度(km/h)		120	100	80	60	100	60	80	40	60	30	40	20
直线最大长度(m)		2400	2000	1600	1200	2000	1200	1600	800	1200	600	800	400
直线最小长度(m)	同向曲线间(m)	720	600	480	360	600	360	480	240	360	180	240	120
	反向曲线间(m)	240	200	160	120	200	120	160	80	120	60	80	40

2. 平曲线

在道路平面图中,道路沿线平曲线的平顺程度不一样,要受到曲线敷设处技术条件的限制。平曲线技术标准主要有圆曲线半径和平曲线最小长度技术指标。

(1)圆曲线半径计算的一般公式

汽车在曲线道路上行驶时,除受重力外,还要受到离心力的影响。离心力使汽车产生向外侧滑和倾覆。因此，圆曲线半径值的确定即依汽车行驶横向稳定性而定。

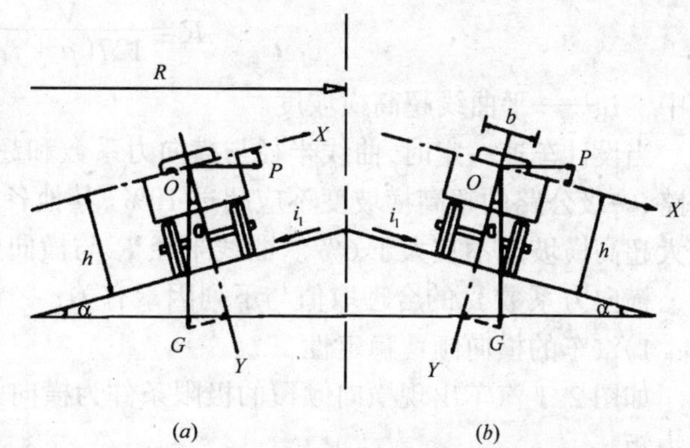

图 2-1　汽车在曲线上行驶的横向力

(a)内侧；(b)外侧

圆曲线上道路横断面如图 2-1：

当汽车在半径为 R 的曲线外侧行驶时，汽车上的作用力有：

离心力 $P=\dfrac{mv^2}{R}=\dfrac{G}{g}\cdot\dfrac{v^2}{R}$

重力 $G=mg$

汽车在曲线上行驶时所受的横向力 X：

$$X = P\cos\alpha - G\sin\alpha = \frac{mv^2}{R}\cdot\cos\alpha - mg\sin\alpha \approx \frac{mv^2}{R} - mgi_1$$

式中　α ——路面横坡角(°)；

(当 α 角很小时，$\cos\alpha\approx 1$，$\sin\alpha\approx \mathrm{tg}\alpha\approx i_1$)

i_1——路面横坡；

v ——汽车行驶速度(m/s)。

为准确反映汽车在曲线上行驶的稳定、安全和舒适程度，常用单位车重所受的横向力表示，即

$$\frac{X}{G} = \frac{v^2}{gR} - i_1$$

令横向力系数 $\mu=\dfrac{X}{G}$，则：

$$\mu = \frac{v^2}{gR} - i_1 \tag{2-1}$$

由上式可以看出，半径愈大，μ 愈小，汽车在曲线上行驶的稳定性愈好。可得出圆曲线半径的计算公式为：

$$R = \frac{v^2}{g(\mu - i_1)} \tag{2-2}$$

当车速 v(m/s)换算为 V(km/h)，可写成式：

$$R = \frac{V^2}{127(\mu - i_1)} \tag{2-3}$$

按上述原理可推导出汽车行驶于曲线内侧时，曲线半径为：

$$R = \frac{V^2}{127(\mu + i_1)}$$

由此可以得出圆曲线的半径公式为：

$$R = \frac{V^2}{127(\mu \pm i_1)} \tag{2-4}$$

汽车在具有超高的平曲线上行驶时，曲线半径为：

$$R=\frac{V^2}{127(\mu+i_B)} \tag{2-5}$$

式中　i_B——平曲线超高横坡度。

当设计车速一定时，曲线半径与横向力系数和超高横坡度有关，《技术标准》规定：高速公路、一级公路的超高横坡度不应超过10%，其他各级公路不应超过8%，在积雪寒冷地区，最大超高横坡度不宜大于6%。曲线半径 R 与横向力系数 μ 的关系密切相关。

横向力系数 μ 的合理取值与下列因素有关：

1）汽车的横向倾覆稳定性

如图2-1汽车出现横向倾覆的极限条件为横向力引起的倾覆力矩等于车重所产生的稳定力矩。

倾覆力矩为　Xh

稳定力矩为 $(G\cos\alpha \pm F\sin\alpha)\frac{b}{2}$

由两者平衡得出，

$Xh=(G\cos\alpha \pm F\sin\alpha)\cdot\frac{b}{2}\approx(G\pm\frac{mv^2}{R}\cdot i_1)\frac{b}{2}$

忽略 $F\sin\alpha$，则

$$Xh=\frac{b}{2}\cdot G \text{ 即}$$

$$\mu=\frac{b}{2h} \tag{2-6}$$

式中　b——车轴的轮距(m)；

h——汽车重心高度(m)。

由式(2-6)可得到汽车不产生倾覆的稳定条件为：

$$\mu\leqslant\frac{b}{2h} \tag{2-7}$$

现代汽车设计中轮距一般为车重心高的2倍，因此，

$$\mu\leqslant 1.0$$

道路设计中所使用的横向力系数值远小于1.0，因此，平曲线上汽车的倾覆稳定性是可以保证的。

2）汽车的侧滑稳定性

路面与轮胎之间的横向摩阻系数为 f，汽车与路面之间的抗滑力为：

$$F=f\cdot G=f\cdot mg \text{ 即}$$

$$f=\frac{F}{G}=\frac{F}{mg}$$

导致汽车横向侧滑的力是横向力系数，由此可得出保证汽车不出现横向侧滑的条件为：

$$\mu\leqslant f$$

$$\text{或 } R\geqslant\frac{V^2}{127(f\pm i_1)} \tag{2-8}$$

横向摩阻系数与路面潮湿程度、路面类型及车速等有关，其中与路面的潮湿程度关系最大。

一般水泥混凝土路面 f 值为 0.4～0.6,沥青路面为 0.4～0.8,路面冰冻积雪时为 0.2～0.3,在平滑的冰雪路面上,若不加防滑链,f 小于 0.2。所以 f 值取 0.10～0.15 时,在干燥与潮湿路面均可以较高车速安全行驶。

3)按行车舒适性确定

横向力系数 μ 值的大小对乘客的承受能力及舒适感有很大影响,具体如下:

$\mu<0.1$ 时,乘客感觉舒适;

$\mu=0.15$ 时,乘客感到不适;

$\mu=0.2$ 时,行车不平稳,乘客有不安全感。

所以从舒适感出发,f 值取 0.10～0.15 也是比较安全的。随着车速的增大,f 值应逐渐减小。

4)按运营经济性确定

μ 值不同,燃料消耗和轮胎磨耗也不同,因此,从运营经济出发,μ 值应不超过 0.15。燃料消耗和轮胎磨耗与 μ 值的关系见表 2-2。

燃料消耗和轮胎磨耗与 μ 值关系

表 2-2

μ	燃料消耗(%)	轮胎磨耗(%)
0	100	100
0.05	105	160
0.10	110	220
0.15	115	300
0.20	120	390

(2)平曲线最小半径

平曲线最小半径包括极限最小半径,一般最小半径和不设超高的最小半径。《技术标准》规定的各级公路的平曲线最小半径值见表 2-3,城市道路规定值见表 2-4。

各级公路最小平曲线半径

表 2-3

公路等级	高速公路				一级		二级		三级		四级	
计算行车速度(km/h)	120	100	80	60	100	60	80	40	60	30	40	20
极限最小半径(m)	650	400	250	125	400	125	250	60	125	30	60	15
一般最小半径(m)	1000	700	400	200	700	200	400	100	200	65	100	30
不设超高最小半径(m)	5500	4000	2500	1500	4000	1500	2500	600	1500	350	600	150

城市道路圆曲线最小半径

表 2-4

计算行车速度(km/h)	80	60	50	40	30	20
不设超高最小半径(m)	1000	600	400	300	150	70
设超高的一般最小半径(m)	400	300	200	145	90	40
设超高最小半径(m)	250	150	100	70	40	20

公路线形设计时,应根据沿线地形等情况,尽量选用较大半径。在受地形条件或其他特殊情况限制时,方可采用表列极限最小半径。

1)极限最小半径

极限最小半径是平曲线半径采用的最小极限值。道路平曲线半径为极限最小半径时,应设置最大超高。

《技术标准》在计算极限最小半径时采用的超高及横向摩阻系数见表 2-5,代入公式(2-5)计算,将计算结果取整数,即得出《技术标准》规定的极限最小半径值。

例如，某山岭重丘区四级公路，$V=2$(km/h)，该路极限最小半径为：

$$R_{极限}=\frac{V^2}{127(f+i_B)}=\frac{20^2}{127(0.16+0.08)}=13.1\text{m}(标准规定为 15m)$$

极限最小半径的 i 及 f 值 **表 2-5**

计算行车速度(km/h)	120	100	80	60	40	30	20
f 值	0.10	0.11	0.12	0.13	0.14	0.15	0.16
i 值	0.08	0.08	0.08	0.08	0.08	0.08	0.08

2)一般最小半径

一般最小半径值是指在通常情况下采用的最小半径，介于极限最小半径与不设超高最小半径之间，其超高值随半径增大而按比例减小。它与计算行车速度、路面类型、自然条件有关。《技术标准》规定在计算一般最小半径时采用的超高及横向摩阻系数见表 2-6，代入公式(2-5)计算，将计算结果取整数，即得出《技术标准》规定的一般最小半径值。

一般最小半径的 i 及 f 值 **表 2-6**

计算行车速度(km/h)	120	100	80	60	40	30	20
f 值	0.05	0.05	0.06	0.06	0.06	0.05	0.05
i 值	0.06	0.06	0.07	0.08	0.07	0.06	0.06

例如，某山岭重丘区四级公路，$V=20$km/h，该路一般最小半径为：

$$R_{一般}=\frac{V^2}{127(f+i_B)}=\frac{20^2}{127(0.05+0.06)}=28.6\text{m}(标准规定为 30m)$$

3)不设超高最小半径

不设超高最小半径是指道路平曲线半径较大、离心力较小时，汽车沿双向路拱外侧行驶的摩擦力足以保证汽车行驶安全稳定所采用的最小半径。

《技术标准》规定不设超高最小半径是取用 $f=0.035$、$i=-0.015$，代入公式(2-4)计算，将计算结果取整数而得的。

例如，某山岭重丘区四级公路，$V=20$km/h，该路的不设超高最小半径为：

$$R_{不设}=\frac{V^2}{127(\mu+i)}=\frac{400}{127(0.035-0.015)}=354\text{m}(标准规定为 350m)$$

选用的圆曲线半径最大不超过 10000m。

当曲线半径小于《技术标准》所列不设超高最小半径时，应在平曲线上设置超高。

在城市道路建设区，由于两侧建筑已形成，如设超高与两侧建筑物标高不易配合，因此，城市道路可适当降低标准。

(3)平曲线最小长度

汽车在道路平曲线上行驶时，驾驶员因操作方向盘频繁而紧张，在高速行驶的情况下是非常危险的。同时，如曲线长度过短，离心加速度变化率较大，乘客心理状态非常不好。而且转角<7°时，曲线长度会显得比实际短，引起曲线半径小的感觉，对行车安全不利。因此，要保证必要的曲线长度。

1)按 6s 确定平曲线最小长度

汽车在较短的曲线上行驶时感到操作困难，根据经验，应最小按 6s 通过时间设置曲线长度。以这样的曲线长度作为由两条缓和曲线组成的平曲线不会使人体感到不适，因此平曲线长度为：

$$L = vt = \frac{V}{3.6}\cdot 6 = 1.67V(\text{m})$$

如受地形条件限制，汽车在圆曲线上行驶至少有3s时间，因此圆曲线最小长度为：

$$L = vt = \frac{V}{3.6}\cdot 3 = 0.84V(\text{m})$$

各级公路平曲线、圆曲线最小长度规定值见表2-7。

各级公路平曲线、圆曲线最小长度　　表2-7

公路等级 / 曲线长度(m)	高速公路(km/h)				一级(km/h)		二级(km/h)		三级(km/h)		四级(km/h)	
	120	100	80	60	100	60	80	40	60	30	40	20
平曲线最小长度	200	170	140	100	170	100	140	70	100	50	70	40
圆曲线最小长度	100	85	70	50	85	50	70	35	50	25	35	20

城市道路平曲线、圆曲线最小长度规定值见表2-8。

城市道路平曲线、圆曲线最小长度　　表2-8

计算行车速度(km/h)	80	60	50	40	30	20
平曲线最小长度(m)	140	100	85	70	50	40
圆曲线最小长度(m)	70	50	40	35	25	20

2)按离心加速度变化率确定平曲线最小长度

离心加速度变化率为：

$$p = \frac{v^2}{Rt}$$

式中　p——离心加速度变化率(m/s^3)；

R——曲线半径(m)；

v——计算行车速度(m/s)；

t——汽车在曲线上的行驶时间(s)。

$$L = 2vt = 2v\cdot\frac{v^2}{pR} = 2\frac{v^3}{pR} = \frac{2V^3}{(3.6)^3 pR}$$

式中　V——计算行车速度(km/h)。

3)按视觉的要求确定平曲线最小长度

当曲线转角<7°时，曲线长度会被误认为比实际曲线短，给驾驶员造成急转弯的错觉。为避免造成视觉错误、保证行车安全，在进行平面线形设计时尽量不采用此种曲线。当受条件限制时，转角<7°的曲线必须设置成足够的长度，其规定值见表2-9。

公路转角≤7°时平曲线最小长度 　　　　表 2-9

平曲线长度 \ 公路等级	高速公路(km/h)				一级(km/h)		二级(km/h)		三级(km/h)		四级(km/h)	
	120	100	80	60	100	60	80	40	60	30	40	20
一般值(m)	1400/α	1200/α	1000/α	700/α	1200/α	700/α	1000/α	500/α	700/α	350/α	500/α	280/α
低限值(m)	200	170	140	100	170	100	140	70	100	50	70	40

注:表中的 α 角为路线转角值(°),当 α<2°时,按 α=2°计算。

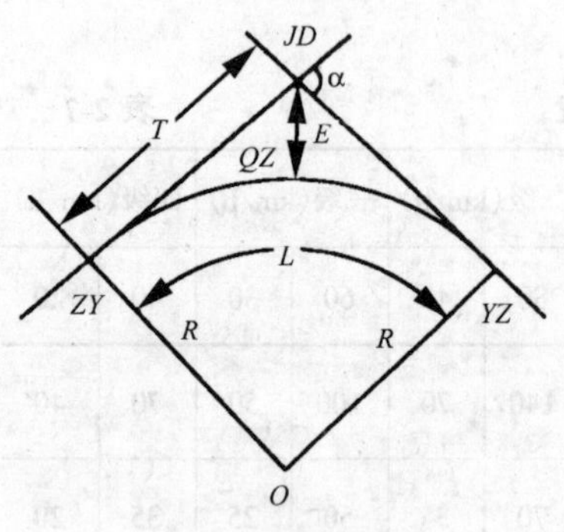

图 2-2　圆曲线要素计算

(4)圆曲线要素的计算

圆曲线要素包括曲线半径 R,曲线长 L,切线长 T 及外矩 E 等。如图 2-2 所示:

$$L=R\cdot\frac{\pi}{180}\cdot\alpha=0.01745R\cdot\alpha$$

$$T=R\cdot\text{tg}\frac{\alpha}{2}$$

$$E=R\left(\sec\frac{\alpha}{2}-1\right)=R\cdot\text{tg}\frac{\alpha}{4}$$

较正数 $D=2T-L$

圆曲线要素计算见图 2-2。

(5)缓和曲线

1)缓和曲线的作用与线形

A. 缓和曲线的作用

当汽车从直线进入圆曲线时,驾驶员必须逐渐转动方向盘,以逐渐改变前轮的转向角,前轮的逐渐转向是在进入圆曲线前的某一路段内完成的,或在两个半径相差较大的圆曲线之间行驶时的某一路段。此时汽车行驶轨迹的曲率半径是不断变化的,这段曲线即为缓和曲线。见图 2-3。

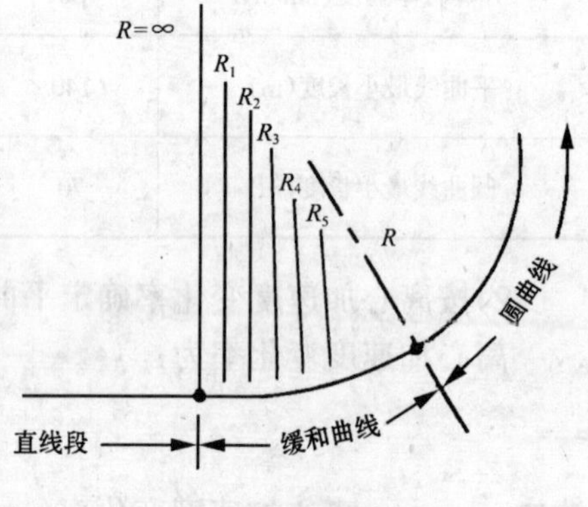

图 2-3　缓和曲线

缓和曲线具有下述四个作用:a. 使汽车能较为安全舒顺地在曲率变化的曲线上行驶,且线形更顺畅、美观与视觉相协调,是曲率变化缓和段;b. 使离心加速度有一逐渐变化的过程;c. 使其从直线段的路拱横坡度向弯道超高横坡度的过渡或曲线部分不同的横坡度的过渡,是横向坡度变化的缓和段;d. 使其从直线段的标准宽度向曲线部分加宽度之间渐变过渡,是加宽缓和段。

所以,缓和曲线是道路线形中的较高等级曲线,尤其适用于高等级道路。四级公路可不设缓和曲线,用直线径相连接。

应设缓和曲线的最大曲线半径见表 2-10,即大于表列曲线半径值,可不设缓和曲线。

应设缓和曲线的最大曲线半径 　　　　表 2-10

计算行车速度(km/h)	120	100	80	60	40	30
最大曲线半径(m)	4000	3000	2000	1000	500	260

B. 缓和曲线的线形

缓和曲线应采用与汽车行驶轨迹一致的曲线形式，该轨迹的曲率半径与汽车前轮的转向角成反比关系，即汽车在直线路段上的转向角为零逐渐过渡到圆曲线上的固定值，如图 2-4 所示。

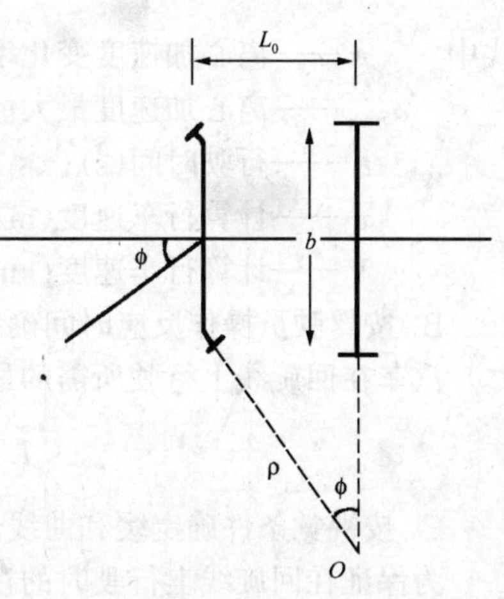

图 2-4　汽车的转弯

汽车在缓和曲线上匀速行驶，速度为 v(m/s)，行驶时间 t，距离为 l(m)，方向盘以角速度 ω 均匀转动，则汽车前轮的转角 ϕ 与方向盘转动角度之间的关系为：

$$\phi = K\cdot\varphi = K\cdot\omega t\ (K\leqslant 1)$$

$$\rho = \frac{L_0}{\sin\phi} \approx \frac{L_0}{\phi} = \frac{L_0}{K\omega t}$$

$$l = v\cdot t = v\cdot\frac{L_0}{K\omega\rho} = v\cdot\frac{L_0}{K\omega}\cdot\frac{1}{\rho} = \frac{c}{\rho}(\mathrm{m}) \quad (2\text{-}9)$$

式中　$vL_0/K\omega = c$（常数）

ρ ——汽车的转动半径(m)；

L_0——汽车前后轮轴距(m)；

φ ——方向盘转动角度。

此式即为汽车匀速行驶并且方向盘转动的角速度不变所产生的行驶轨迹方程。由此可见汽车行驶轨迹半径值随其行驶距离的增加而递减，即缓和曲线上任一点的半径值与其起点的距离成反比。

下面推导式(2-9)中常数 c：

在缓和曲线终点处，

$$\rho = R,\ l = L，则$$

$$L = \frac{c}{R}\ 即\ RL = c$$

若取 $c = A^2$，则有

$$RL = A^2 \quad (2\text{-}10)$$

式中　R——曲线半径(m)；

A——回旋线参数。

式(2-10)即为回旋线方程式，即汽车的行驶轨迹线是回旋线。由此可知，采用回旋线作为缓和曲线线形可以满足汽车轨迹的要求，所以《技术标准》规定缓和曲线采用回旋线。

2)缓和曲线长度计算

A. 按离心加速度变化率确定缓和曲线最小长度

汽车从直线进入圆曲线的过程中，其离心加速度是逐渐变化的，在直线上为零，曲线处为最大值，为使曲线符合汽车运行特性、线形视觉良好，应使离心加速度变化率限制在一定范围内。

离心加速度变化率为：

$$p = \frac{\alpha_{\max}}{t} = \frac{v^2}{Rt} = \frac{v^2}{R\cdot\frac{L}{v}} = \frac{v^3}{LR} = \frac{1}{47}\cdot\frac{V^3}{LR}，则$$

$$L=\frac{V^3}{47pR}(\mathrm{m})$$

式中　p——离心加速度变化率($\mathrm{m/s^3}$)；

$a_{\max}$——离心加速度最大值($a=v^2/R$)($\mathrm{m/s^2}$)；

t——行驶时间(s)；

v——计算行车速度(m/s)；

V——计算行车速度(km/h)。

B. 按驾驶员操作反应时间确定缓和曲线最小长度

汽车在回旋线上行驶所需的最短时间为 t(s)，一般取 3s，则

$$L=vt=\frac{1}{3.6}Vt=\frac{1}{1.2}V(\mathrm{m})$$

C. 按视觉条件确定缓和曲线最小长度

为保证在回旋线上行驶时的视觉连续性，应选择适宜的缓和曲线长度。根据经验可知缓和曲线长度应满足下述要求：

$$\frac{R}{9}<L<R$$

实际采用的缓和曲线长度应视上述计算结果采用其中最大值，而且为 5m 的整数。

《技术标准》规定缓和曲线最小长度见表 2-11，城市道路缓和曲线最小长度见表 2-12。

各级公路缓和曲线最小长度　　**表 2-11**

公路等级	高速公路				一级		二级		三级		四级
计算行车速度(km/h)	120	100	80	60	100	60	80	40	60	30	40	20
缓和曲线最小长度(m)	100	85	70	50	85	50	70	35	50	25	35	20

注：四级公路为超高、加宽缓和段长度。

城市道路缓和曲线最小长度　　**表 2-12**

计算行车速度(km/h)	80	60	40	30	20
最小缓和曲线长度(m)	70	50	35	25	20

对于插入缓和曲线的圆曲线，计算时，为了保持圆曲线原来的半径需将圆曲线半径增大，使增大值等于内移值 ΔR，即取 $R_1=R+\Delta R$。因此，设置缓和曲线后的圆曲线半径仍为 R。

3)缓和曲线要素的计算

《技术标准》规定，当圆曲线半径小于不设超高的最小半径时，应设缓和曲线。缓和曲线设置在直线与圆曲线之间，在起点处与直线相切，在终点处与圆曲线相切。在路线交点处由两段缓和曲线和圆曲线与直线相连，形成一个线形连续顺畅的组合线形。圆曲线的内移通常采用圆曲线的圆心不动，使半径减小向内移动，此时圆曲线上各点的内移值相等，计算与测设较为简易。

如图 2-5 所示，JD 是路线导线的交点，B、F 点是不设缓和曲线时圆曲线与两直线相切的点，分别为起点和终点，O 为圆曲线的圆心，圆曲线所对圆心角为 α(公路偏角)。插入缓

和曲线后，缓和曲线起点、终点为 A 点和 G 点，其与圆曲线相切点 E 点和 D 点，原来的圆曲线向内移动了一段距离 ΔR。设置缓和曲线后，将减小圆曲线的圆心角，减小后的圆心角等于 $\alpha-2\beta$，由此可见，设置缓和曲线的可能条件为 $\alpha \geqslant 2\beta$。

当 $\alpha=2\beta$，两条缓和曲线在弯道中央连接，形成一条连续的缓和曲线。当 $\alpha<2\beta$ 时，则不能设置所规定的缓和曲线，这时必须缩短缓和曲线的长度或者增大圆曲线的半径。

在测设时，已知圆曲线半径 R、偏角 α、圆曲线起点 B 及终点 F 的位置，所以必须定出缓和曲线起点 A 的位置（q 值）、缓和曲线与圆曲线衔接点 E 的位置（X_h 值），以及圆曲线向内移动的距离 ΔR。这三个数值确定后，即可定出缓和曲线。

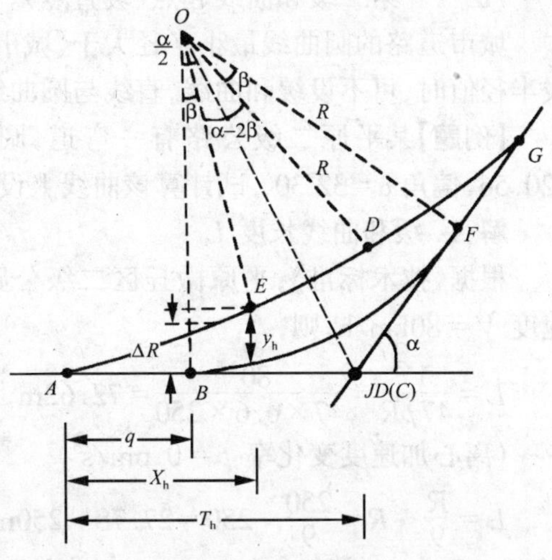

图 2-5　缓和曲线与圆曲线的衔接

由图 2-5 中的几何关系可得：

$$\beta=\frac{L^2}{2c}=\frac{L}{2R}(rad)$$

$$\Delta R=y_h-R(1-\cos\beta)=\frac{L^2}{24R}-\frac{L^4}{2688R^3}$$

$$q=x_h-R\sin\beta=\frac{L}{2}-\frac{L^3}{240R^2}$$

切线总长 $T_h=T+q=(R+\Delta R)\mathrm{tg}\dfrac{\alpha}{2}+q$

曲线总长 $L_h=\dfrac{\pi}{180}R(\alpha-2\beta)+2L$

外矢距 $E_h=(R+\Delta R)\sec\dfrac{\alpha}{2}-R$

超距 $D=2T_h-L_h$

式中　c ——回旋曲线常数；

β——缓和曲线角；

L——回旋线长度（m）；

ΔR ——设置缓和曲线后，主圆曲线的内移值（m）；

q ——缓和曲线切线增值（m）；

(X_h, y_h)——缓和曲线与圆曲线衔接点的位置坐标。

得出 β、ΔR 和 q 值后，就可以进行缓和曲线要素的计算，如图 2-5 所示。全部曲线共有五个主点里程桩号需要计算：

ZH——第一缓和曲线起点（直缓点）；

HY——第一缓和曲线终点（缓圆点）；

QZ——缓和曲线终点（曲中点）；

YH——第二缓和曲线终点（圆缓点）；

HZ——第二缓和曲线起点(缓直点)。

城市道路的圆曲线最小半径大于《城市道路设计规范》规定的不设缓和曲线的最小圆曲线半径值时,可不设缓和曲线,直线与圆曲线径相连接。缓和曲线的最小长度为 20~70m。

【例题】某平原二级公路有一弯道,圆曲线半径 $R=250$m,交点的里程桩号 $K13+520.56$,偏角 $\alpha=32°30'$,试计算该曲线上设置缓和曲线后的五个主点里程桩号。

解:1. 缓和曲线长度 L

根据《技术标准》,平原微丘区二级公路计算行车速度 $V=80$km/h,则,

$$L=\frac{V^3}{47pR}=\frac{80^3}{47\times0.6\times250}=72.62\text{m}$$

(离心加速度变化率 $p=0.6\text{m/s}^3$)

$$L=\frac{R}{9}\sim R=\frac{250}{9}\sim250=27.78\sim250\text{m}$$

取整数,采用缓和曲线长为 75m(《技术标准》规定当 $V=80$km/h 时,缓和曲线最小长度为 70m)。

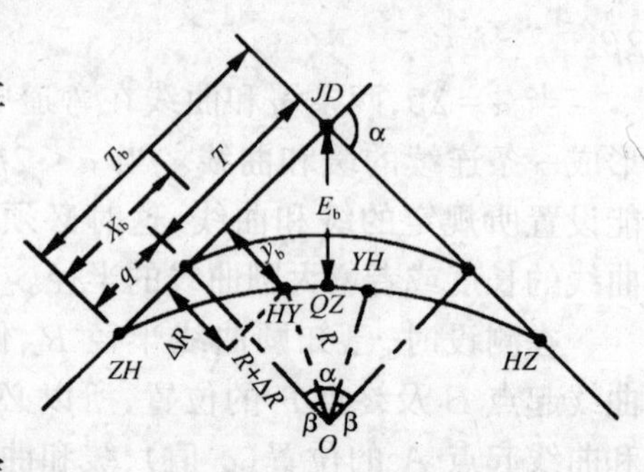

图 2-6 带缓和曲线的圆曲线主点桩位

2. 圆曲线的内移值 ΔR

$$\Delta R=\frac{L^2}{24R}-\frac{L^4}{2688R^3}=\frac{75^2}{24\times250}-\frac{75^4}{2688\times250^3}=0.94\text{m}$$

3. 切线总长度 T_h

$$q=\frac{L}{2}-\frac{L^3}{240R^2}=\frac{75}{2}-\frac{75^3}{240\times250^2}=37.47\text{m}$$

$$T_h=(R+\Delta R)\text{tg}\frac{\alpha}{2}+q=(250+0.94)\text{tg}16.25°+37.47=110.61\text{m}$$

4. 曲线总长度 L_h

$$\beta=\frac{L}{2R}\cdot\frac{180}{\pi}=\frac{75}{2\times250}\times57.2958=9.0°$$

$$L_h=\frac{\pi}{180}\cdot R(\alpha-2\beta)+2L=\frac{1}{57.2958}\times250(32.5°-2\times9°)+2\times75=213.23\text{m}$$

5. 五个主里程桩号

JD	$K13+520.56$
$-)T_h$	110.61
ZH	$K13+409.95$
$+)L$	75.00
HY	$K13+484.95$
$+)(L_h-L)$	138.23
HZ	$K13+623.18$
$-)L$	75.00
YH	$K13+548.18$
$-)\frac{1}{2}(L_h-2L)$	31.62

QZ	$K13+516.56$
$+)\frac{1}{2}D$	4.00
JD	$K13+520.56$

2.2.2 超高与加宽

1. 超高

(1)超高

如图2-7，从圆曲线半径设计原理分析中可知，当汽车以一定速度行驶在弯道外侧时，会受到方向相同的离心力与汽车水平分力的联合作用，这会增大汽车的横向侧滑力，影响汽车的横向稳定性，所以，当采用的平曲线半径小于不设超高最小半径时，将曲线段的外侧车道抬高，构成与内侧同坡度的单坡横断面，这种设置即为超高。

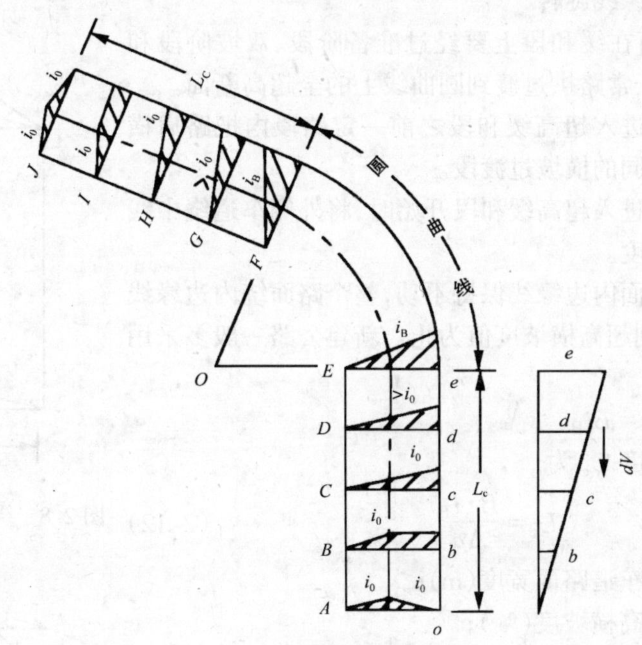

图2-7 曲线的超高

超高计算公式为：

$$i_B=\frac{V^2}{127R}-\mu \qquad (2\text{-}11)$$

式中 V ——计算行车速度(km/h)；

R ——圆曲线半径(m)；

μ ——横向力系数。

由式(2-11)可以看出，当行车速度 V 与曲线半径 R 一定时，超高按横向力系数的大小确定。

各级公路和城市道路最大超高值见表2-13和2-14。

公路最大超高值　　表 2-13

公路等级	高速公路	一	二	三	四
一般地区	10%		8%		
积雪寒冷地区	6%				

城市道路最大超高值　　表 2-14

计算行车速度（km/h）	80	60、50	40、30、20
最大超高值（%）	6	4	2

当超高横坡度的计算值小于路拱最小值时，取路拱坡度值。

(2)超高缓和段

超高缓和段即为从直线段的双向横坡逐渐过渡到圆曲线路段的超高横坡过渡段。超高缓和段的长度要适宜，过短会给行车带来不便，过长则会给测设、施工及路面排水带来困难。

对于没有中间带的公路，超高的形成方式有：

1)绕路面内边缘线旋转

如图 2-8，路面在缓和段上要经过准备阶段、双坡阶段和旋转阶段，即可从正常路拱过渡到圆曲线上的全超高断面。

准备阶段是在进入超高缓和段之前一定路段内把路肩横坡抬高到与路面相同的横坡过渡段。

双坡阶段是在进入超高缓和段开始时，将外侧车道绕中线旋转到与内侧同坡度。

旋转阶段是路面内边缘线保持不动，整个路面绕内边缘线向上旋转，直到达到超高横坡度值为止。新建公路一般多采用此种旋转方式。

外侧抬高值：$h = Bi_B$

超高缓和段长度 L_c 为：

$$L_c = \frac{B \cdot i_B}{\Delta p} \tag{2-12}$$

式中　B ——双车道路面宽度(m)；

i_B——超高横坡度(%)；

Δp ——超高渐变率。

图 2-8　绕路面内侧边缘旋转

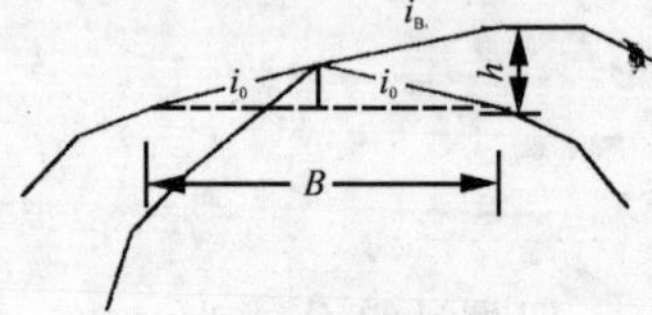

图 2-9　曲线超高的旋转

超高渐变率是旋转轴与行车道(设置路缘带时为路缘带)外侧边缘线之间相对升降的比率，是超高缓和段长度的重要影响因素。其规定值见表 2-15 和表 2-16。

公路超高渐变率　　表 2-15

计算行车速度（km/h）	超高旋转轴位置	
	绕中线旋转	绕边缘旋转
120	1/250	1/200
100	1/225	1/175
80	1/200	1/150
60	1/175	1/125

续表

计算行车速度（km/h）	超高旋转轴位置	
	绕中线旋转	绕边缘旋转
40	1/150	1/100
30	1/125	1/75
20	1/100	1/50

城市道路超高渐变率 **表 2-16**

计算行车速度(km/h)	超高渐变率
80	1/85
60	1/45
50	1/40
40	1/20
30	1/15

2)绕路面中心线旋转

先将外侧车道绕中心线旋转到与内侧车道构成单向横坡，然后整个横断面一同绕路中心线旋转，直到达到超高横坡度值为止。此种方式多用于旧路改建工程。

此时，外侧车道抬高值 h 为：

$h=B(i+i_B)/2$

超高缓和段长度 L_c 为：

$$L_c=\frac{B}{2}(i_0+i_B)\cdot\frac{1}{\Delta p}$$

式中 i_0——路拱横坡度(%)。

2. 加宽

(1)加宽

汽车在曲线部分行驶时，前后轮的轮迹是不同的，而且，驾驶员保持车辆在车道中心线上也较困难，弯道部分的路面宽度比直线段需宽些。所以为保持汽车在转弯中不侵占相邻车道，曲线路段的路面必须加宽，如图 2-10。

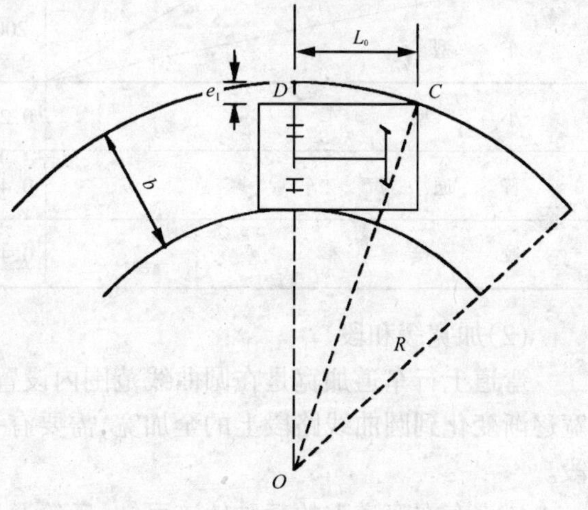

图 2-10 平曲线上的路面加宽值

由图中几何关系可得：

$$L_0^2+(R-e_1)^2=R^2$$

所以：$e_1=R-\sqrt{R^2-L_0^2}$

若为双车道，路面的加宽值为单车道的 2 倍：

$e=2e_1$，则，$e=2(R-\sqrt{R^2-L_0^2})$

考虑由于车速而产生的汽车摆动宽度值后，平曲线上双车道路面加宽值公式为：

$$e=\frac{L_0^2}{R}+\frac{0.1V}{\sqrt{R}} \tag{2-13}$$

式中 e ——双车道路面加宽值(m);

R ——圆曲线半径(m);

V ——计算行车速度(km/h);

L_0——汽车轴距加前悬的长度(m)。

《技术标准》规定,当圆曲线半径等于或小于 250m 时,应在平曲线内侧加宽,双车道路面的加宽值规定见表 2-17。单车道路面加宽值按表列数值的½采用。

平 曲 线 加 宽 **表 2-17**

加宽类别	加宽值(m) 平曲线半径(m) / 汽车轴距加前悬(m)	250~200	<200~150	<150~100	<100~70	<70~50	<50~30	<30~25	<25~20	<20~15
1	5	0.4	0.6	0.8	1.0	1.2	1.4	1.8	2.2	2.5
2	8	0.6	0.7	0.9	1.2	1.5	2.0			
3	5.2+8.8	0.8	1.0	1.5	2.0	2.5				

四级公路和山岭重丘区的三级公路采用第 1 类加宽值;其余各级公路采用第 3 类加宽值。对不经常通行集装箱运输半挂车的公路,可采用第 2 类加宽值。

对于城市道路,当曲线半径等于或小于 250m 时,应设加宽。每条车道的路面加宽值规定见表 2-18。

城市道路曲线加宽值 **表 2-18**

加宽值(m) 圆曲线半径(m) / 车型	250~200	<200~150	<150~100	<100~60	<60~50	<50~40	<40~35	<30~20	<20~15
小型车	0.28	0.30	0.32	0.35	0.39	0.40	0.45	0.6	0.7
普通汽车	0.40	0.45	0.60	0.70	0.90	1.00	1.30	1.80	2.40
铰接车	0.45	0.55	0.75	0.95	1.25	1.50	1.90	2.80	3.50

(2)加宽缓和段

弯道上行车道加宽是在圆曲线范围内设置不变的全加宽值。为避免直线路段上的不加宽逐渐变化到圆曲线路段上的全加宽,需要有一逐渐变化的过程,这一过渡段称为加宽缓和段。

从汽车在弯道上的行驶轨迹可知,后轮通过前轮的内侧,原则上应在平曲线内侧设置加宽。若受地形条件限制,方可在曲线两侧加宽。

当平曲线路段需设置缓和曲线、超高和加宽时，超高、加宽缓和段长度应与缓和曲线长度一致，并取三者计算值中大者作为设计值。

2.2.3 线形组合

为保证汽车安全、舒适地行驶，应使路线线形圆滑、顺适，各线形要素之间要有连续、均衡性，直线段与曲线段应彼此协调而成比例地敷设。过长的直线与沿线地形、自然景观配合得不好，会令人感到单调、乏味，易发生交通事故。直线段的长度虽然在《技术标准》中未作规定，但根据经验直线最大长度最好控制在计算行车速度的20倍。直线的最小长度，反向曲线间为计算行车速度的2倍，同向曲线间为计算行车速度的6倍。如受地形条件限制必须设置短直线时，也可用大半径曲线或缓和曲线来代替。

平坡和下坡的长直线尽头不得采用小半径的曲线。如半径较小的曲线处在主要由直线段或大半径曲线组成的路段上，尤其是在驾驶人员前面不易观察到的地方突然出现半径较小曲线时，对行车安全极为不利。

所以，平面线形设计时对曲线和直线应根据地形变化及地物状况，事实求是地巧妙组合运用，而不能片面强调以直线为主或以曲线为主。

平面线形要素的组合形式主要有以下几种：

(1)基本形

圆曲线两端用回旋线和直线相互连接的形式称为基本形。见图2-11。

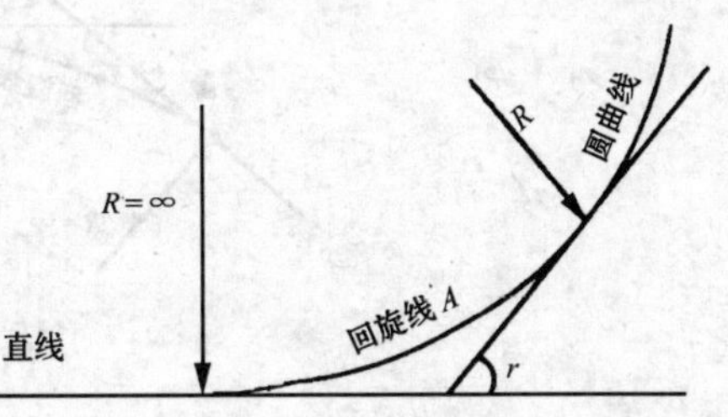

图2-11 基本形

为使线形连续协调，回旋线——圆曲线——回旋线的长度之比最好设计为1∶1∶1。如受地形条件限制时，基本形的两个回旋线也可不相等，所以基本形可以设计成对称形(圆曲线两侧的回旋线长度相等)和非对称形(圆曲线两侧回旋线长度不相等)。

(2)S形

两个反向圆曲线用回旋线连接的组合形式，称为S形。见图2-12。

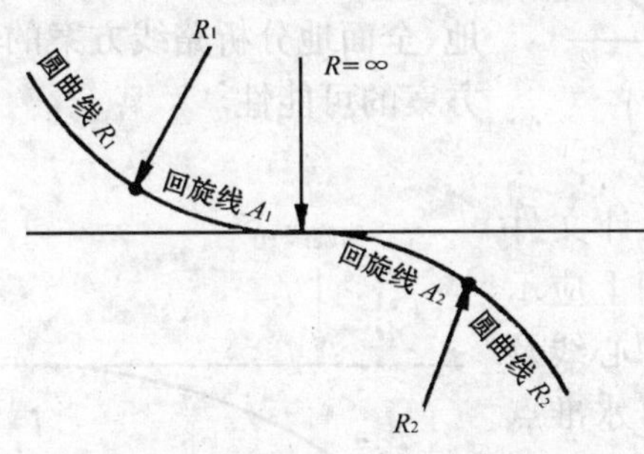

图2-12 S形

S形相邻的两个回旋线参数宜相等。

(3)卵形

用一个回旋线连接两个同向圆曲线的组合形式称为卵形。见图2-13。

(4)凸形

两个同向回旋线间不插入圆曲线而径相连接的形式称为凸形。凸形分为对称和非对称两种。见图 2-14。

(5)复合形

两个以上的同向曲线在曲率相等处相互连接的线形称为复合形。这种形式很少采用,除非受地形条件控制严格,为了减少工程量、节省投资不得已才采用。见图 2-15。

(6)C形

两个同向回旋线在曲率为零处径相衔接的组合形式称为C形,见图 2-16。

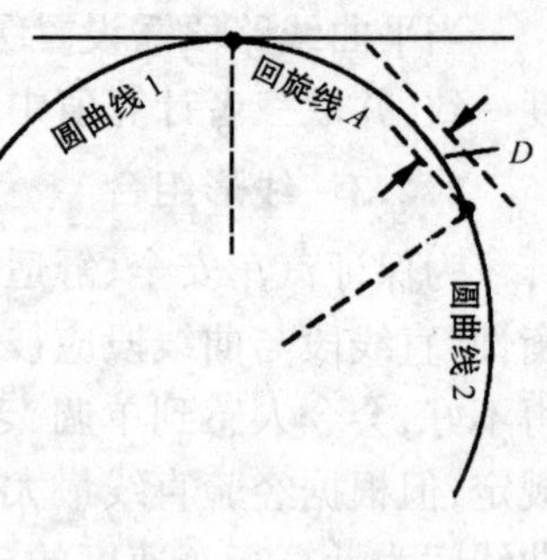

图 2-13 卵形

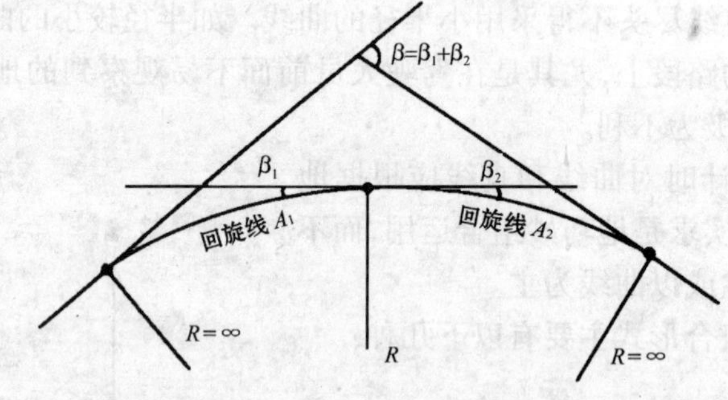

图 2-14 凸形

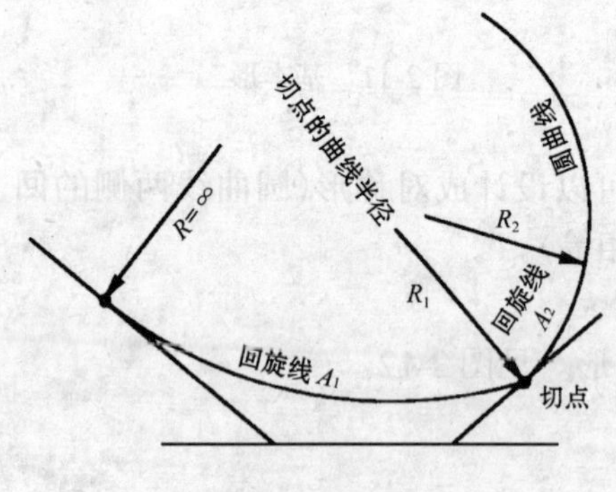

图 2-15 复合形

C形曲线连接点处的曲率为零,半径为无穷大,一般只在特殊地形、工程非常艰巨的情况下方可采用。两个回旋线参数可相等,如有困难,亦可不相等。

2.2.4 路线平面图

路线平面图是路线设计文件中的主要内容之一,路线平面图反映了平面位置、线形、尺寸以及公路与周围环境、地形、地物等的关系。从平面图上可以清楚地、全面地分析路线方案的优缺点,从而提出路线改善方案的可能性。

《公路基本建设工程设计文件编制办法》要求,路线平面图上应示出沿线的地形、地物,路线中心线及其里程桩号、断链、主要桩号水准点和大中桥、隧道、主要沿线设施的位置及省、市、自治区、县分界线,并示出平面线的要素。一般采用 1∶2000 的比例尺,平原微丘区可采用 1∶5000 的比例尺。路线平面图见图 2-17。

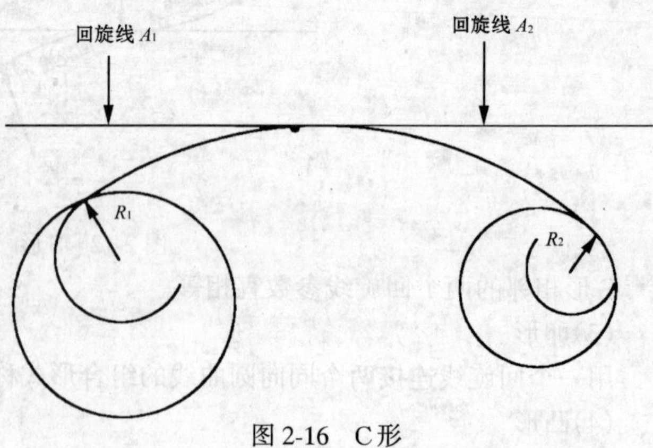

图 2-16 C形

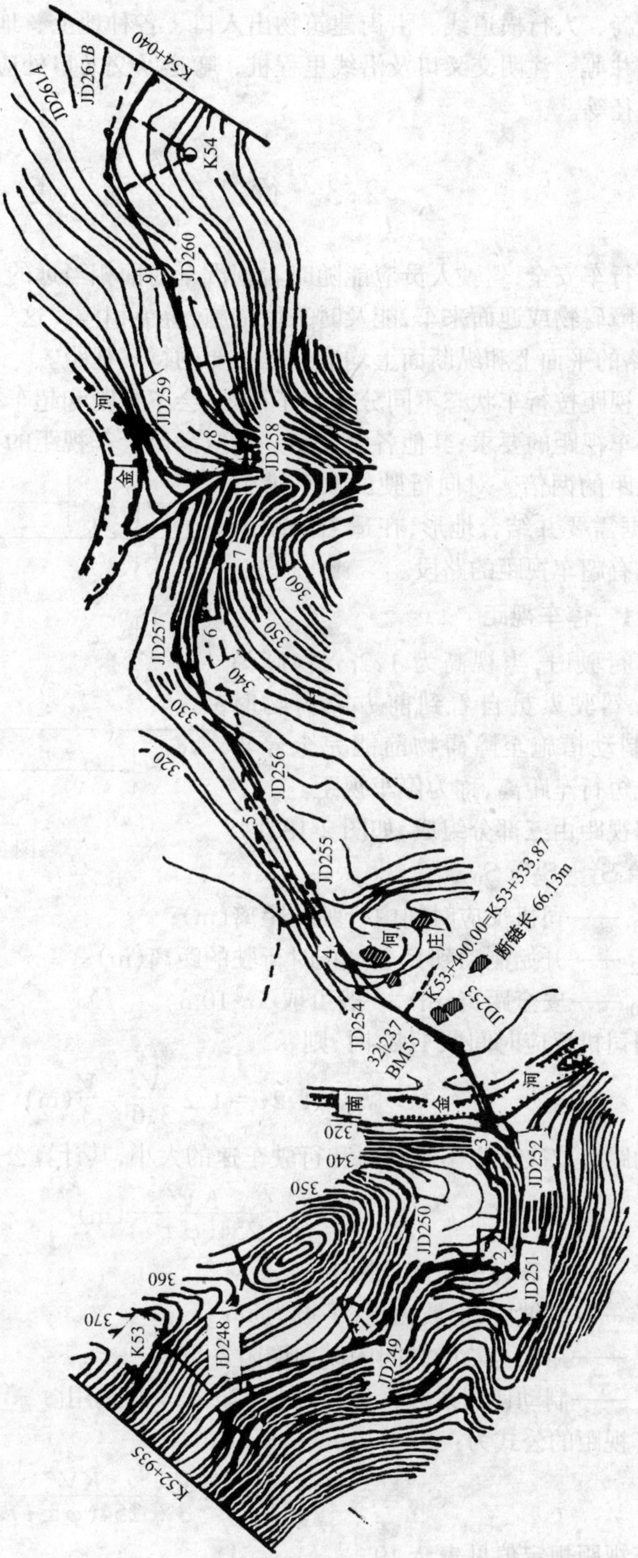
K54+040
JD261A
JD261B
K54
JD260
9
JD259
河
金
8
JD258
7
360
JD257
6
350
340
330
320
JD256
5
JD255
4
河
庄
K53+400.00=K53+333.87
断链长 66.13m
JD253
JD254
32|237
BM55
南
金
河
320
3
JD252
340
350
JD250
2
JD251
360
370
K53
JD248
1
JD249
K52+935

图 2-17 路线平面图

城市道路平面图应标明路中心线，远、近期的规划红线、车行道线、停车场、绿化带、交通岛、人行横道线、沿街建筑物出入口、各种地上、地下管线的走向位置、雨水进水井、窨井等、注明交叉口及沿线里程桩，弯道及交叉口处应注明曲线要素、交叉口侧面的转弯半径等。

2.3 行车视距

为了行车安全,驾驶人员应能随时看到汽车前面相当远的一段路程,以便一旦发现前方路面上有障碍物或迎面来车,能及时采取措施,避免相撞。这一必须的最短距离称为行车视距,在道路的平面上和纵断面上均应保证必要的行车视距。

行车视距按行车状态不同分为停车视距,会车视距和超车视距等。高速公路、一级公路应满足停车视距的要求;其他各级公路一般应满足会车视距的要求,会车视距的长度不应小于停车视距的两倍。对向行驶的双车道公路,应根据需要并结合地形,在适当的距离内设置具有超车视距的路段。

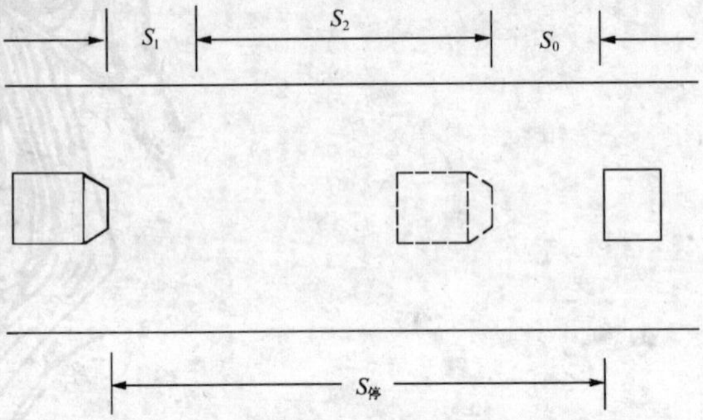

2.3.1 停车视距

汽车行驶时,当视高为 1.2m,物高为 0.1m 时,驾驶人员自看到前方障碍物时起,采取制动措施至障碍物前能完全停车所需的最短行车距离,称为停车视距。

S_1　S_2　S_0

$S_{停}$

图 2-18　停车视距

停车视距由三部分组成,如图 2-18。

$S_{停}=S_1+S_2+S_0$

式中　S_1——司机反应时间内行驶的距离(m);

S_2——开始制动到完全停止时行驶的距离(m);

S_0——安全距离(m),一般可取 5～10m。

我国司机反应时间取 1.2s 时,则

$$S_1=1.2v=1.2\frac{V}{3.6}=\frac{V}{3}(\mathrm{m})$$

制动距离取决于汽车制动力和行驶车速的大小,其计算公式为:

$$S_2=\frac{KV^2}{254(\varphi\pm i)}(\mathrm{m})$$

式中　V——计算行车速度(km/h);

i——纵坡度,上坡为正,下坡为负;

φ——路面与轮胎之间的纵向摩阻系数;

K——制动使用系数,一般可在 1.2～1.4 间选用。

所以停车视距的公式为:

$$S_{停}=S_1+S_2+S_0=\frac{V}{3}+\frac{KV^2}{254(\varphi\pm i)}+S_0$$

行车视距规定值见表 2-19。

各级公路停车视距与超车视距　　　　　　　　　　表 2-19

公路等级	高速公路				一级		二级		三级		四级	
计算行车速度(km/h)	120	100	80	60	100	60	80	40	60	30	40	20
停车视距(m)	210	160	110	75	160	75	110	40	75	30	40	20
超车视距(m)							550	200	350	150	200	100

城市道路停车视距规定值见表 2-20。

城市道路停车视距　　　　　　　　　　表 2-20

计算行车速度(km/h)	80	60	50	45	40	35	30	25	20	15	10
停车视距(m)	110	70	60	45	40	35	30	25	20	15	10

2.3.2　会车视距

两对向行驶的汽车能在同一车道上及时刹车所必需的距离称为会车视距。

在双车道公路上,尤其在交通量不大时,所需的安全视距如按比例关系及运动状态进行计算,涉及的因素很多,也不实用,一般不作计算。参照国内外的普遍做法,会车视距取停车视距的两倍,见图 2-19。

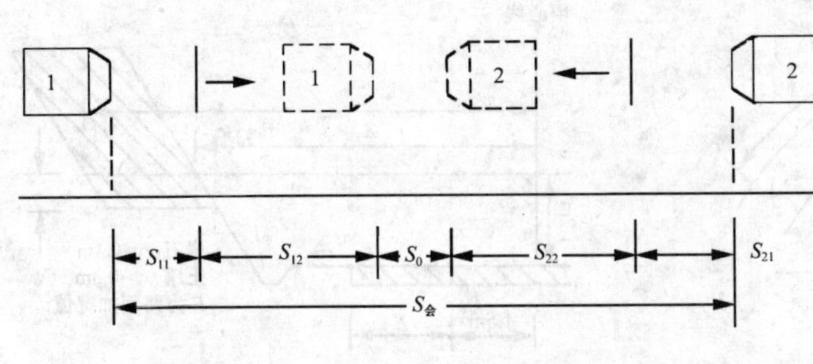

图 2-19　会车视距

2.3.3　超车视距

在双车道公路上,当视高为 1.2m,后车超越前车过程中,从开始驶离原车道之处起,至可见逆来行车并能超车后驶回原车道所需的最短距离,即为超车视距。

全超车视距由四部分组成,如图 2-20。

$$S_{超} = S_1 + S_2 + S_3 + S_4$$

式中　S_1 ——加速行驶距离(m);

S_2 ——超车汽车在对向车道行驶的距离(m);

S_3 ——超车完成时超车汽车与对向汽车间安全距离(m),一般取 15~60m;

S_4 ——超车汽车从开始加速到超车完成时对向车道汽车的行驶距离(m)。

2.3.4　视距的保证

1. 弯道上视距的保证

汽车在弯道上行驶时,弯道内侧行车视距可能被树木、建筑物、路堑边坡或其他障碍物所遮挡,因此,在路线设计时必须检查平曲线上的视距是否能得到保证,如有遮挡时,则必须

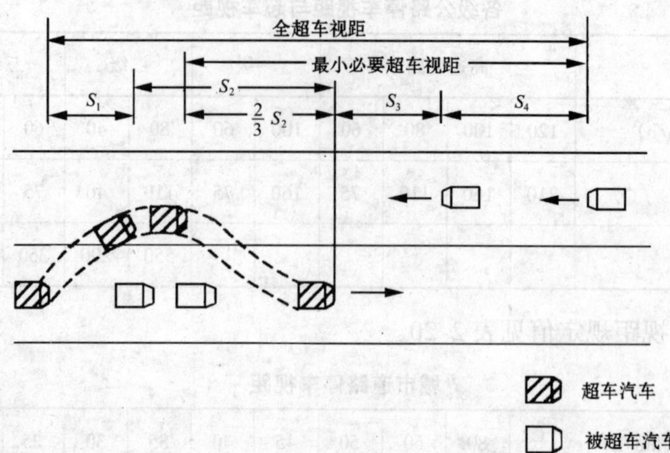

图 2-20　超车视距

清除视距区段内侧适当横净距内的障碍物。如图 2-21。

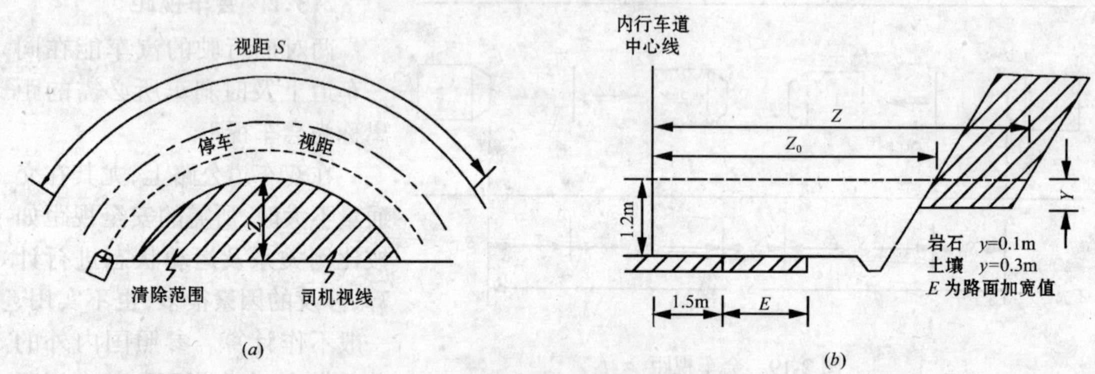

图 2-21　弯道内侧视距障碍物清除

(a)横净距平面图;(b)横净距立面图

图中阴影部分是阻碍驾驶员视线的范围,范围以内的障碍物均应清除。Z 为内侧车道上汽车应保证的横净距(汽车轨迹线与视线之间的距离)。

对弯道进行视距检查是对沿内侧车道边缘 1.5m 处行驶的汽车进行检查,并通过驾驶员高出路面 1.2m 的视线横净距 Z_0 来保证,如图 2-21。

当 $Z < Z_0$ 时,视线可以保证。

当 $Z > Z_0$ 时,需将图上阴影障碍物部分清除。

上述 $Z\text{-}Z_0$ 值是弯道上必须清除的最大横净距,它在曲线的中点或中点附近。其他任意点的横间距设为 Z_1,则该点的清除宽度为 $Z_1\text{-}Z_0$。

Z_1 通常用图解法求得,如图 2-22 所示,AB 是行车轨迹线在该轨迹上的规定的设计视距 S 量出多组对应的起终点,分别把各组对应起终点连接起来,与这些线相切的曲线(包络线)即为视距曲线。在视距曲线与轨迹线之间的空间范围是应保证通视的区域,在这个区域内的障碍物应予清除。

2. 城市道路交叉口的视距

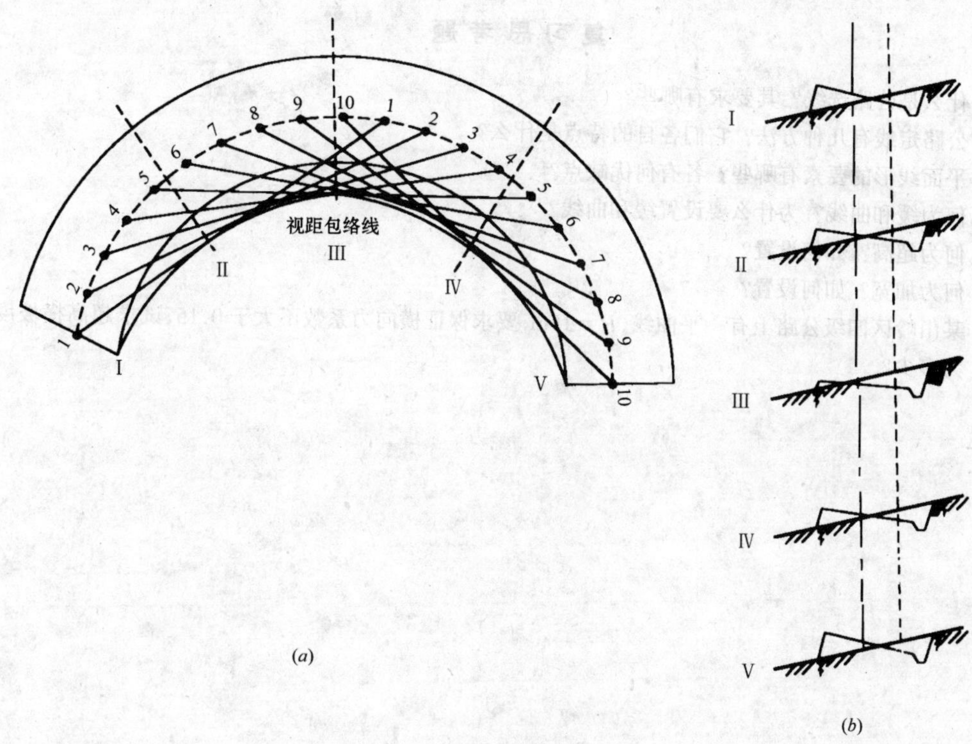

图 2-22　图解法确定横净距

(a)平面;(b)横断面

对无交通控制(没有信号和停车标志控制)的平交路口,特别在交通量少的情况下,交叉视距可采用各相交道路的停车视距,停车视距所组成的三角形称为视距三角形。如图 2-23 所示,在视距三角形的范围内不能有任何阻碍司机视线的障碍物。

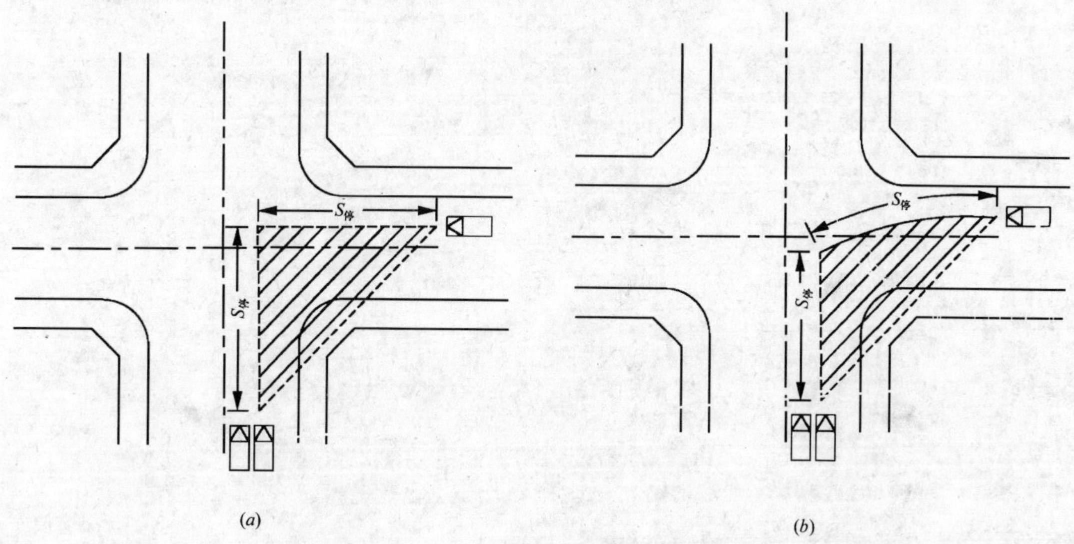

图 2-23　十字形交叉口视距三角形图式

(a)直行车与直行车冲突;(b)直行车与左转车冲突

复习思考题

2-1 什么是公路选线？其要求有哪些？

2-2 公路定线有几种方法？它们各自的特点是什么？

2-3 平面线形的要素有哪些？各有何优缺点？

2-4 何为缓和曲线？为什么要设置缓和曲线？

2-5 何为超高？如何设置？

2-6 何为加宽？如何设置？

2-7 某山岭区四级公路上有一平曲线，$R=15\text{m}$，要求保证横向力系数不大于0.15，试求超高横坡度应为多少？

第 3 章　道路纵断面设计

用一曲面沿道路中线竖向剖切,展开成直面称道路的纵断面,它反映路线竖向的走向、高程、纵坡大小,即道路的起伏情况。道路的纵断面线形由直线和竖曲线组成,应根据汽车的动力性能,道路等级和汽车技术要求,当地气候、地物、地质、水文、排水要求及工程量等来确定。

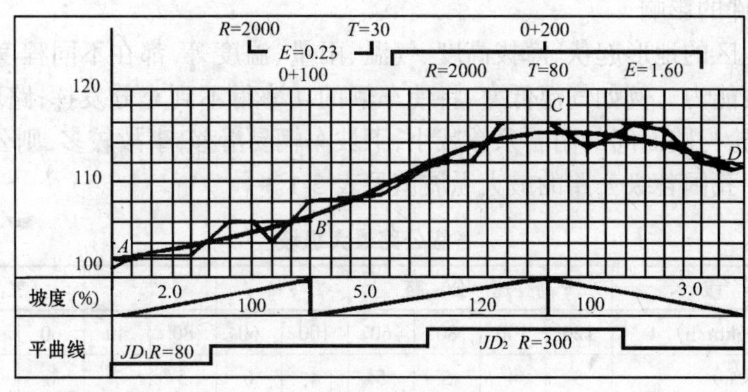

图 3-1　路线纵断面图

反映路线在纵断面上的形状、位置及尺寸的图形叫路线纵断面图,如图 3-1。在道路纵断面图上表示原地面的标高线称为地面线,地面线上各点的标高称为地面标高。沿道路中心线所作的纵坡设计线称为纵断面设计线,在纵断面设计线上的各点标高称为设计标高。设计线与原地面线高程之差,称为填挖高度。设计线高出地面线须填土,低于地面线须挖土。道路纵断面图是道路设计的重要技术文件之一,它与平面图、横断面图结合起来,能够完整地表达道路的空间位置和立体线形。道路纵断面设计就是在路线纵断面图上决定坡度、坡长、竖曲线半径,最后计算直线段与曲线段上各整桩与特殊桩的高程。

3.1　纵　坡　设　计

3.1.1　最大纵坡

最大纵坡系指道路纵坡设计的极限值,是纵面线形设计的一项重要指标。道路最大纵坡的大小,直接影响线形的长短、行车安全、运输成本以及道路建设投资等。因此,在确定道路的最大纵坡时,应在考虑多方面因素后再予确定。

1. 确定最大纵坡应考虑的因素

(1)汽车的动力性能

汽车的动力特性表明,当车速一定后,对于某一类的汽车,其最大上坡能力可以唯一确定。但是一条道路上的车流通常是由混合车辆组成,不同种类的汽车其动力特性是不相同的,因此若取 V 等于定值时,不同种类的汽车相应的最大纵坡限值是不相同的。

(2)行车安全、经济

坡度过陡，行驶的车辆容易滑溜，且下坡时冲力大极易出事故。从实际经验得知，在纵坡大于8%的路段，下坡时，由于车辆刹车次数增加，导致制动器发热而使刹车失效，常成为肇事原因。在过陡的纵坡上作上、下坡行驶，不仅耗油量大，转动机件间的磨损、轮胎的磨耗等均将增大，因此，有必要限制最大纵坡值。

(3)公路等级对纵坡的影响

一般公路等级高，必然行车密度大，而且要求的行车速度也高。对同类型车辆来说，速度愈高，其爬坡能力应愈低，因此等级高的公路需要尽量采用平缓的纵坡，以提高通行能力和降低运输成本。

(4)自然条件的影响

公路所在地区的地形起伏、海拔高度、气温、雨量、温度等，都在不同程度上影响车辆的行驶状况和上坡能力。例如气温低寒，将使车辆的功率得不到充分发挥；路面冰冻积雪，或过分潮湿，使车轮与路面间的附着系数减小，下坡车辆易滑移，事故较多，则公路的纵坡就应设计得小一些。我国各级公路的最大纵坡值见表3-1。

各级公路最大纵坡 **表3-1**

公路等级	高速公路				一		二		三		四	
计算行车速度(km/h)	120	100	80	60	100	60	80	40	60	30	40	20
最大纵坡(%)	3	4	5	5	4	6	5	7	6	8	6	9

注：1. 高速公路受地形条件或其他特殊情况限制时，经技术经济论证，最大纵坡可增加1%；

2. 在海拔2000m以上积雪冰冻地区的四级公路，最大纵坡不应大于8%。

城市道路纵坡设计时除应考虑上述因素外，尚应结合其自身特点，确定最大纵坡。城市道路车行道线、人行道线均与路中心线纵坡相同，如道路纵坡过大，将使临街建筑物地坪标高难与人行道纵坡协调而影响街景；道路纵坡过大还不利于地下管线的敷设；考虑到自行车的爬坡能力，最大纵坡应不大于3%。城市道路机动车最大纵坡值见表3-2。

城市道路最大纵坡度 **表3-2**

计算行车速度(km/h)	80	60	50	40	30	20
最大纵坡推荐值(%)	4	5	5.5	6	7	8
最大纵坡限制值(%)	6	7		8	9	

注：1. 海拔3000～4000m的高原城市道路的最大纵坡度推荐值按表列数值减小1%；

2. 积雪寒冷地区最大纵坡推荐值不得超过6%。

2. 桥涵、隧道路线最大纵坡

小桥涵处的纵坡可按表3-1的限值设计，但大、中桥上的纵坡不宜大于4%，桥头引道纵坡不宜大于5%；位于城镇附近混合交通繁忙的地段，桥上及桥头引道纵坡均不得大于3%；紧接大、中桥桥头两端不短于10m范围内的引道纵坡应与桥上纵坡相同。隧道内纵坡不应大于3%，明洞和短于50m的隧道其纵坡不受此限；紧接隧道洞口的30m范围内路线纵坡与隧道内纵坡相同。

3. 纵坡折减

在海拔3000m以上的高原地区，因空气稀薄而使汽车发动机功率降低，相应地降低了汽车的爬坡能力；此外，在高原地区行车，汽车水箱易开锅，破坏冷却系统。故规范规定在海拔 3000m 以上的高原地区，各级公路的最大纵坡值应按表 3-3 的规定折减，最大纵坡折减后，如小于 4%，则最大纵坡采用 4%。

高 原 纵 坡 折 减 值 　　　　**表 3-3**

海拔高度(m)	3000～4000	4000～5000	5000 以上
折减值(%)	1	2	3

3.1.2　最小纵坡

为了保证挖方地段、设置边沟的低填方地段和横向排水不畅地段的纵向排水，防止积水渗入路基而影响其稳定性，规定各级公路的长路堑路段，以及其他横向排水不良地段，均应采用不小于 0.3% 的纵坡。当必须设计水平坡(0%)或小于 0.3% 的纵坡时，边沟排水设计应与纵坡设计一起综合考虑，其边沟应作纵向排水设计。城市道路最小纵坡应能保证排水和防止管道淤塞所必需的最小纵坡，其值为 0.3%。如遇特殊困难，其纵坡度必须小于 0.3%时，则应设置锯齿形街沟排除积水。

3.1.3　合成纵坡

道路在平曲线地段，若纵向有纵坡且横向有超高时，则最大坡度既不在纵坡上，也不在超高上，而是在纵坡和超高的合成方向上，这时的最大坡度称之为合成坡度，如图 3-2 所示。合成坡度可按矢量关系或勾股关系导出：

$$i_{合} = \sqrt{i_{纵}^2 + i_{超}^2} \tag{3-1}$$

式中　$i_{合}$——合成坡度(%)；

$i_{超}$——超高横坡度(%)；

$i_{纵}$——路线纵坡度(%)。

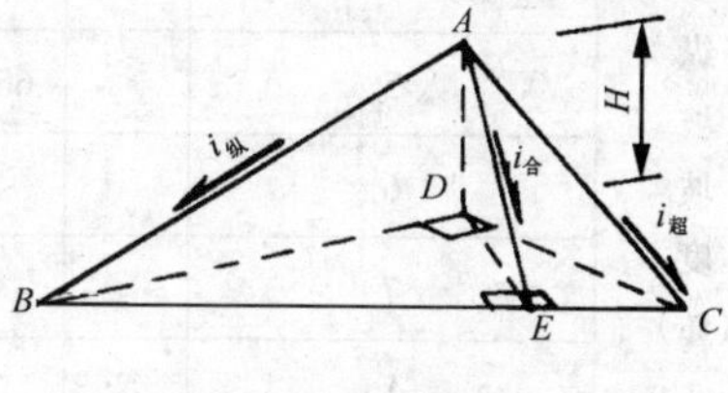

图 3-2　合成坡度

汽车在有合成坡度的地段行驶，若合成坡度过大，当车速较慢或汽车停在合成坡度上，汽车可能沿合成坡度方向产生滑移；同时若遇到急弯陡坡，对行车来说，可能会短时间在合成坡度方向下坡，因合成坡度比纵坡和横坡均大，所以速度会突然加快，使汽车沿合成坡度方向冲出弯道而产生事故。因此，对合成坡度也应加以限制。规范规定各级公路的最大容许合成坡度如表 3-4，城市道路对合成坡度规定见表 3-5。

公路合成坡度限制值 　　　　**表 3-4**

公 路 等 级	高 速 公 路				一		二		三		四	
计算行车速度(km/h)	120	100	80	60	100	60	80	40	60	30	40	20
合成坡度值(%)	10.0	10.0	10.5	10.5	10.0	10.5	9.0	10.0	9.5	10.0	9.5	10.0

城市道路最大合成坡度 　　　　**表 3-5**

计算行车速度(km/h)	80	60	50	40	30	20
合成坡度(%)	7	6.5		7		8

3.1.4 坡长限制

坡长是指变坡点与变坡点之间的水平长度，其长度限制主要是对较陡纵坡的最大长度和一般纵坡的最小长度加以限制。

1. 最大坡长

坡道长度限制，系根据机动车辆上坡能力来决定。上陡坡时，若坡道较短，车辆因动能的辅助，仍可用高排档行驶；如坡道太长，就必须改用低档，长时间使用低速档会使发动机发热，热量大大增加而使水箱开锅，产生气阻，致使汽车爬坡无力，甚至熄火；下坡时制动次数太多使制动器发热失效，而出事故；同时长时间在陡坡上行驶，驾驶员心理紧张，工作条件恶劣。因此，当道路纵坡度大于5%时，为了行车安全，其坡段长度需要限制，各级公路纵坡长度限制见表3-6，城市道路坡长限制见表3-7。

各级公路纵坡长度限制(m)　　表3-6

公路等级		高速公路				一		二		三		四	
计算行车速度(km/h)		120	100	80	60	100	60	80	40	60	30	40	20
纵坡坡度(%)	3	900	1000	1100	1200	1000	1200	1100					
	4	700	800	900	1000	800	1000	900	1100	1000	1100	1100	1200
	5		600	700	800		800	700	900	800	900	900	1000
	6			500	600		600		700	600	700	700	800
	7								500		500		600
	8										300		400
	9												200

城市道路坡长限制　　表3-7

计算行车速度(km/h)	80			60			50			40		
纵坡坡度(%)	5	5.5	6	6	6.5	7	6	6.5	7	6.5	7	8
坡长限制(m)	600	500	400	400	350	300	350	300	250	300	250	200

高速公路和一级公路纵坡及坡长的选用应充分考虑车辆运行质量的要求。对高速公路即使纵坡为2%，其坡长也不宜过长。为了改善汽车在大于5%的坡道上行驶的紧张状况，避免汽车长时间使用低档爬坡或下坡而使汽车行车不安全，减轻汽车机件负荷(上坡)和降低制动器过高的温度(下坡)。所以，规范规定当纵坡大于5%时，应在最大坡长内设置不大于3%的缓和坡段，其长度应符合最小坡长的要求。

2. 最小坡长

若坡长太短，从几何构成来看不能设置两端的竖曲线；从行车来看变坡频繁，纵面起伏大，行车顺适性差。因此，考虑上述因素，为使纵断面线形不至因起伏频繁而呈锯齿形的状态，并便于平面线形的合理布设，还应对最小坡长加以限制。最小坡长通常以计算行车速度行驶9～15s的行程作为规定值。一般在计算行车速度大于或等于60km/h时取$t=9s$；计算行车速度为 40km/h 时取 $t=11s$;计算行车速度为 20km/h 时取 $t=15s$。上述所取的行程时间,能使坡长满足相邻竖曲线的设置、纵面视距良好、道路平顺和有利于行车的要求。各级公路最小坡长规定见表 3-8,城市道路最小坡长规定见表 3-9。

各级公路最小坡长 **表 3-8**

公路等级	高速公路				一		二		三		四	
计算行车速度(km/h)	120	100	80	60	100	60	80	40	60	30	40	20
最小坡长(m)	300	250	200	150	250	150	200	120	150	100	100	60

城市道路最小坡长 **表 3-9**

计算行车速度(km/h)	80	60	50	40	30	20
最小坡长(m)	290	170	140	110	85	60

3. 组合坡长

当连续陡坡是由几个不同坡度值的坡段组合而成时,相邻坡段长度应按不同坡度的坡长限制折算确定。如二级公路某段 7% 的纵坡,长 200m,该长度为相应限制坡长 500m 的 2/5,如相邻坡段的纵坡为 6%,则其坡长不应超过相应限制坡长 700m 的 $\left(1-\frac{2}{5}\right)$,即 $700\times\frac{3}{5}=420m$,也就是说 7% 纵坡设计 200m 后,还可以接着设计 6% 的纵坡段 420m,在其后面再设置缓和坡段。

3.1.5 纵坡设计一般原则

在布设各坡段的纵坡时,应按下列要求和规定进行,以求纵坡设计合理:

(1)纵坡设计必须符合《技术标准》中的有关纵坡的各项规定。各级公路的最大纵坡值及陡坡限制坡长,一般不轻易采用,而应留有适当余地。只有在越岭线中为争取高度、缩短路线长度或为避免工程艰巨地段等不得已时才采用最大值。

(2)为保证汽车以一定的速度安全顺利地行驶,设计纵坡应力求连续、平顺、均衡,起伏不宜过大或过于频繁。缓坡宜长,陡坡宜短。在采用较大纵坡的地段应限制其坡长。为使纵坡度均衡,在连续采用极限长度的陡坡之间,不宜夹用短的缓和坡段。在连续升坡或降坡路段,应避免设计反向坡度,以免浪费高程。对连续起伏的路段,坡度要尽量小,避免锯齿形的纵断面。

(3)纵坡设计为保证路基稳定,应尽量减少深路堑和高路堤,在设计中应重视纵、横向填挖的调配利用,力争填挖平衡,尽量减少借方和弃方,节省土石方工程量,降低工程造价。

(4)在非机动车辆较多的路段,应根据具体条件,将纵坡适当设缓。考虑到自行车的爬坡能力,最大纵坡应不大于 3%,最小纵坡应满足排水要求。

(5)确定城市道路纵坡设计线,必须满足城市各种地下管线最小覆土深度的要求。对于旧路改建,如必须降低原标高,则设计标高不宜定得太低,以防损坏路下的各种管线。

(6)从汽车行驶方便和安全出发,应控制平均纵坡。平均纵坡是指某一路段的起终点高差与水平距离之比(%)。实况调查表明,不少路段虽然最大纵坡并不长,但由于平均纵坡较大,上坡用低档的时间较长,容易引起汽车水箱开锅;同样,下坡由于较长时间的不断加速,必须频繁的制动,引起制动器发热,甚至烧掉制动片而出事故。因此技术标准中规定:二、三、四级公路越岭线的平均纵坡,一般以接近5.5%(相对高差200~500m)和5%(相对高差大于500m)为宜,并注意任意相连3km路段的平均纵坡不宜大于5.5%。平均纵坡是在宏观上控制路线纵坡。

3.2 竖曲线设计

当纵断面上两条坡度不同的相邻纵坡线相交时,就出现了转坡点。汽车在转坡点上行驶是不顺适的,故在转坡点处必须将前后两条相邻坡线用曲线顺适地连接起来使之适应行车的需要。这条连接两相邻坡度线的曲线叫竖曲线。我国采用二次抛物线作为竖曲线。竖曲线按其开口方向分为两种:开口朝下的曲线称为凸形竖曲线;开口朝上的曲线称为凹形竖曲线,见图3-3。

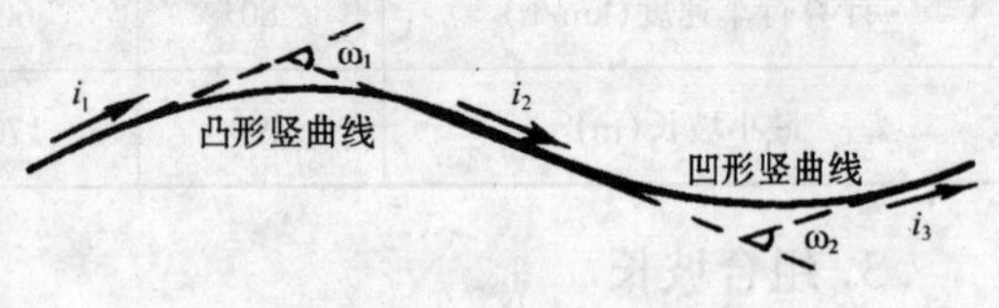

图3-3 竖曲线示意图

竖曲线的主要作用有两种:(1)起缓冲作用。以平缓的曲线取代折线可消除汽车在该处的颠簸,增大乘客的舒适感;(2)确保公路纵向的路面视距。在凸形竖曲线处,倘若相邻纵坡坡差 ω 较大时,若无竖曲线,则盲区部位的路障便看不见(见图3-4),若设置了适当的竖曲线,则视距将获得保证。

3.2.1 竖曲线要素的计算

竖曲线的各基本要素如图3-5所示。图中坐标原点设在 O 点,取顶点 O 的曲率半径为 R,则二次抛物线的基本方程为:

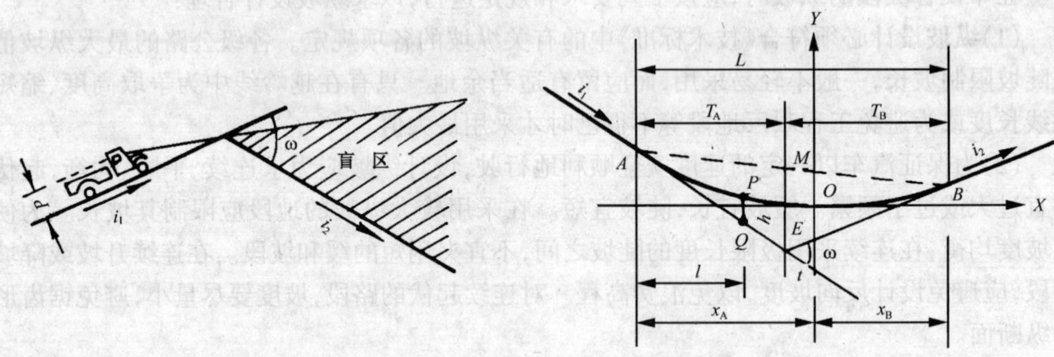

图3-4 不设竖曲线而产生的盲区　　图3-5 竖曲线要素示意图

$$x^2 = 2Ry$$

即
$$y = \frac{x^2}{2R} \tag{3-2}$$

(1)切线上任意一点 Q 与竖曲线间的竖向距离 h

由图3-5可知 $PQ = h$,P 点的纵坐标为

$$y_P = \frac{X_P^2}{2R} = \frac{(x_A + l)^2}{2R}$$

切线上 Q 点的纵坐标为：

$$y_Q = y_A - |l \cdot i_1|$$

因图中 $i_1 < 0$，故有 $y_Q = y_A + l \cdot i_1$， 则

$$h = y_P - y_Q$$

$$= \frac{(x_A + l)^2}{2R} - (y_A + l \cdot i_1)$$

$$= \frac{1}{2R}(x_A^2 + 2x_A \cdot l + l^2) - (y_A + l \cdot i_1)$$

又

$$y_A = \frac{x_A^2}{2R}$$

$$i = \frac{dy}{dx} = \frac{x}{R} \tag{3-3}$$

所以

$$i_1 = \frac{x_A}{R}$$

将 $y_A = \frac{x_A^2}{2R}$ 及 $i_1 = \frac{x_A}{R}$ 代入 h 的表达式

则得

$$h = \frac{l^2}{2R} \tag{3-4}$$

式中 h ——切线上任一点至竖曲线上的竖向距离(m)；

l ——曲线上相应于 h 的 P 点至切点 A 或 B 的距离(m)；

R ——二次抛物线原点处的曲率半径，通常称为竖曲线半径(m)；

i ——切线的斜率，即纵坡度，上坡为正，下坡为负。

(2)曲线长 L

竖曲线的长度 L 可近似地看成 $L \approx \overline{AB}$

$$\overline{AB} = x_B - x_A$$

由式(3-3)知：

$$x_B = R \cdot i_2$$

$$x_A = R \cdot i_1$$

$$L = R \cdot i_2 - R \cdot i_1 = R(i_2 - i_1)$$

令

$$\omega = i_1 - i_2$$

所以

$$L = R \cdot |\omega| \tag{3-5}$$

(3)切线长 T

因 ω 很小，所以竖曲线的切线 $T_A \approx T_B = \frac{L}{2}$，则

$$T = T_A = T_B = \frac{L}{2} = \frac{R \cdot |\omega|}{2} \tag{3-6}$$

(4)外距 E

由式(3-4)可知竖曲线的外距 E 为：

$$E = \frac{T_A^2}{2R} = \frac{T_B^2}{2R} = \frac{T^2}{2R} \tag{3-7}$$

式中 E——外距，即两切线交点至竖曲线顶点间的距离(m)。

综合上述,竖曲线的要素计算公式为:

$$\left.\begin{aligned} L &= R\cdot|\omega| \\ T &= T_{\mathrm{A}} = T_{\mathrm{B}} = \frac{L}{2} = \frac{R\cdot|\omega|}{2} \\ E &= \frac{T^2}{2R} \\ h &= \frac{l^2}{2R} \end{aligned}\right\} \tag{3-8}$$

式中符号意义同前。

按式(3-8)求出竖曲线的基本要素 L、T、E、h 后,可以根据下列公式求出竖曲线内任一里程桩号处设计标高。其计算公式为:

竖曲线起点桩号 = 变坡点桩号 − T

竖曲线终点桩号 = 变坡点桩号 + T

某桩号在凸曲线上的设计标高 = 该桩号在切线上的设计标高 − h;

某桩号在凹曲线上的设计标高 = 该桩号在切线上的设计标高 + h

【例】某平原微丘区二级公路,转坡点桩号为 $K10+200$,变坡点高程为 125.52m,两相邻路段纵坡为 $i_1=+5\%$ 和 $i_2=-3\%$,竖曲线半径选用 5000m。试计算 1.竖曲线基本要素;2.竖曲线起点和终点桩号;3.求 $K10+000$,$K10+100$,$K10+200$,$K10+300$,$K10+400$ 五个桩号的设计高程。

1.计算竖曲线的基本要素

两相邻纵坡的坡度差:$\omega = i_1 - i_2 = 0.05-(-0.03)=0.08$

竖曲线长度:$L = R\omega = 5000\times0.08 = 400\text{m}$

切线长度:$T = R\times\dfrac{\omega}{2} = 5000\times\dfrac{0.08}{2} = 200\text{m}$

竖曲线外距:$E = \dfrac{T^2}{2R} = \dfrac{200^2}{2\times5000} = 4\text{m}$

2.求竖曲线起点终点桩号

1)竖曲线起点桩号 = $K10+200-T = K10+200-200 = K10+000$

2)竖曲线终点桩号 = $K10+200+T = K10+200+200 = K10+400$

3.求竖曲线内 $K10+000$,$K10+100$,$K10+200$,$K10+300$,$K10+400$ 桩号的设计标高

1)$K10+000$ 为竖曲线起点:

切线设计标高 = $125.52-200\times0.05 = 115.52\text{m}$

纵距 $h=0$

设计标高 = $115.52-0 = 115.52\text{m}$

2)$K10+100$ 处

切线设计标高 = $115.52+100\times0.05 = 120.52\text{m}$

纵距 $h = \dfrac{x^2}{2R} = \dfrac{100^2}{2\times5000} = 1.00\text{m}$

设计标高 = $120.52-1.00 = 119.52\text{m}$

3)$K10+200$ 为竖曲线中点

切线设计标高＝125.52m

纵距　　$h=4.0$m

设计标高 125.52－4.0＝121.52m

4)$K10+300$ 处

切线设计标高＝125.52－100×0.03＝122.52m

纵距 $h=\frac{x^2}{2R}=\frac{100^2}{2\times5000}=1.00$m

设计标高 122.52－1.00＝121.52m

5)$K10+400$ 竖曲线终点

切线设计标高＝125.52－200×0.03＝119.52m

设计标高＝119.52m

3.2.2　竖曲线半径

1.凸形竖曲线的极限最小半径

汽车在凸形竖曲线上行车时，由于竖曲线向上凸起，使驾驶员的视线受到影响，产生盲区。所以凸形竖曲线的半径主要是按视距要求进行计算的。

(1)当竖曲线长 L 小于停车视距 S_T 时

如图 3-6(a)，设驾驶员眼睛离路面的高度 h_1，前方障碍物离路面的高度 h_2，因 ω 很小，视 h_1 和 h_2 是垂直于水平面的。

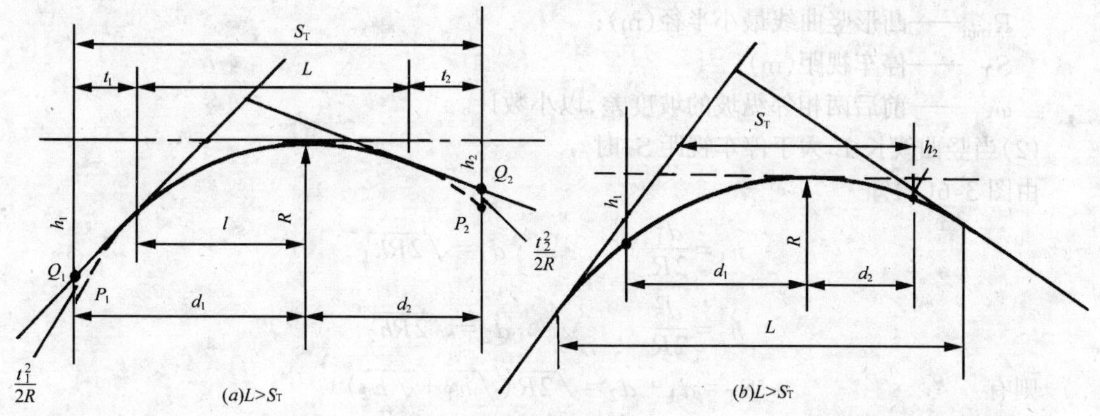

图 3-6　竖曲线半径计算图式

将竖曲线延长到 h_1 和 h_2 的竖直方向上，由式(3-4)得：

$$P_1Q_1=\frac{t_1^2}{2R}\qquad P_2Q_2=\frac{t_2^2}{2R}$$

则
$$h_1=\frac{d_1^2}{2R}-\frac{t_1^2}{2R}\qquad d_1=\sqrt{2Rh_1+t_1^2}$$

$$h_2=\frac{d_2^2}{2R}-\frac{t_2^2}{2R}\qquad d_2=\sqrt{2Rh_2+t_2^2}$$

又
$$t_1=d_1-l=\sqrt{2Rh_1+t_1^2}-l$$

得
$$t_1=\frac{Rh_1}{l}-\frac{l}{2}$$

同理可得 $$t_2=\frac{Rh_2}{L-l}-\frac{L-l}{2}$$

因 $$S_T=t_1+L+t_2$$

将 t_1 和 t_2 代入后得

$$S_T=\frac{Rh_1}{l}+\frac{L}{2}+\frac{Rh_2}{L-l} \tag{3-9}$$

当求出 S_T 为最小时的 l，相应的竖曲线长度即为最小竖曲线长度。对式(3-9)求导并令

$$\frac{dS_T}{dl}=0$$

可得 $$l=\frac{\sqrt{h_1}}{\sqrt{h_1}+\sqrt{h_2}}\cdot L$$

将此式代入式(3-9)

则 $$S_T=\frac{1}{\omega}(\sqrt{h_1}+\sqrt{h_2})^2+\frac{L}{2}$$

即 $$L_{min}=2S_T-\frac{2}{\omega}(\sqrt{h_1}+\sqrt{h_2})^2$$

可得 $$R_{min}=\frac{L_{min}}{\omega}=\frac{2}{\omega}[S_T-\frac{1}{\omega}(\sqrt{h_1}+\sqrt{h_2})^2] \tag{3-10}$$

式中 L_{min}——凸形竖曲线最小长度(m)；

R_{min}——凸形竖曲线最小半径(m)；

S_T ——停车视距(m)；

ω ——前后两相邻纵坡的坡度差，以小数计。

(2)当竖曲线长 L 大于停车视距 S_T时

由图 3-6(b)知

$$h_1=\frac{d_1^2}{2R} \qquad d_1=\sqrt{2Rh_1}$$

$$h_2=\frac{d_2^2}{2R} \qquad d_2=\sqrt{2Rh_2}$$

则有 $$S_T=d_1+d_2=\sqrt{2R}(\sqrt{h_1}+\sqrt{h_2})$$

解得 $$R_{min}=\frac{S_T^2}{2(\sqrt{h_1}+\sqrt{h_2})^2} \tag{3-11}$$

式中 h_1——目高(m)；

h_2——物高(m)。

2. 凹形竖曲线的极限最小半径

凹形竖曲线极限最小半径主要从限制离心加速度、确保夜间行车视距和确保净空有障碍时的视距三个方面计算分析确定。

(1)限制离心加速度

汽车在凹形竖曲线上行驶时，由于受离心力作用而产生增重，增重达到某种程度时，旅客就会有不舒适感觉，而且对汽车的悬挂系统产生超载影响。竖曲线半径的大小直接影响离心力的大小，一般情况下以控制离心加速度 a 来限制竖曲线的极限最小半径。

因 $$a=\frac{v^2}{R}$$

有 $$R=\frac{v^2}{a}=\frac{V^2}{13a} \tag{3-12}$$

式中 a ——离心加速度(m),常取 0.5~0.7m/s^2;

V——计算行车速度(km/h)。

(2)确保夜间行车视距

当凹形竖曲线半径较小时,夜间行车前灯受照射角限制,只能照到一定范围,如图 3-7。设凹形竖曲线采用二次抛物线 $y=\frac{x^2}{2R}$形式,δ 为汽车前灯的灯光向上的照射角,通常取 $\delta=1°$;汽车前灯的高度 $d=0.7$m,则据抛物线公式,有

$$BC=y=\frac{S^2}{2R}$$

又根据几何关系,

$$BC=d+S\cdot \mathrm{tg}\delta$$

故 $$\frac{1}{2R}S^2=d+S\cdot \mathrm{tg}\delta$$

则 $$R=\frac{S^2}{2(d+S\cdot \mathrm{tg}\delta)}$$

将常用已知值代入后得

$$R=\frac{S^2}{1.5+0.035S} \tag{3-13}$$

式中 S——前灯照射距离(m),按规定的视距长度取值。

(3)确保净空有障碍时的视距

当公路与公路和公路与铁路作立体交叉时,若公路于桥下经过时,司机视线可能会受到桥跨上部构造的阻挡,如图 3-8。凹曲线按抛物线 $y=\frac{x^2}{2R}$设置,则 R 按下式求得:

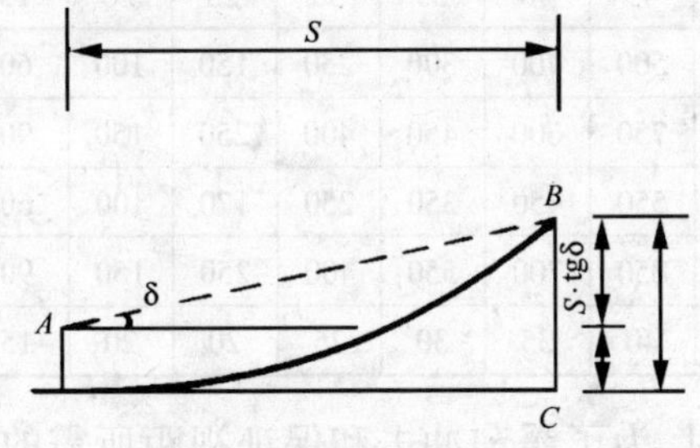

图 3-7 灯光视距确定 R

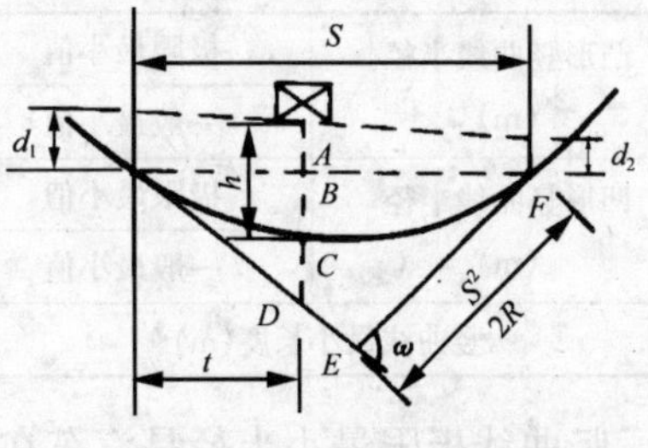

图 3-8 跨线桥下视距确定 R

$$R=\frac{S^2}{[\sqrt{2(h-d_1)}+\sqrt{2(h-d_2)}]^2} \tag{3-14a}$$

式中 S ——规定的视距长度(m);

h ——净空高度(m),常取 $h=4.5$m;

d_1——目高(m),常取 $d_1=1.50$m;

d_2——物高(m),常取 $d_2=0.75$m。

将上述常用值代入式(3-14a),则可得:

$$R=\frac{S^2}{26.93} \tag{3-14b}$$

凸形竖曲线极限最小半径与凹形竖曲线极限最小半径确定后,即可根据 $L=R\cdot\omega$,求出相应的竖曲线最小长度。

当竖曲线两端直线坡段的坡度差 ω 很小时,即使半径较大,竖曲线长度亦可能较小,此时汽车在竖曲线段倏忽而过,冲击增大,乘客不适;从视觉上考虑也会感到线形突然转折,故应限制在竖曲线上的行经时间过短。据统计,在竖曲线上行车时间 $t=3$s 时,驾驶员操作较为方便,旅客感觉良好,所以通常取 $t=3$s,即有

$$L_{\min}=\frac{V}{1.2}(\text{m}) \tag{3-15}$$

各级道路竖曲线最小长度与最小半径规定如表 3-10 和表 3-11。

公路竖曲线最小半径和最小长度 **表 3-10**

公路等级			高速公路				一		二		三		四	
计算行车速度(km/h)			120	100	80	60	10	60	80	40	60	30	40	20
竖曲线半径(m)	凸形	极限最小值	11000	6500	3000	1400	6500	1400	3000	450	1400	250	450	100
		一般最小值	17000	10000	4500	2000	10000	2000	4500	700	2000	400	700	200
	凹形	极限最小值	4000	3000	2000	1000	3000	1000	2000	450	1000	250	450	100
		一般最小值	6000	4500	3000	1500	4500	1500	3000	700	1500	400	700	200
竖曲线最小长度(m)			100	85	70	50	85	50	70	35	50	25	35	20

城市道路竖曲线最小半径和最小长度 **表 3-11**

计算行车速度(km/h)		80	60	50	45	40	35	30	25	20	15
凸形竖曲线半径(m)	极限最小值	3000	1200	900	500	400	300	250	150	100	60
	一般最小值	4500	1800	1350	750	600	450	400	250	150	90
凹形竖曲线半径(m)	极限最小值	1800	1000	700	550	450	350	250	170	100	60
	一般最小值	2700	1500	1050	850	700	550	400	250	150	90
竖曲线最小长度(m)		70	50	40	40	35	30	25	20	20	15

竖曲线极限最小半径是汽车在纵坡变更处行驶时,为了缓和冲击和保证视距所需的最小半径的计算值,该值在受地形等特殊情况约束时方可采用。通常为了使行车有较好的舒适条件,设计时一般采用大于竖曲线极限最小半径的数值,其值为极限最小半径的 1.5~2.0 倍,称其为一般最小半径,它通常是一般情况下所采用的最小半径。凸形及凹形竖曲线一般最小半径规定如表 3-10、表 3-11。

3. 竖曲线半径的选择

竖曲线半径的选择主要考虑以下因素:

(1)选择半径应符合《技术标准》规定的竖曲线最小半径和最小长度的要求。

(2)在不过分增加土石方工程数量的情况下,为使行车舒适,应采用较大的半径。

(3)过大的竖曲线半径,将使竖曲线过长,从施工和排水来看都是不利的,因此选择半径时应结合道路等级和地形加以确定。在各级公路上若遇到坡度小于 0.3% 且坡长超过 100m 的路堑地段或其他横向排水不畅的路段时,应重新设计竖曲线或纵坡,使其满足排水流畅的要求。

(4)为获得视觉效果较好的纵面线形,竖曲线半径应选得大一些,可取为一般最小值的 1.5~4.0 倍,可参照表 3-12 所列值选择。

从视觉观点所需的竖曲线最小半径 **表 3-12**

计算行车速度(km/h)	凸形竖曲线半径(m)	凹形竖曲线半径
120	20000	12000
100	16000	10000
80	12000	8000
60	9000	6000
40	3000	2000

3.2.3 平纵面线形组合

线形是指道路平面的形状、纵面的形状或者平、纵组成的立体形状。道路线形设计的顺序一般是从选线开始,首先确定平面线形,其次确定纵面线形,再到平、纵线形的组合设计。平、纵线形的组合设计,是线形设计的最后阶段。把平、纵线形合理地组合起来,使之成为连续、圆滑、顺适、美观的空间曲线,从而达到行车安全、快速、舒适、经济的要求。

1. 线形组合原则

(1)在视觉上自然地诱导驾驶员的视线,并保持视觉的连续性

空间线形应能在视觉上自然地诱导驾驶员的视线,使其能及时和明确判断路线变化情况,不发生错觉和误会。空间线形在视觉上还应保持连续、圆滑、顺适、美观且不单调,使司机有良好的视觉条件和心理反应。

(2)应保持平曲线与竖曲线指标大小均衡

平曲线与竖曲线的大小如果不均衡,例如平面采用高标准的长直线,而纵断面采用低标准的极限纵坡或竖曲线采用极限最小半径等,会给人以不愉快的感觉,失去了视觉上的均衡性。根据经验,平曲线半径如果不大于 1000m,竖曲线的半径大约为平曲线的 10~20 倍,便可达到平衡。表 3-13 为德国的经验值,供参考。

平、竖曲线半径的均衡 **表 3-13**

平曲线半径(m)	500	700	800	900	1000	1100	1200	1500	2000
竖曲线半径(m)	10000	12000	16000	20000	25000	30000	40000	60000	100000

(3)选择适当的合成坡度

合成坡度过大对行车不利,合成坡度过小对排水不利也影响行车。合成坡度的最大允许值在表 3-4、表 3-5 已作了规定,但在进行平、纵面组合时,如条件可能,最好小于 8%。

2. 平纵组合线形

线形的基本组合图形按平面线形要素分为直线和曲线,纵面线形要素分为直线与凹形

竖曲线和凸形竖曲线，它们可组合成如图 3-9 所示的六种图形。

(1)空间线形要素 *A*

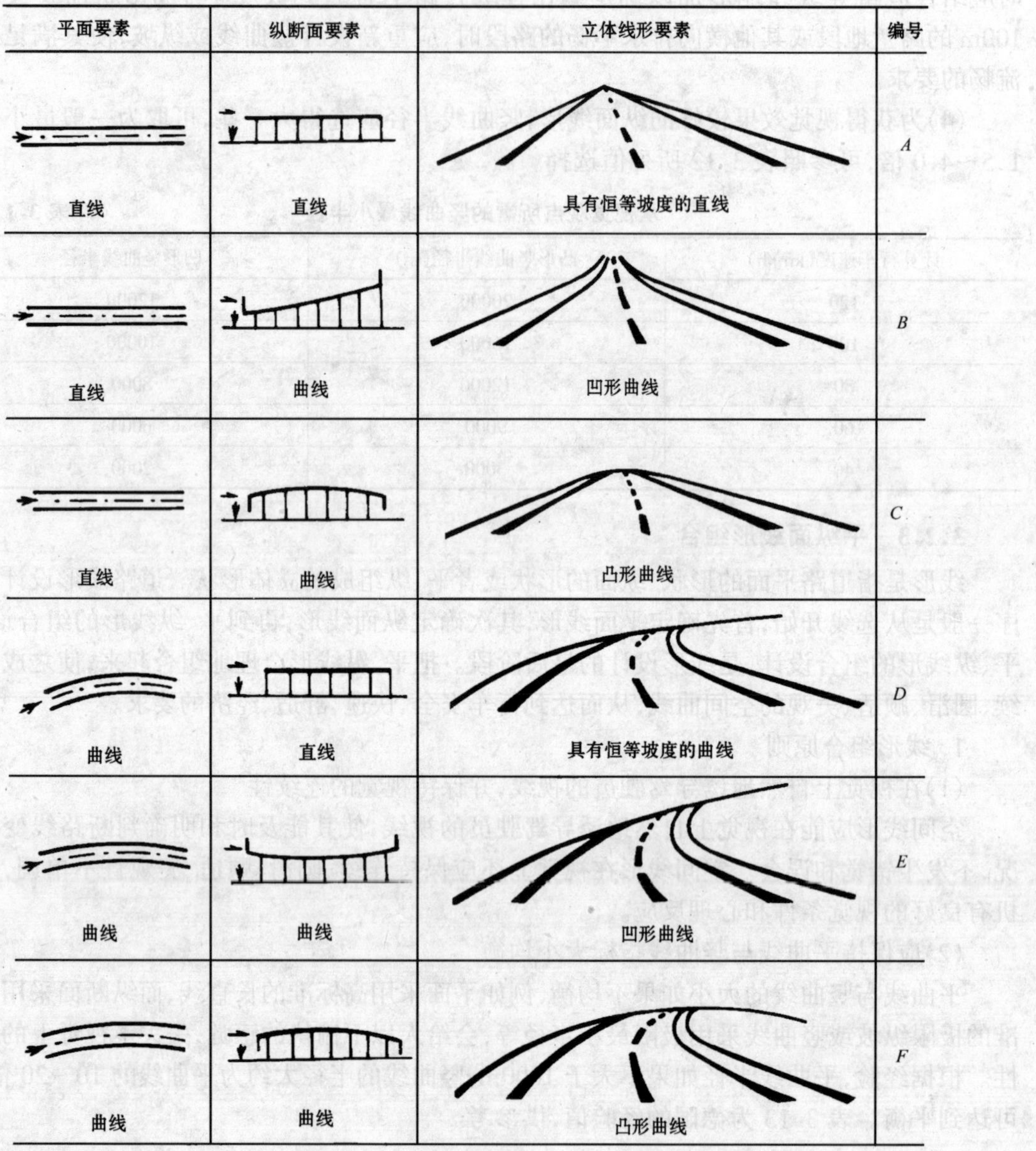

平面要素	纵断面要素	立体线形要素	编号
直线	直线	具有恒等坡度的直线	*A*
直线	曲线	凹形曲线	*B*
直线	曲线	凸形曲线	*C*
曲线	直线	具有恒等坡度的曲线	*D*
曲线	曲线	凹形曲线	*E*
曲线	曲线	凸形曲线	*F*

图 3-9　空间线形要素

该空间线形由平面直线与纵断面直线组合而成，平面直线与纵断面直线的组合应有利于超车和城市道路管线的敷设。当两者长度均较大时，则公路线型的单调易使司机疲劳，一旦过多超速行驶会导致车祸。所以应力求避免两种直线均长的情况，较长的平面直线上也不宜设大坡，并应选择能够得到适当合成坡度的线形组合。为调节单调的感觉，增进视线诱导，设计时可用划行车道线、标志、绿化与路旁建筑设施、景点配合等方法来弥补。

(2)空间线形要素 *B*

直线与凹形竖曲线的配合具有较好的视距效果。由于纵面上插入了凹形竖曲线,不仅改善了 A 要素的生硬、呆板的印象,而且还给驾驶员以动的视觉印象,提高行车舒适性。运用时,注意凹曲线的长度不宜过短,以免产生突折感;如长直线内需设置两个凹曲线时,则两曲线之间的直坡段不能太短,以免产生“虚设凸曲线”的错觉;长直线的末端避免设置小半径凹形竖曲线。

(3)空间线形要素 C

为直线与凸形竖曲线的配合。该组合线形往往导致视距条件差及视觉的单调,设计中应避免采用这种线型。如果难于避免时,应力求采用较大的凸曲线半径以保证有较好的纵面视距。

(4)空间线形要素 D

平曲线与直线段的组合,在等级低的公路上较为常见,设计中要避免暗弯,如图 3-10 所示。从图中可见,无论是上坡或是下坡,在暗弯处的视距条件是较差的。为此在条件允许范围内尽可能增大平曲线半径。当平曲线半径难以变动时,应尽可能设法减小暗弯边坡高度,力求改暗弯为明弯。当平曲线半径选择适当,平面的直线与圆曲线组合恰当,其透视效果应是良好的。汽车行驶在这种路段上,可获得较好的路旁景观,且景观逐步变化,使驾驶员感觉新鲜,方向盘操纵舒适。组合时,应避免急弯与陡坡相重合。

(5)空间线形 E、F

平曲线与竖曲线两者组合时,如果平纵面几何要素的大小,均衡协调,位置适宜,则可获得平纵面最好的组合。所以平曲线与竖曲线应相重合,并使平曲线比竖曲线长,把竖曲线包起来(俗称“平包竖”)。但当平曲线与竖曲线半径均较小时,两者不得重合,当半径小于表 3-14 界限时,应设法将平曲线与竖曲线分开,或者将其中之一增大到表列界限值之两倍以上。

平纵线形不宜重合的界限　　表 3-14

设计车速(km/h)	120	100	80	60	40	30	20
平曲线半径	1000	700	400	200	100	50	50
竖曲线半径	15000	10000	5000	25000	2000	1500	1000

平曲线与竖曲线配合得好的线形是竖曲线的起、讫点最好分别放在两个缓和曲线中间,而不要放在缓和曲线以外的直线上,也不要放在圆弧段之内,图 3-11 为平面曲线与竖曲线的组合情况。图中平曲线Ⅰ-Ⅰ表示不设缓和曲线的单圆曲线形式,Ⅱ-Ⅱ表示平曲线由缓和曲线与圆曲线所组成。图中线段$Ⅰ_1$、$Ⅱ_1$、$Ⅱ_2$三条竖曲线的起止点都在缓和曲线范围内,故都是Ⅱ-Ⅱ型平曲线的较好配合方式,而$Ⅰ_1$竖曲线且为Ⅰ-Ⅰ型平曲线的较好的配合方式,$Ⅱ_1$和$Ⅱ_2$竖曲线因起点已伸出Ⅰ-Ⅰ线型平曲线之外,故Ⅰ-Ⅰ型平曲线与$Ⅱ_1$、$Ⅱ_2$竖曲线为非良好配合。对于Ⅰ-Ⅰ平曲线而言,竖曲线$Ⅰ'_1$长度偏短,而$Ⅱ'_1$和$Ⅱ'_2$又伸出了平曲线的一端。对于Ⅱ-Ⅱ平曲线而言,这三条竖曲线的起止点都不是同时位于缓和曲线之内。因此,这三种竖曲线设置方式对Ⅰ-Ⅰ和Ⅱ-Ⅱ两种平曲线都不适当。

平、竖曲线组合时,还应注意避免以下不良情况:竖曲线顶点不宜位于平曲线起点、终点及反向平曲线的公切点;设计中应尽量避免一个较长的平曲线连续出现多个竖曲线,或一个较长的竖曲线包含多个平曲线; 平、竖曲线的结合应考虑地形的影响,实践证明平曲线是明

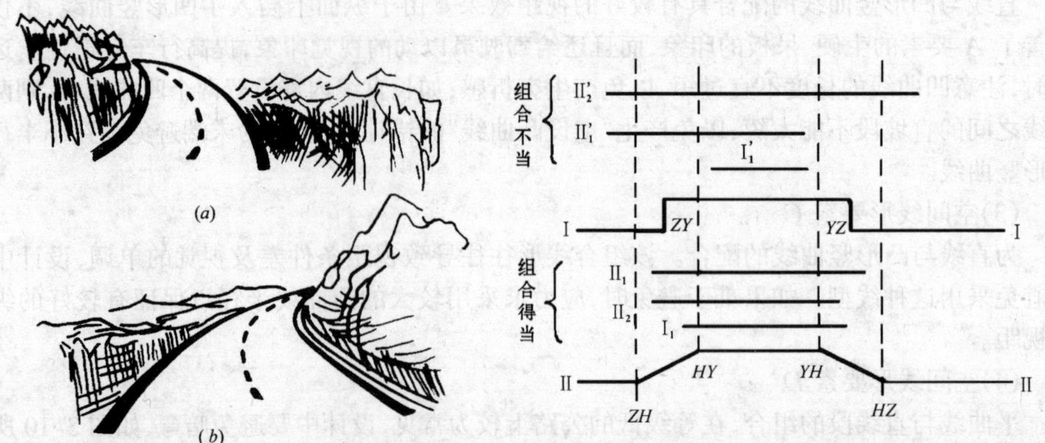

图 3-10 平曲线与直坡段的组合
(a)暗弯上坡;(b)暗弯下坡

图 3-11 平曲线与竖曲线的配合

弯时配凹曲线，暗弯时配凸曲线，即明凹暗凸，能给人以合理、悦目的感觉，是一种较好的组合;凸形竖曲线的顶部或凹形竖曲线的底部应避免插入小半径平曲线，当凸形竖曲线顶部如果有小半径的平曲线，不仅不能引导视线而且要急转方向盘，凹形竖曲线的底部如果有小半径的平曲线就会引起汽车在加速时急转弯，上述两种情况，行车是危险的;在保证足够视距的前提下，驾驶员所能看到前方公路长度应有所限制，一般驾驶员在任一点所看到的平面线形弯曲不应超过二个，纵面线形起伏不应超过三个。

复习思考题

3-1 在设计纵断面时，应综合考虑哪几方面的要求？这些要求你认为应如何得到解决？

3-2 纵坡过大有哪些害处？

3-3 在设计纵断面时为什么要设置凸形和凹形竖曲线？如何确定它们的最小半径？

3-4 某二级公路上变坡点桩号为 K20+520，高程为 58.32，两个相邻坡段的坡度 $i_1=-5\%$ 和 $i_2=+2\%$，计算行车速度 $V=80\text{km/h}$，试确定该处所设置的凹形竖曲线半径，并进行竖曲线设计。

3-5 凸形竖曲线的顶部或凹形竖曲线的底部能否与反向平曲线拐点重合，为什么？

第 4 章　道路横断面设计

道路横断面是中线上各点的法向切面，其范围包括路面、路基（边坡）、路肩、中央分隔带、人行道以及在用地范围内设置的标志、照明灯柱、防护栅、取土坑、弃土堆、边沟、植树等的整个断面。

道路横断面设计，应根据其交通性质、交通量（包括人流量）、行车速度，结合地形、气候、土壤等条件进行道路车行道、中央分隔带、人行道、路肩等的布置，以确定其横向几何尺寸，并进行必要的结构设计以保证它们的强度和稳定性。

4.1　道路横断面组成

4.1.1　公路横断面组成

高速公路、一级公路的路基横断面分为整体式和分离式两类。整体式断面包括行车道、中间带、路肩以及紧急停车带、爬坡车道、变速车道等组成部分；分离式断面包括行车道、路肩以及紧急停车带、爬坡车道、变速车道等组成部分。二、三、四级公路的路基横断面包括行车道、路肩以及错车道等组成部分。城郊混合交通量大，实行快、慢行车道分开的路段，其横断面组成可根据当地实践经验选用。图 4-1、图 4-2、图 4-3 所示为各级公路路基标准横断面。公路路基宽度为行车道与路肩宽度之和。当设有中间带、变速车道、爬坡车道、应急停车带时，尚应包括这些部分的宽度。各级公路路基宽度规定见表 1-4。

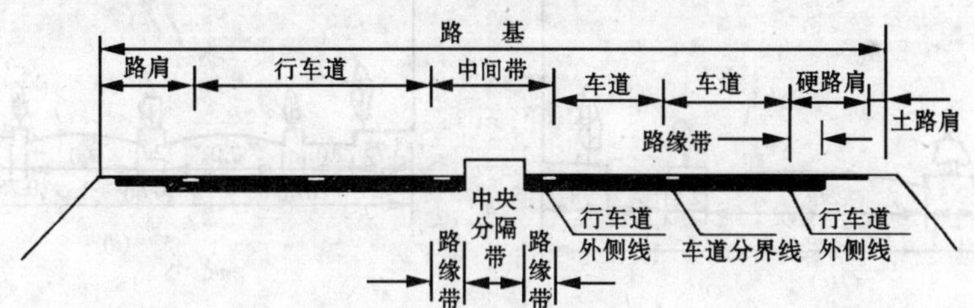

图 4-1　高速公路、一级公路路基标准横断面

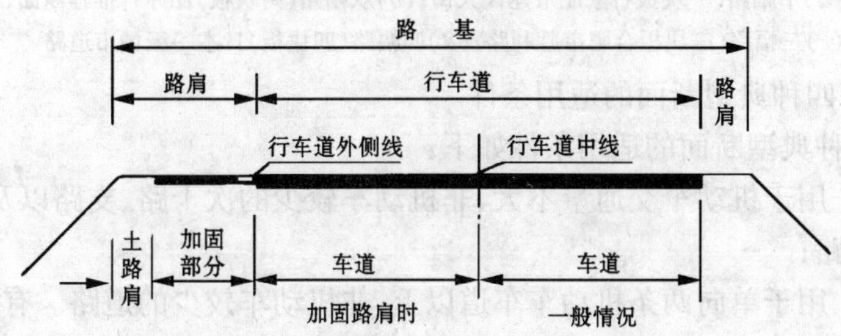

图 4-2　二、三级公路路基标准横断面

四级公路宜采用 3.5m 的行车道和 6.5m 的路基。当交通量较大时，可采用 6.0m 的行车道和 7.0m 的路基。在工程特别艰巨以及交通量很小的公路，可采用 4.5m 的路基，但应

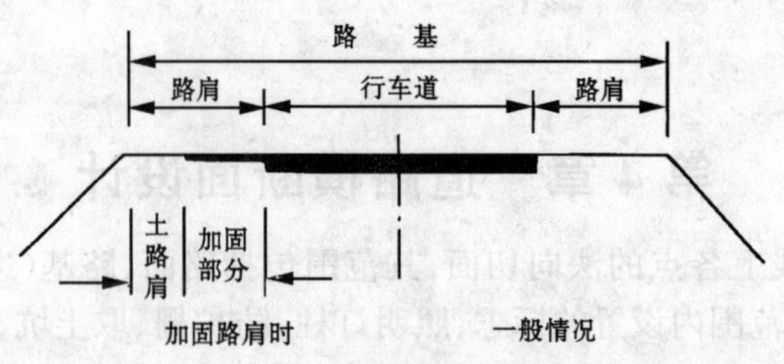

图 4-3　四级公路路基标准横断面

按规定设置错车道。

4.1.2　城市道路横断面组成

城市道路横断面，作为城市交通服务的功能，一般由机动车道、非机动车道、人行道、绿带、排水设施及各种管线工程等组成。城市道路横断面的基本型式可有以下四种，即：单幅路、双幅路、三幅路及四幅路。具有代表性的道路横断面如图 4-4 所示。

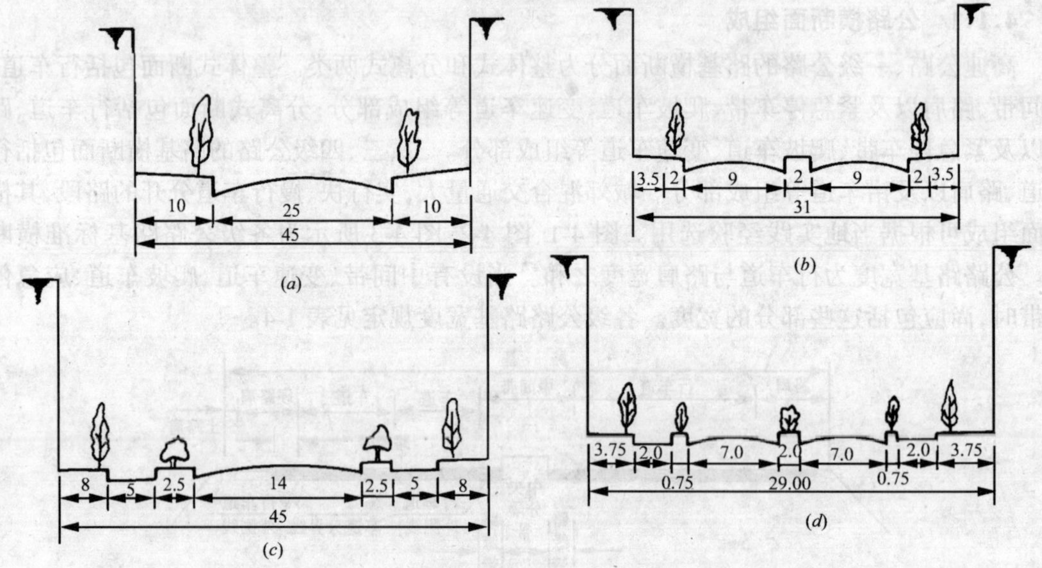

图 4-4　城市道路典型横断面图(单位：m)

(*a*)单幅路(一块板石家庄市建设大街；(*b*)双幅路(两块板)江苏省推荐断面；

(*c*)三幅路(三块板合肥市胜利路；(*d*)四幅路(四块板)日本一级城市道路

1. 城市道路四种典型断面的适用条件

城市道路四种典型断面的适用条件如下：

(1)单幅路　用于机动车交通量不大、非机动车较少的次干路、支路以及用地不足、拆迁困难的旧城市道路；

(2)双幅路　用于单向两条机动车车道以上、非机动车较少的道路。有平行道路可供非机动车通行的快速路和郊区道路以及横向高差大或地形特殊的路段，亦可采用双幅路；

(3)三幅路　用于机动车交通量大、非机动车多、红线宽度≥40m 的道路；

(4)四幅路　用于机动车速度高、单向两条机动车车道以上、非机动车多的快速路和主干路。

2. 四种横断面形成的比较

现将四种横断面基本形式分析比较如下：

(1)交通安全　三幅路及四幅路比单、双幅路都安全，因为排除了机动车和非机动车相互干扰而容易产生事故的矛盾，同时分隔带起了行人过街的安全岛的作用。但三、四幅路对公交车辆停靠站上下的乘客穿越非机动车道较为不便。双幅路由于机动车与非机动车混合行驶，事故较多，已较少采用。

(2)行车速度　单、双幅路由于机动车和非机动车混合行驶、相互干扰，所以车速较低。三、四幅路车速一般较高，而四幅路分隔对向车流，能保证规定的车速行驶；

(3)照明　三幅路比单幅路容易布置，能较好地处理绿化与照明的矛盾，照度均匀，可提高夜间行车速度，并减少了因照度不良引起的事故；

(4)绿化遮荫　三幅路布置多排绿带，遮荫效果好，有利于夏季行车及行人交通；

(5)噪音减少　三幅路的机动车道在中间，两侧绿带起到隔离作用，噪音对行人和沿街居民干扰较少；

(6)造价　单幅路占地最小、投资省、各类城市道路都可采用。三、四幅路用地大、造价高，但有利于地下管线分期敷设以及非机动车道可采用较薄的路面。此外，三幅路便于分期修建，即近期做成单幅式，待增长的交通量较大时再扩建为三幅路。

综上所述，可知三幅路优点居多，在条件具备的城市道路宜优先考虑采用三幅路断面。如北京市道路已多采用快慢分行的三幅路断面，提高了通行能力，有利于交通安全，并美化城市，图 4-5 所示为北京市月坛北街道路断面。又如上海市中山环路，属交通性干道，断面布置为快慢车分流的三幅式断面，见图 4-6。

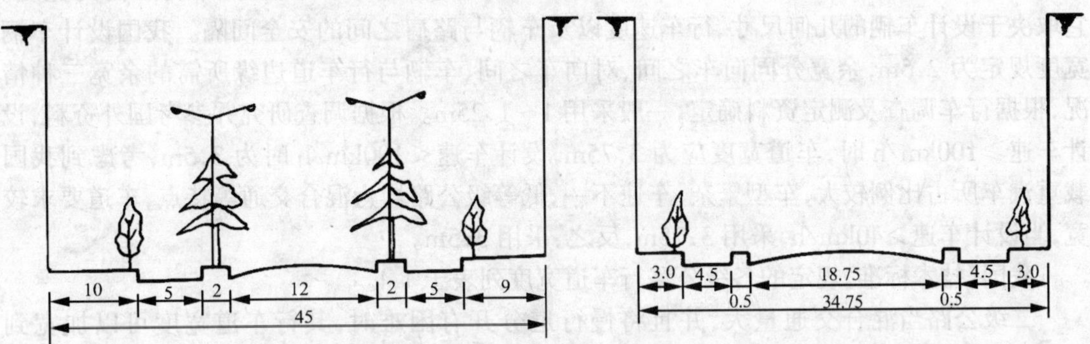

图 4-5　北京月坛北街道路断面(单位：m)　　图 4-6　上海中山环路道路断面(单位：m)

四幅路因造价高，一般只是在交通量较大的快速干道或主干道当条件允许时才予采用。

高速公路或快速路经过城镇地区时，为解决通行压力和原道路狭窄、房屋拆迁的困难，往往修建高架道路，它已成为缓解市区交通的良策。高架道路是用 6m 以上的系列桥架所组成的空间道路。平均车速可达 40～45km/h，3～4 个车道的高架道路通行能力可达 4000～6000辆/h。它能缓解地面交叉的拥阻，空间上分隔穿越市区的过境交通与到达市内的交通，避免了车速差异和相互干扰，已成为穿越城镇地区道路的可行构造。图 4-7 所示为上海内环线浦西高架路的路幅断面。

4.1.3　行车道宽度

行车道宽度包括机动车道宽度和非机动车道宽度。

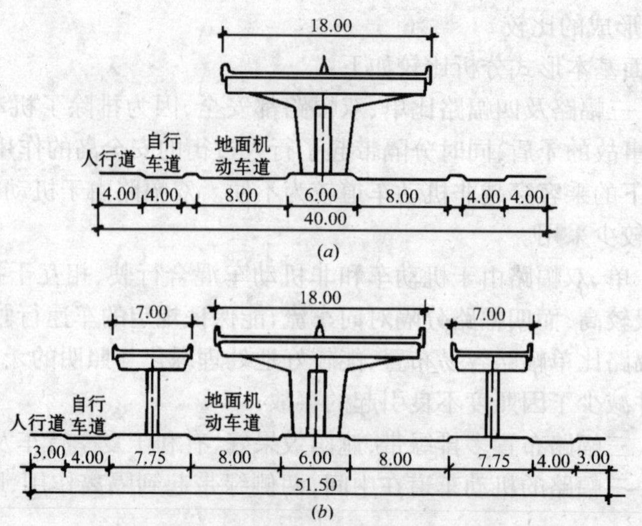

图 4-7 上海内环线浦西高架道路示意图(单位:m)

(a)无匝道横断面;(b)有匝道横断面

机动车道宽度主要决定于车道数和每一车道的宽度,而车道数则依远景年的设计小时交通量和一条车道的设计通行能力而定。即

$$车道数=\frac{远景年单向设计小时交通量}{每一车道的设计通行能力}\times 2$$

当交通组织方案为各类型机动车分流行驶时,应分别计算来确定机动车道宽度。

机动车道宽度应在保证要求车速及道路通行能力的情况下,安全行车所必需的宽度。它取决于设计车辆的几何尺寸、行车速度以及车辆与路肩之间的安全间隔。我国设计车辆宽度规定为2.5m,余宽分同向车之间、对向车之间、车辆与行车道边缘所需的余宽三种情况,根据行车调查及测定资料确定,一般采用1~1.25m。根据调查研究并参考国外资料,设计车速≥100km/h时,车道宽度应为3.75m,设计车速<100km/h时为3.5m,考虑到我国载重汽车所占比例较大,车型繁杂,车速不一,低等级公路均为混合交通等特点,车道要求较宽,当设计车速>40km/h,采用3.75m,反之,采用3.5m。

我国《技术标准》规定的各级公路行车道宽度列表于1-4。

二级公路当混合交通量大,并且将慢行道分开有困难时,其行车道宽度可以加宽到14m,并应划线分快、慢行车道。

城市道路机动车道宽度,应根据汽车车型及设计车速予以确定,推荐按表4-1采用。机动车道的路面宽度应计入分隔带及两侧路缘带的宽度。机动车道路缘带宽度一般为0.50m。

机动车道宽度 **表4-1**

车型	计算行车速度(km/h)	车道宽度(m)
大型汽车或大小型汽车混行	≥40	3.75
	<40	3.50
小客车专用线		3.50
公共汽车停靠站		3.00

注:小型汽车包括2t以下载货车、小型旅行车。

我国城市道路的实际经验，一般认为如下数值可供设计参考采用：

双车道7.5～8.0m；三车道10.0～11.0m；

四车道13.0～15.0m；六车道19.0～22.0m。

对于汽车与同向行驶非机动车之间的安全间隙，根据调查及观测：自行车与汽车并行时的横向距离约为1.3～1.5m(至少为1m)；三轮车与汽车并行时的横向距离约为1m。因此，建议以汽车车箱右侧1m作为划分快、慢车分道线的位置。

城市行驶的非机动车包括自行车、三轮车、兽力车、板车等，各种车辆具有不同的横向宽度和相应的平均车速。平均车速一般可采用下述数值：自行车为17km/h；三轮车为7.5～10km/h；兽力车为5km/h；板车为4.5km/h。

非机动车之间行驶的横向安全间隙，三轮车与自行车之间约为0.8～1.0m，兽力车与板车之间约为0.4～0.5m，非机动车与路缘石之间约为0.7m。

自行车车道的通行能力是以单车安全行驶所需的宽度划分车道线，以高峰时间各车道线平均的通行量作为一条自行车道的设计通行能力。根据观测及研究，推荐一条自行车道线(宽1m)的设计通行能力(单纯为自行车行驶，无人力三轮车等时)为：

采用分车线与机动车分隔的自行车道为850辆/h；

采用分车带与机动车分隔的自行车道为1100辆/h。

当有信号灯交通管制的路口时，因受路口条件、间距及路段行车密度的影响，设计时平均可按750辆/h采用。

根据各种车辆的横向宽度、不同的平均车速，通过理论观测研究，每条非机动车道宽度推荐按表4-2采用。

非机动车车道宽度 **表4-2**

类别	每条非机动车道宽度(m)
自行车	1.0
三轮车	2.0
兽力车	2.5
板车	1.5～2.0

注：主要供自行车行驶的非机动车道宽度，应另计入两侧各25cm的路缘带宽度。

按照我国各城市对非机动车道的使用经验，非机动车道的基本宽度可采用5.0m，6.5m，8.0m三种。

4.1.4 路肩、分车带与人行道

路肩作用主要是保持行车道、临时停放故障车辆、行人通行，并作为路面的横向支承。各级公路路肩宽度见表1-4规定。

高速公路当采用分离式断面时，行车道左侧应设硬路肩，其宽度一般为：计算行车速度120km/h时采用1.25m；计算行车速度100km/h时采用1.00m；计算行车速度小于或等于80km/h时采用0.75m。

高速公路、一级公路应在路肩宽度内设右侧路缘带，其宽度一般为0.5m。

二、三、四级公路在村镇附近及混合交通量大的路段，路肩应予以加固，以充分利用。四级公路的路肩宽度，当采用单车道路面时，一般为1.50m，其余情况下为0.50m。

高速公路、一级公路，当右侧硬路肩的宽度小于2.50m时，应设应急停车带。应急停车带的设置间距不宜大于500m，应急停车带的宽度包括硬路肩在内取3.50m，有效长度不小于30m，如图4-8所示。

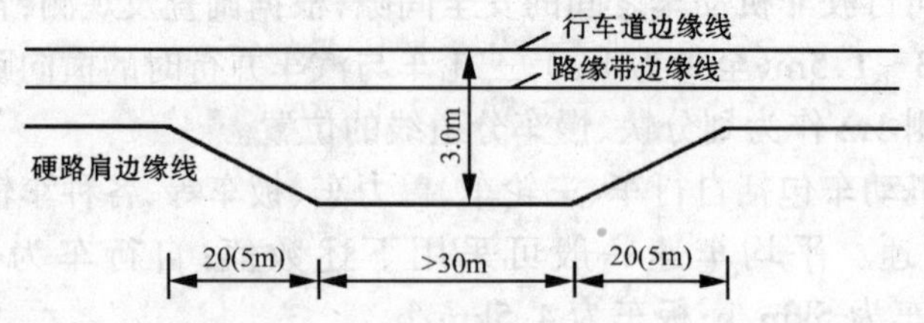

图4-8 紧急停车带

分车带由分隔带及两侧路缘带组成。

中央分隔带的功能主要是分隔对向车流、防止车辆互撞，并可作为设置防护栅、标志和绿化之用，见图4-9。高速公路、一级公路的分隔带宽度为3.00～1.50m，详见表1-4所示。城市道路的分隔带宽度(按设施带宽1.0m考虑)一般为2.00～1.50m，详见表4-3所示。设施带是分车带内设置防护栅、标志、绿化等的地带。分隔带一般用缘石围砌，高出路面10～20cm。

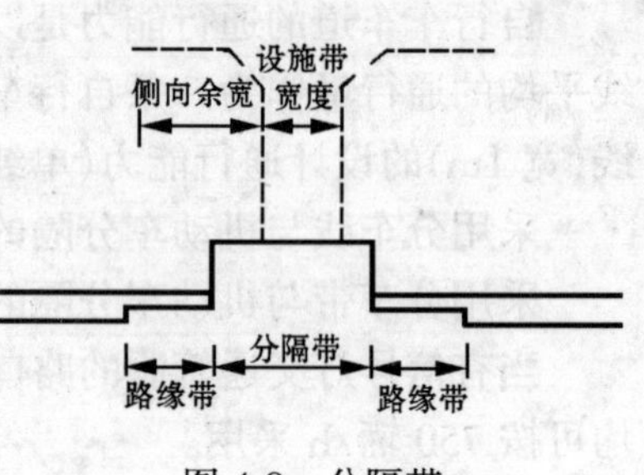

图4-9 分隔带

城市道路因机、非混合行驶设置非机动车道时，除设有中间分车带外，还有两侧分车带。

路缘带主要起视线诱导作用，是构成侧向余宽的一部分，起到充分利用行车道的作用。高速公路、一级公路在行车道旁设左侧路缘带，一般为0.75～0.50m，城市道路为0.50～0.25m。

城市道路分车带宽度 **表4-3**

类别		中间分车带			两侧分车带		
计算车速(km/h)		80	60,50	40	80	60,50	40
分隔带最小宽度(m)		2.00	1.50	1.50	1.50	1.50	1.50
路缘带宽度(m)	机动车道	0.50	0.50	0.25	0.50	0.50	0.25
	非机动车道				0.25	0.25	0.25
分车道最小宽度(m)		3.00	2.50	2.00	2.25	2.25	2.00

注：1.60km/h的快速路，采用表中80km/h一项数值；

2.≤40km/h的主干路可设路缘带，采用表中40km/h一项数值；

3.≤40km/h的支路可不设路缘带，应保证25cm的侧向净宽。

人行道主要供行人步行交通，应能满足行人通行的安全和通畅，保证高峰小时的行人流量，并用来设置绿化、照明、地下管线等。

人行道的最小宽度见表4-4所示。人行道横坡为单向坡，一般为1.5%～2.0%，向路缘石一侧倾斜，高出车行道0.10～0.20m。

为协调街道各部分的宽度，一般认为：街道总宽与单侧人行道宽度之比，为5:1～7:1是适宜的。

路缘石高度一般为0.10～0.20m，对桥上、隧道内、线形弯曲陡坡段可采用0.25～0.40m。

人行道的最小宽度 **表4-4**

项　　目	人行道最小宽度(m)	
	大　城　市	中　小　城　市
各　级　道　路	3	2
商业或文化区店集中路段	5	3
火车站、码头附近路段	5	4
长途汽车站附近路段	4	4

4.2　横断面设计

4.2.1　设计要求

横断面的设计要求，是使道路横断面的布置及几何尺寸应能满足交通、环境、用地经济、城市面貌等要求。路基是支承路面，形成连续行车道的带状土、石结构物。它既要承受由路面传来的车辆荷载，又要承受大自然因素的作用。因此，路基横断面设计必须满足以下基本要求：

(1)路基的结构设计应根据其使用要求和当地自然条件(包括水文地质和材料情况)，并结合施工条件进行设计。设计前应充分收集沿线地质、水文、地形、气象等资料。在山岭重丘区要特别注意地形和地质条件的影响，选择适当的路基断面形式、边坡坡度及防治病害的措施。在平原微丘区应注意最小填土高度，并设置必要的排水设施。

(2)路基的断面型式和尺寸应根据道路的等级、设计标准和设计任务书的规定以及道路的使用要求，结合具体条件确定。一般路基可参照典型横断面设计；特殊路基则应进行单独计算设计。

(3)路基设计应兼顾当地农田基本建设的需要。在取土、弃土、取土坑设置、排水设计等方面与农田改土、农田水利、灌溉沟渠等相配合，尽量减少废土占地、防止水土流失和淤塞河道。

4.2.2　设计方法

1.具体步骤

对于公路横断面设计，主要是绘出横向地面线后，根据纵断面设计所确定的路基填挖高度、路基宽度、选定的边坡坡度、边沟尺寸绘出路基的外廓线，通常把这项工作称为“戴帽子”，具体设计步骤如下：

(1)点绘各横断面的横向地面线；

(2)根据《技术标准》的规定，确定路基宽度；按照土质、水文条件拟定路基边坡坡度；按照排水要求拟定边沟、截水沟等尺寸；

(3)按弯道半径大小分别拟定超高、加宽值；

(4)根据纵断面设计资料，按设计标高，在路基设计表上逐桩进行计算，完成路基设计表(表4-5)；

某公路某段路基设计表

表 4-5

桩号	平曲线	变坡点高程桩号及纵坡坡度、坡长	竖曲线	地面标高	设计高	填挖高度（m）		路基宽（m）		路边及中桩与设计高之高差（m）			施工时中桩（m）		边坡 1∶*m*		护坡道				边沟						坡脚坡口至中桩距离		备注
																	护坡道宽		坡度 1∶*m*		坡度（%）		形状	底宽（m）	沟深（m）	内坡			
						填	挖	左	右	左	中桩	右	填	挖	左	右	左	右	左	右	左	右					左	右	
1	2	3	4	5	6	7	8	9	10	11	12	13	14	15	16	17	18	19	20	21	22	23	24	25	26	27	28	29	30
K2+100.00		*K*2+100		160.76	159.92		0.84	7.50	7.50	0.00	0.15	0.00		0.69															
+120.00		$i=-0.65\%$		164.56	159.75		1.81	7.50	7.50	0.00	0.15	0.00		1.66															
+140.00		$L=400$		164.03	159.59		4.44	7.50	7.50	0.00	0.15	0.00		4.29															
+160.00				164.23	159.43		4.80	7.50	7.50	0.00	0.15	0.00		4.65															
+180.00				162.15	159.28		2.87	7.50	7.50	0.00	0.15	0.00		2.72															
+200.00				163.17	159.14		4.03	7.50	7.50	0.00	0.15	0.00		3.88															
+220.00				163.20	159.00		4.20	7.50	7.50	0.00	0.15	0.00		4.05															
+240.00				163.87	158.87		5.00	7.50	7.50	0.00	0.15	0.00		4.85															
+260.00			+243.5	165.69	158.74		6.95	7.50	7.50	0.00	0.15	0.00		6.80															
+280.00				166.31	158.61		7.70	7.50	7.50	0.00	0.15	0.00		7.55															
+300.00				166.36	158.48		7.88	7.50	7.50	0.00	0.15	0.00		7.73															
ZH+315.89				166.30	158.37		7.93	7.50	7.50	0.00	0.15	0.00		7.78															
+340.00				166.06	158.22		7.84	7.50	7.71	0.59	0.29	−0.04		7.55															
HY+360.89			+404.6	166.06	158.08		7.98	7.50	7.90	1.11	0.51	−0.12		7.47															
+380.00	JD5 右			166.20	157.96		8.24	7.50	7.90	1.11	0.51	−0.12		7.73															
+400.00	78°53′21″			166.01	157.83		8.18	7.50	7.90	1.11	0.51	−0.12		7.67															
+420.00	$R=200$			165.95	157.70		8.25	7.50	7.90	1.11	0.51	−0.12		7.74															
+440.00				165.61	157.60		8.01	7.50	7.90	1.11	0.51	−0.12		7.50															
+460.00	$LS1=45$	157.175		165.63	157.52		8.11	7.50	7.90	1.11	0.51	−0.12		7.60															
QZ+476.08	$LS2=45$		凹	166.02	157.47		8.55	7.50	7.90	1.11	0.51	−0.12		8.04															
+500.00	$T1=187.38$	*K*2+500	$R-18000$	166.05	157.43		8.62	7.50	7.90	1.11	0.51	−0.12		8.11															
+520.00	$T2=187.38$	$i=0.41\%$	$T-95.4$	166.02	157.41		8.61	7.50	7.90	1.11	0.51	−0.12		8.10															
+540.00	$L=320.375$	$L=400$	$E-0.25$	165.43	157.42		8.01	7.50	7.90	1.11	0.51	−0.12		7.50															
+560.00	$E=59.533$			165.89	157.46		8.43	7.50	7.90	1.11	0.51	−0.12		7.92															
+580.00				163.21	157.51		5.70	7.50	7.90	1.11	0.51	−0.12		5.19															
YH+591.27				164.13	157.55		6.58	7.50	7.90	1.11	0.51	−0.12		6.07															
+600.00			+595.4	163.60	157.59		6.01	7.50	7.82	0.89	0.42	−0.09		5.59															
+620.00				162.86	157.67		5.19	7.50	7.64	0.40	0.20	−0.02		4.99															
GQ+636.27				161.35	157.73		3.62	7.50	7.50	0.00	0.15	0.00		3.47															

(5)按路基设计表数据，绘出横断面设计线，可用透明胶片做成模板(见图 4-10)绘图；陡峻山坡需设挡土墙时，应绘于横断面图上，并将挡土墙设计成果另行绘图；

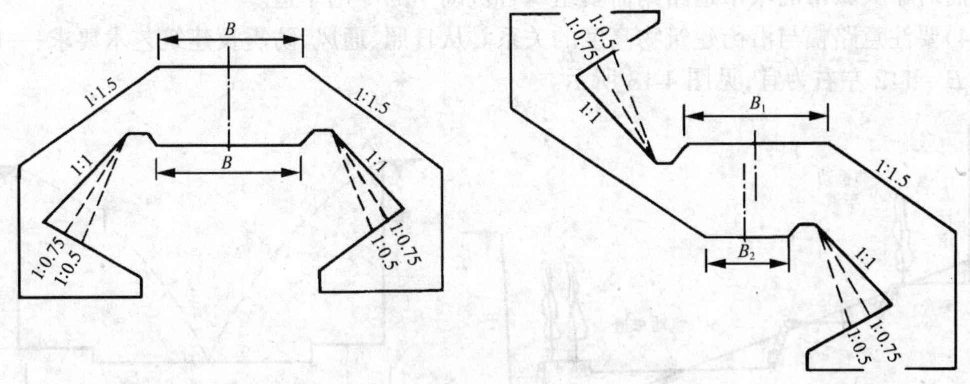

图 4-10 路基横断面模板

(6)检查弯道路段横断面内侧视距是否保证，是否需要清除障碍及设置视距台。

横断面的绘制，一般在方格纸上按桩号由下向上绘制，并在每个横断面上注明必要的数据(包括加宽、超高、土石分界等)。

横断面图应绘出所有整桩、加桩的横断面，包括边坡、边沟、开挖台阶、视距台等，用地界、挡土墙、驳岸、护坡、护脚均可绘在横断面图上，并注明其起讫桩号、圬工种类及断面尺寸(另绘防护工程设计图时，只注明起讫桩号)。比例尺一般用 1:100～1:200，如图 4-11 所示。

桩号 $K2+500.12(ZY)$

填		挖	1.56
路基宽(m)		左	右
		3.75	5.55
超　高(%)		+0.43	−0.13
边坡			1:0.5
边沟深度(m)			0.40
面积(m^2)		填	挖
	土		41.0
	石	0.4	
	砌石	1.4	

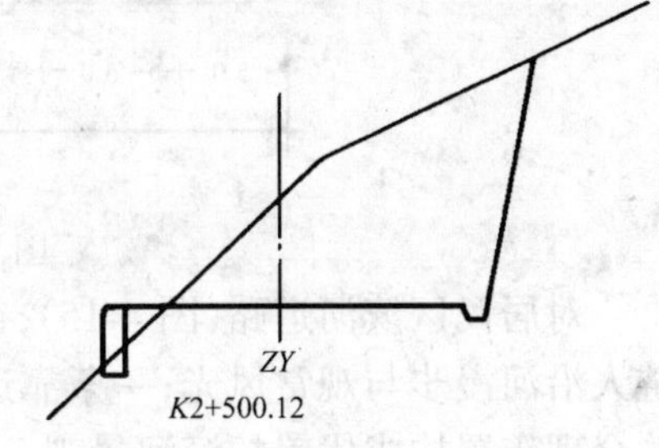

图 4-11 横断面图

2. 注意事项

对城市道路横断面的设计要特别注意下列要点：

(1)应与道路上的交通性质与组成相协调。因为城市道路有机动、非机动车辆、行人交通以及公交汽车站，所以横断面要依据机、非车辆与行人交通量的比例，并考虑公交线路及车辆停靠等问题进行布置设计。

(2)要注意道路与环境的关系，特别是地形、气候以及噪声、灰尘、废气污染等环境影响，例如在坡地上的路幅断面则可布置如图 4-12 所示。

(3)要根据道路路段的交通组织设计进行横断面设计。所谓交通组织设计主要是合理地布置机动、非机动车道、人行道以及设置停车站、交通岛、交通信号灯及交通标志等，以保证道路车流和行人交通的畅通与安全。因此，路幅断面型式（单、双、三、四幅路）的选定，以及机动车辆的组织往往影响横断面的合理布置。例如，中小城市道路一般可采取机、非混合交通，而对于大城市的城市道路则需要组织各机动车的专用车道。

(4)要注意路幅与沿街建筑物高度的关系。从日照、通风、防震及建筑艺术要求，一般认为 $H:B=1:2$ 左右为宜，见图 4-13 所示。

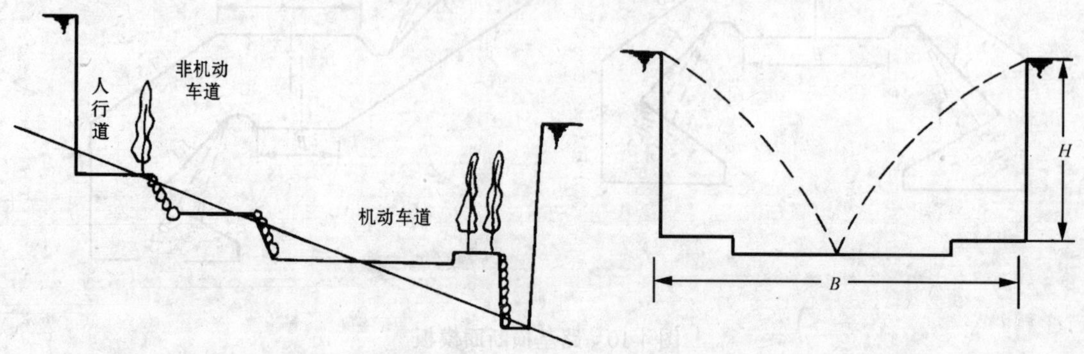

图 4-12　坡地上的路幅断面　　图 4-13　路幅与沿街建筑高度的关系

(5)横断面布置与道路功能相适合。不同功能的道路应有不同的风貌与建筑艺术。例如商业性大街，因沿街有大型商店、影剧院等，一般以行人与客运交通为主，禁止过境载货车辆入内，断面布置上人行道宜宽，车行道一般为四车道，并考虑车辆的沿街停靠。如图 4-14 所示。

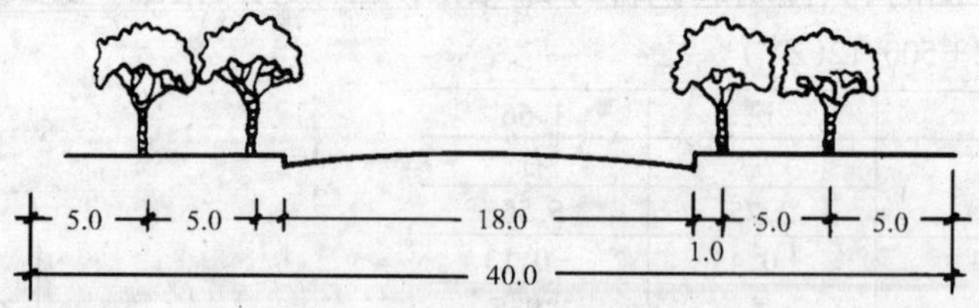

图 4-14　商业性干道(单位:m)

对居民区滨河道路(图 4-15)，往往靠河一边人行道最好布置成两条，一条靠近水面，供游人沿河漫步与观赏风光；一条靠近车行道便于过路行人，整齐的河岸、护栏、花坛、绿地等的合理布置构成优美的滨河景观。

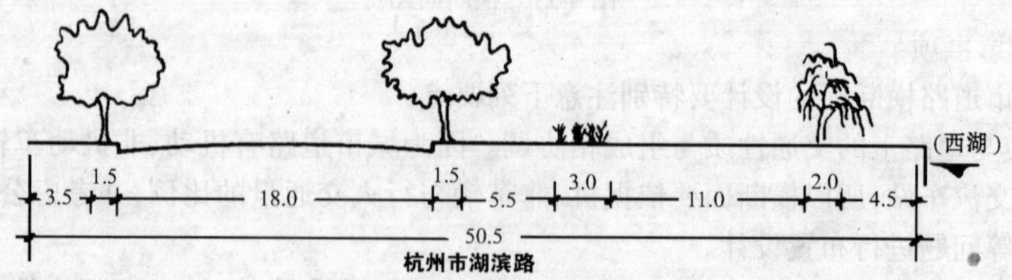

图 4-15　居民区滨河路(单位:m)

城市道路横断面应绘出红线、车行道、人行道、绿带、照明、地下管线等的位置和宽度。通常采用比例尺为 1:100 或 1:200，包括现状横断面图、近期设计(一般 5～10 年)横断面图及远景(一般 15～20 年)规划横断面图，如图 4-16 所示。

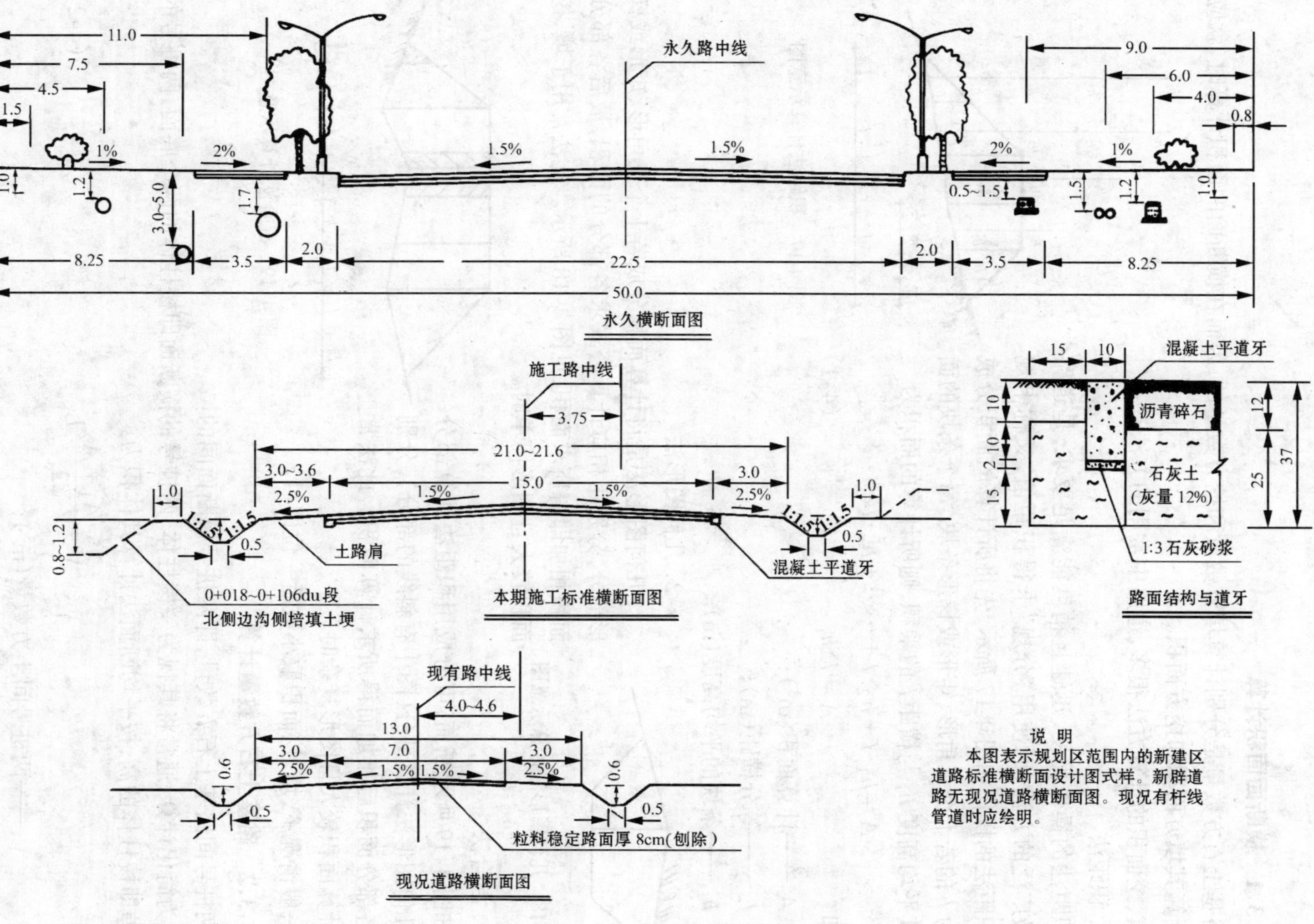

图 4-16 标准横断面图(单位:m)

4.3 路基土石方数量计算

4.3.1 横断面面积计算

路基土石方数量是分别计算填方数量和挖方数量的，因而在横断面的面积计算时，就应分别计算其填方面积和挖方面积。

填、挖面积的计算方法很多，道路中常用的方法有：

1. 积距法

积距法的操作简便、迅速且精度能满足要求，是道路应用最广泛的方法，因使用“分规”卡得积距值，又称卡规法。积距法的操作如图 4-17 所示，先将所计算的面积分成横距为 l 的若干个三角形、矩形或梯形条块，每个条块的面积为其平均高度 h_i 与横距 l 的乘积，则所计算的面积为

$$A = h_1 \cdot l + h_2 \cdot l + \cdots\cdots + h_n \cdot l$$

即

$$A = l\Sigma h_i \tag{4-1}$$

式中 A ——计算面积(m^2)；

l ——等分横距(m)；

h_i ——条块的平均高度(m)。

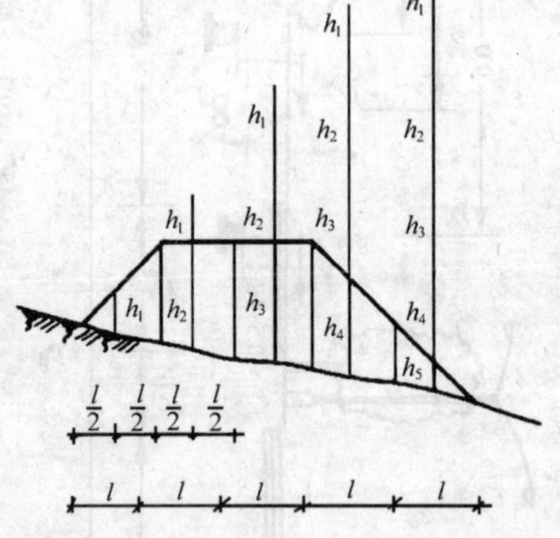

图 4-17 积距法计算示意图

2. 几何图形法

几何图形法是将计算面积分成若干个三角形、矩形或梯形部分，分别用相应计算公式求各部分的面积，最后各部分面积相加即得所求面积，见图 4-18 所示。此法常用于填、挖面积较大且图形简单时。

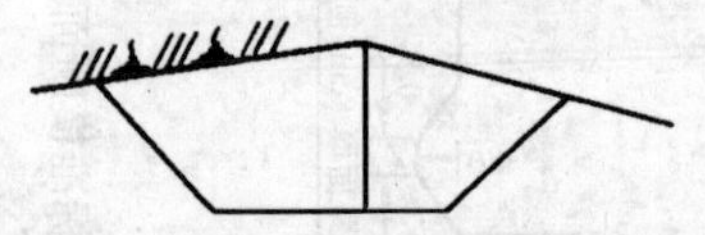
图 4-18 几何图形法计算示意图

3. 混合法

如图 4-19 所示断面，可分成用积距法计算部分和用几何图形法计算部分(图中有斜线的部分)，分别求得各部分面积后相加而得所求计算面积。此法常用于计算面积较大且图形复杂时。

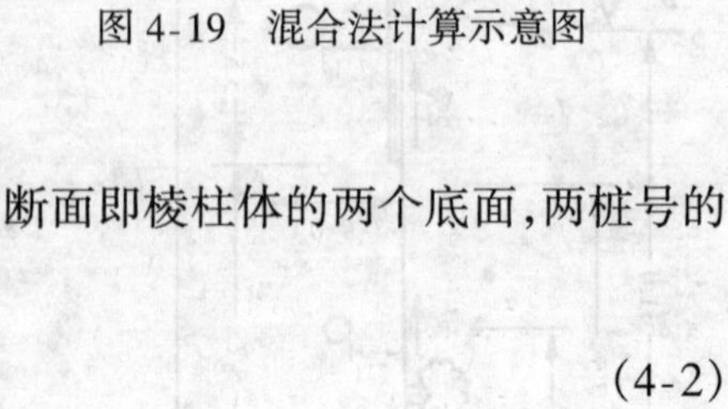

图 4-19 混合法计算示意图

一般情况下，填、挖面积取小数后一位即可。

4.3.2 路基土石方数量计算

两桩号间路基土石方数量，即两桩号横断面间的体积，为简化计算，通常将其视为一棱柱体，两桩号的横断面即棱柱体的两个底面，两桩号的里程差即棱柱体的高，按平均断面法计算其体积为

$$V = \frac{A_1 + A_2}{2} L \tag{4-2}$$

式中 V ——两桩号间土方数量(m^3)；

A_1、A_2 ——两桩号的断面面积(m^2)；

L ——两桩号的中线距离(m)。

计算时注意:应将两桩号间的填、挖部分分别计算;若其中一个桩号的填(挖)为零时,即视为棱锥体,仍按式计算。

在道路的测设过程中,路基土石方数量计算通常是用列表法进行,即利用《路基土石方数量计算表》见表4-6所列,将桩号、断面填挖面积、土石成分等资料依次填入,算得相邻断面的距离和平均断面面积并填入,再算得各相邻两断面的填、挖土石方数量并填入即可。通常土石方数量均以 m^3 计。

计算时对每页土石方数量计算表应作本页小计,每公里作本公里的合计,以便复核和统计,最后作全路的总计。

4.3.3 土石方调配

路基土石方调配的目的,是将路堑的挖方合理地调用于路堤的填方,使运量最小、搬运方向最便利。

1. 调配计算的几个问题

(1)免费运距、平均运距和经济运距

土方作业包括挖、装、运、卸等工序,在某一特定距离内,只按挖方数计价而不计算运费,这一特定距离称免费运距。显然施工作业方向不同,其免费运距也不同。

土石方调配时,从挖方体积重心到填方体积重心的距离称平均运距,为简化设计计算,通常平均运距按挖方路段中心至填方路段中心的距离计。当平均运距小于或等于免费运距时,可不另计运费;当平均运距大于免费运距时,超出的运距称超运运距,超运运距的运土应另计运费。

填方用土的来源,一是从路堑挖方纵向调运,另一是就近路外借土。一般情况下,利用挖方纵向调运来填筑较近的路堤是比较经济的。但如果调运的距离较长,以致运费(上述超运运距则另加运费)超过了在路堤附近借土所需的费用时,这种以挖作填就不如在附近借土经济。因此,采用“调”或“借”有个运距限度问题,这个限度距离称经济运距,可用下式求算

$$L_{经} = \frac{B}{T} + L_{免} \tag{4-3}$$

式中 $L_{经}$——经济运距(m);

B ——借方单价(元/m^3);

T ——超运运费单价(元/($m^3 \cdot m$));

$L_{免}$——免费运距(m)。

从式(4-3)可知,当调运的距离小于或等于经济运距时,采用“调”是经济的;若调运距离超过经济运距,则应考虑就近借土。

(2)运量

土石方运量即平均运距与所运土石方数量的乘积。土石方调配时,超运运距的运土才另加计运费,故运量应按平均超运运距计。

$$W = Qn \tag{4-4}$$

式中 W ——运量($m^3 \cdot$单位);

Q ——调配土石方数量(m^3);

n ——平均超运运距“单位”可按下式计算

$$n=\frac{L+L_{免}}{N} \tag{4-5}$$

其中 N ——超运运距(m);如人工运输为 10m,轻轨运输为 50m 等;

L ——平均运距(m)。

(3)计价土石方数量

在土石方数量中,所有的挖方数量均应予计价,但填方则按土方的来源决定是否计价,若是路外就近借土就应计价,若是移挖作填的纵向调配方则不应计价,否则就形成双重计价(路堑挖方已计,填方再计)。因而计价土石方数量为

$$V_{计}=V_{挖}+V_{借} \tag{4-6}$$

式中 $V_{计}$——计价土石方数量(m^3);

$V_{挖}$——挖方数量(m^3);

$V_{借}$——借方数量(m^3)。

2. 土石方调配的一般要求

(1)应尽可能在本桩位内移挖作填(即横向调配),以减少废方和借方。

(2)选用经济运距时,应综合考虑施工方法、运输条件和地形情况等因素。由于施工的安排和运输条件不能合乎理想,一般采用的经济运距要比按式 4-3 的计算值小一些。

应该指出,在取土或弃土受限制的路段,虽然远距离运输费用高而不经济,但由于少占耕地、少影响农业生产等,这对整体和长远来看,也未必是不经济的。从这个意义上可见,经济运距是决定“调”或“借”的重要指标,但不是唯一指标,还应综合考虑弃方或借方的占地、赔偿青苗损失以及对农业生产等方面的影响问题。

(3)不同性质的土石方应分别调配,以做到分层填筑。石方除特殊情况外,一般不作纵向调配。

(4)应妥善处理废方。应使废方少占农田耕地,在可能条件下将弃土平整为可耕地,要防止乱堆乱弃,避免产生堵塞水流、损害农田或其他不良后果。

(5)填方如需路外借土,应根据借方数量,结合附近地形、土质及农田建设等情况,认真考虑借土还田、整地造田的可能性后进行调配。

(6)调配土石方时应考虑桥涵位置,一般不作跨沟调运;也应考虑地形情况,一般不宜往上坡方向调运。

(7)土石方数量集中的路段,因开挖、运输的施工作业方案与一般路段有所不同,可单独进行调配。

3. 土石方调配的方法

在土石方数量计算复核完毕后即可进行调配,但必须明确填挖情况、桥涵位置、纵坡、附近地形和施工方法,做到调配时心中有数。

调配可在土石方数量表上进行(见表 4-6)。

首先进行横向调配,满足本桩号利用方的需要,然后计算挖余和填缺的数量。

根据挖余和填缺量分布情况,可以大致看出调运的方向和数量,结合纵坡情况和经济运距,对利用方进行纵向调配,而后填方若有不足或挖方未尽利用,再选定弃土或借土的合适地点,确定借方或弃方数量。调配一般在本公里范围内进行,必要时也可跨公里调配,但须将数量和方向分别注明。

路基土石方数量计算表 表 4-6

桩号	横断面面积(m²) 挖	横断面面积 填 土	横断面面积 填 石	平均面积(m²) 挖	平均面积 填 土	平均面积 填 石	距离(m)	挖方分类及数量(m²) 总数量	土 松土 %	松土 数量	普通土 %	普通土 数量	硬土 %	硬土 数量	石 软石 %	软石 数量	次坚石 %	次坚石 数量	坚石 %	坚石 数量	填方数量(m³) 土	填方数量 石	利用方数量(m³)及运距(单位) 本桩利用 土	本桩利用 石	填缺 土	填缺 石	挖余 土	挖余 石	远运利用纵向调配示意	借方数量(m³)及运距(单位) 土	借方 石	废方数量(m³)及运距(单位) 土	废方 石	总运量(m³)(单位) 土	总运量 石
1	2	3	4	5	6	7	8	9	10	11	12	13	14	15	16	17	18	19	20	21	22	23	24	25	26	27	28	29	30	31	32	33	34	35	36
K14+000	60.0			71.1			17	1209			20	242	10	121			50	604		242							363	846					346/③		1033
+017	82.2			84.3		5.0 *2.0	8	674			|	135	|	67			|	337	|	135		40 *16		56			202	416	土:363 石:500 调至上公里				329/③		987
+025	86.4		10.0 *4.0	43.2	39.0	50 *2.0	12	518			↓	103	↓	52			|	259	↓	104	468	50 *24	(279) 155	84	34										
+037		78.0			73.8		4														295				295				土:202 石:(87)						
+041		69.6		39.2	34.8		9	353					20	71			|	176	30	106	313		71 (242)					40							
+050	78.4			56.4			10	564					|	113			|	282	|	169							113	451					443/②		886
+060	34.4			60.6			12	727					|	145			|	364	|	218							145	582							
+072	86.8			55.9			8	447					|	89			|	224	|	134							89	358	石:(40)						
+080	25.0																																		
+086		24.6	54.6	12.5	12.3	27.3	6	75					|	15			|	37	|	23	74	164	15	60	59	104			土:113 石:8						8
+094		28.0	56.0		26.3	55.3	8						|				|		|		210	442			210	442			土:145 石:538/(44)						226
+100		20.0	56.0		24.0	56.0	6						|				|		|		144	336			144	336			土:89 石:336/(22) ①						33
+108		24.0	44.0		22.0	50.0	8						|				|		|		176	400			176	400			② ①					35	206
+114	24.0		*2.0	12.0	12.0	22.0 *1.0	6	72					|	14			|	36	|	22	72	132 *6	14	58	58	80									
+124	46.0		*1.0	35.0		*1.5	10	350					|	70			|	175	|	105		*15		15			70	265	①						
+140	16.0	8.0		31.0	4.0	*0.5	16	496					|	99	z		|	248	|	149	64	*8	64	8			35	389	土:70 石:265				45		
+160	42.0	6.0		29.0	7.0		20	580					|	116			|	290	|	174	140		116 (24)					440	土:35 石:215/(129)				440		
+180	62.0			52.0	3.0		20	1040					|	208			|	520	|	312	60		60				148	832	石:(215)			148	832		
+190	14.0	21.0		38.0	10.5		10	380					|	76			|	190	|	114	105		76 (29)					275					60		
+200		36.0		7.0	28.5		10	70					↓	14			↓	35	↓	21	285		14 (56)		215				土:654 石:1362/(537)						
小计							200	7555				480		1270				3777		2028	2406	1574 *69	585 (630)	281	1191	1362	1165	4894				148	2495	35	3384

注：1.(4)、(7)、(23)栏中"＊"表示砌石；
2.(24)、(30)栏中"(　)"表示以石代土；
3.(31)、(32)、(33)、(34)栏中分子为数量，分母为运距；
4.(31)、(32)栏系指普通土和次坚石，如有不同，须另加注明；
5.(30)、(31)、(32)、(33)、(34)栏中"○"内数字为平均超运距单位数。

计算者：　　　　复核者：

调配的结果示于土石方数量表上，并可按下式复核：

横向调运 + 纵向调运 + 借方 = 填方

横向调运 + 纵向调运 + 弃方 = 挖方

挖方 + 借方 = 填方 + 弃方

最后算得计价土石方数量，即

计价土石方数量 = 挖方数量 + 借方数量

复习思考题

4-1 路基的宽度是由哪些部分组成？这些部分的宽度应考虑哪些因素来加以确定？

4-2 在平原区筑路时，为什么一般均做成低路堤？对较高的路堤，为什么两旁可以不设边沟？

4-3 机动车车行道的宽度是怎么确定的？应该考虑哪些因素？

4-4 试述绿化分隔带的作用。

4-5 车行道路拱有哪几种形式？路拱各点标高如何计算？

4-6 城市道路横断面路幅形式的选用应注意哪些问题？

4-7 路基土石方调配的基本原则是什么？

第 5 章　道路交叉设计

道路系统是由各种不同方向的道路所组成,由于道路的纵横交错,不可避免地形成道路交叉,即两条或两条以上道路的交会。根据各相交道路在交叉点的标高,可将道路交叉分为平面交叉和立体交叉两种类型。

交叉口指道路与道路平面相交处。交叉口是道路网络的结点,它一方面有利于交通组织和转换;另一方面也使行车速度下降、通行能力比路段降低,而且交叉口处最容易发生交通事故。因此,在设计道路交叉时,应将其形式与交通组织、交通控制方式等一并综合考虑。先选择正确的交叉口形式,合理布置各种交通设施,然后进行交叉口的具体设计。

5.1　平面交叉设计

道路与道路在同一平面内交叉称为平面交叉。平面交叉设计的基本要求有二方面:一是保证相交道路上所有车辆与行人的交通畅通和安全;二是保证交叉口范围内的地面水迅速排除。

在设计平面交叉口时,需要收集和了解以下有关资料:相交道路的条数和等级、车辆和行人的估算交通量、车辆的计算行车速度、相交道路的设计纵坡及横断面、交叉口的地形、交叉口周围的房屋建筑、排水管道等。

平面交叉主要设计内容如下:

1)正确选择交叉口的形式,确定各组成部分的几何尺寸(包括车行道宽度、缘石转弯半径、绿带、交通岛等);

2)合理布置各种交通设施(包括交通信号标志、行人横道线、照明、公共交通停靠站等);

3)交叉口的竖向设计(包括雨水口和排水管道的布置)。

5.1.1　交叉口的交通分析和交通组织

1. 交叉口的交通分析

交叉口是道路交通的咽喉,相交道路的各种车辆和行人都要在交叉口处汇集、通过。由于车辆和过街行人之间、车辆和车辆之间,特别是非机动车和机动车之间的干扰,不但会阻滞交通,而且也容易发生交通事故。所以,正确地选择交叉口形式,并合理地组织交通,就可以很大程度地保证交叉口行车安全和提高交叉口通行能力。

交叉口的交通情况,在机非混行的交叉口上最为复杂。以四条道路相交形成的"十字形"交叉口为例,仅对机动车流在交叉口的交通分析如下:进出交叉口的车辆,由于行驶方向不同,车辆与车辆之间的交错方式也有所不同,所产生的交错点的性质也不一样。四条路(十字形)交叉口车流的交错情况如图 5-1 所示。

上述不同类型的交错点,使车辆可能产生碰撞,它直接影响着交叉口的行车速度、通行能力,也是发生交通事故的主要原因。其中的冲突点对交通的影响和危险最大,其次是合流点和分流点。假设只考虑每条道路仅有双车道、上下行各为一股车流到交叉口转向,则产生的交错点数量可按下式计算:

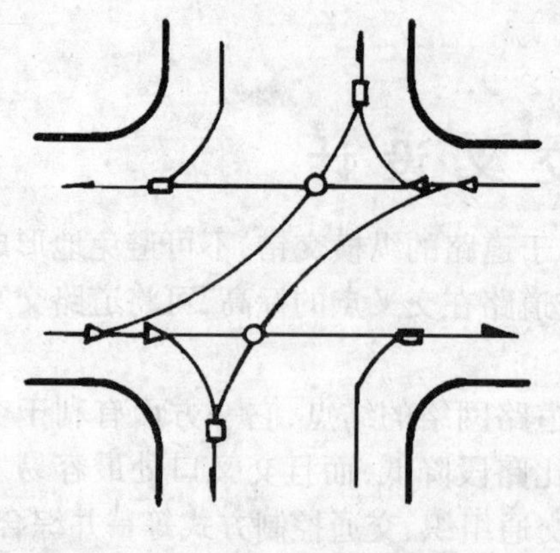

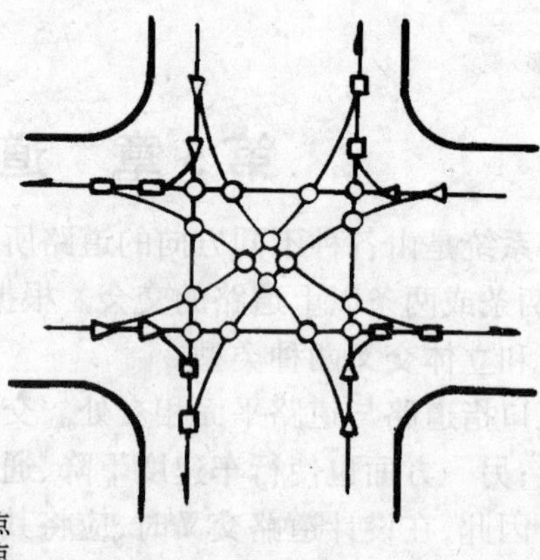

图 5-1　四条路(十字形)交叉、交错点

$$P_{分} = P_{合} = n(n-2) \quad (5\text{-}1)$$

$$\Sigma P_{(左、直)} = \frac{n^2(n-1)(n-2)}{6} \quad (5\text{-}2)$$

式中　$P_{合}$——合流点数量；

$P_{分}$——分流点数量；

$\Sigma P_{(直、左)}$——直行、左转车辆造成冲突点总数；

n——相交道路的条数。

通过以上分析，可以看出：

1)产生冲突点最多的是左转弯车辆。在无交通管制的十字交叉口上，若没有左转弯车辆，则冲突点就可以从 16 个减少到 4 个。5 条道路交叉时，其冲突点则可从 50 个减少到 5 个。因此，如何正确处理和组织左转弯车辆，以保证交叉口的交通畅通和安全，是交叉口设计的关键之一。

2)冲突点的数目随着相交道路条数的增加而显著增加。在没有交通管制的交叉口，3 条道路交叉的冲突点只有 3 个，4 条道路交叉的冲突点就增加到 16 个，而 5 条道路交叉的冲突点竟达到 50 个。因此，道路系统规划时，应避免 5 条或 5 条以上的道路相交，使交叉口交通简化。

3)设置信号灯，实行交通管制，可以保证交叉口处行车安全。按顺序开放各路交通，使交叉口冲突点明显减少，保证了安全，但增加了交叉口的延误时间，影响了交叉口的通行能力。因此，一般相邻信号灯路口的间距宜采用 400m，信号灯周期通常采用 60～120s。

所以，在交叉口设计中，必须力求减少或消灭冲突点，保障交通安全，同时又要努力提高交叉口的通行能力，保证行车通畅。通常减少或消灭冲突点的方法可考虑以下几个方面：

1)规划方面——设置平行道路，在交通量大的路段开辟单行道，使交叉口冲突点明显减少；城市道路可规划非机动车专用道路系统，减少机动车与非机动车的冲突。

2)交通管制方面——信号灯控制，用时间分隔车流，使各路交通间的冲突明显减少；另外限制部分交通、封闭多岔路口次要道路的交通、组织单向交通等也可减少冲突。

3)工程设施方面——采用环形交叉,将冲突点变为交织点;或采用立体交叉,将互相冲突的车流分别设在不同平面的车行道上,用空间分隔来消灭冲突点。

2. 交叉口的交通组织

道路交叉口各路车流、人流互相交叉,相互影响,不但降低行车速度和通行能力,还经常发生交通事故。交叉口交通组织设计的目的,就是要保证相交道路上的车流和行人的交通安全,并有效地提高交叉口的通行能力。

(1)车辆交通组织

交叉口的车辆交通组织就是正确组织不同去向的车流,通过设置必需的车道,合理布置交通岛、交通信号灯及地面各种交通标线等,使车辆在交叉口能按一定的原则组织起来,顺利通过交叉口。

车辆交通组织的原则,按如下几点考虑:A. 交叉路口供分流行驶用的车道数,应根据路口车流量和流向确定,进口道与出口道的直行车数应相同;B. 交叉路口交通岛的位置应按车流顺畅的流线布置;C. 进出口道分隔带或交通标线应根据渠化要求布置,并应与路段上的分隔设施衔接协调。

通过交叉口的交通分析可知,机动车流在交叉口存在着各种类型的交错点,其中以左转及直行车辆产生的冲突点的影响和危险性最大。因此,对交叉口车辆交通组织的重点,应主要解决左转车辆和直行车辆。

通常采用的车辆交通组织的方法有以下几种:

1)左转弯车辆的交通组织:对左转车辆实行交通控制或管制,使左转车辆在左转停车线等候开放通行信号时才能通过,或在规定时间内不准左转。对左转车辆也可改变其左转为右转通行。

2)设置专用车道,使车辆分道行驶。根据车行道的宽度和左、直、右行车辆的不同组成,组织不同车种和不同行驶方向的车辆在各自的车道上通行。

3)渠化交通组织:在道路上划交通标线,或用绿带和交通岛来分隔车道,引导各种不同类型和不同速度的车辆,顺着一定的方向,各行其道,互不干扰地通过。它对解决畸形交叉口的复杂交通问题尤为见效。

(2)行人交通组织

行人交通组织的目的,就是要为行人交通提供安全方便的通过条件,确保交叉口的交通安全和提高交叉口的通行能力。因此,交叉口设计时除了合理布置人行横道外,还应把交叉口转角处的人行道加宽。同时,尽量不将吸引大量人流的公共建筑的出入口设在交叉口上。

1)人行横道:人行横道的设置方向,原则上应垂直于道路,使行人过街距离最短,并可缩短交通信号控制中对行人的配时。人行横道一般可布置在交叉口人行道的延续方向后退3～4m的地方(停车线设在横道线的后面至少1m处)。人行横道的宽度,一般采用4～10m。另外,也可考虑设置行人天桥或行人地道,以更好地解决行人交通。

2)交叉口转角处人行道:转角处人行道宽度应大于路段人行道宽度,交叉口处宜用栏杆分隔人行道与车行道,拟远期设置人行立交的交叉口,人行道的宽度还应考虑天桥或地道出入口踏步的所需宽度。

5.1.2 交叉口形式与选择

1. 交叉口常见形式

平面交叉口的形式有十字形、T形、Y形、X线及环形交叉等，如图5-2所示。

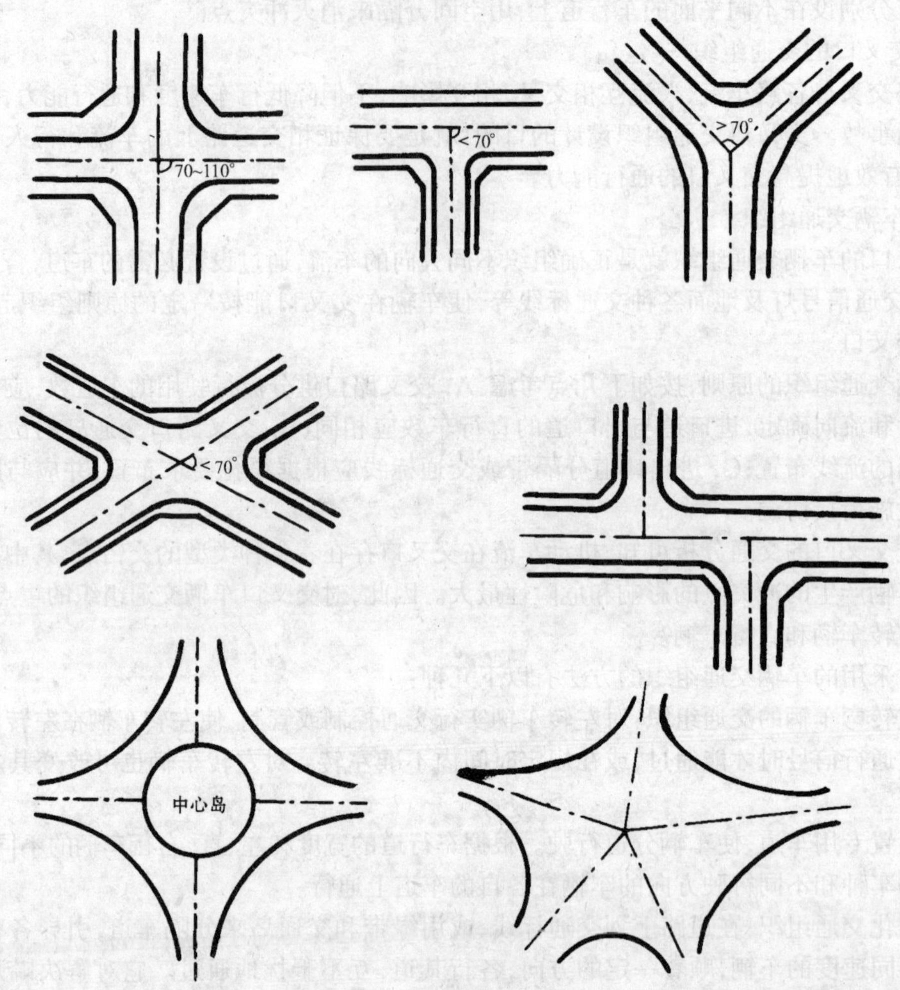

图5-2　平面交叉口的形式

(1)十字形交叉：四岔道路呈“十”字形的平面交叉。它形式简单，交通组织方便，街角建筑容易处理，适用范围广，是交叉口最基本的形式。

(2)T形交叉：三岔道路呈“T”字形的平面交叉。它与十字形交叉形式基本相同，视线良好，行车安全，但形成断头路，新建路一般不用。

(3)Y形交叉：三岔道路呈“Y”字形的平面交叉。当交角小于45°时，视线受到限制，行车不安全。

(4)X形交叉：四岔道路呈“X”字形的平面交叉。当相交的锐角较小时，将形成狭长的交叉口，对左转车辆交通不利，锐角街口的建筑也难处理，所以应尽量避免形成这种形式的交叉口。

(5)环形交叉：道路交汇处设有中心岛的环形交通平面交叉。环形交叉有利于渠化交通，但占地面积较大，适用于多路交汇及转弯交通量大的路口。

平面交叉形式还有错位交叉和多岔交叉，它们形式复杂，又不利于交通组织，所以在路网规划时应尽量避免这两种形式，对于旧路系统中已存在的，应逐步予以改建。

2. 交叉口形式选择

平面交叉口的形式决定于道路交通系统规划，以及交叉口用地及其周围建筑的情况。交叉口形式的选择涉及的因素较多，如道路的布置、相交道路等级、性质和交通组织等。设计时应通过多种方案的分析比较，择优选取合理形式。

交叉口形式的选择，一般可按以下几点考虑：

(1)形式简单

主干道路相交一般都选用十字形交叉，主、次道路相交也可用T形交叉，特殊情况斜交路口可用X形和Y形交叉，环形交叉用于多路交汇，对于形式较复杂的错位交叉和多岔交叉应避免使用。

(2)交通组织方便

便于交通组织，提高交叉口的通行能力，选择交叉口形式时宜多用十字形交叉，也可用环形交叉，其他形式尽量少用。

(3)便于改建

对于远景规划为立体交叉的路口，近期宜选择环形交叉为好。

5.1.3 交叉口平面设计

1. 加宽转角式交叉口设计

加宽转角式交叉口是指用曲线展宽各个转角而构成的平面交叉口，它是最简单的交叉口设计形式。设计时主要解决两方面的问题：一是要能保证安全，对于车辆在交叉口行驶时，驾驶人员要有足够的视距；二是要保证各方向右转弯车辆能以一定的速度顺利地通过，需要合理地确定交叉口转角的缘石半径。

(1)交叉口的视距

在车辆进入交叉口前的一段距离内，应使司机能够看清路口车辆的行驶情况，以便能安全地通过交叉口，或及时停车避免发生碰撞。这一段距离必须不小于规定的停车视距，停车视距的概念与计算详见第2章。

设计时，应使交叉口的视距符合“公路与城市道路平面交叉口停车视距的建议值”，同时必须检查交叉口的视距是否能够得到保证，在视距三角形内不允许有阻碍司机视线的物体和道路设施存在。

视距三角形是指平面交叉路口处，由一条道路进入路口行驶方向的最外侧的车道中线与相交道路最内侧的车道中线的交点为顶点，两条车道中线各按其规定车速停车视距的长度为两边，所组成的三角形。

(2)交叉口转角的缘石半径

为了保证右转弯车辆能以一定的速度顺利地转弯，交叉口转角处的缘石宜做成圆曲线或复曲线，以符合相应车辆行驶的轨迹，一般多用圆曲线，计算与施工均较方便。

圆曲线的半径 R_1，称为缘石半径，交叉口设计时，需要合理地确定交叉口转角处的缘石半径。

通常，交叉口缘石半径应以右转弯计算行车速度设计验算，计算公式如下：

$$R_1 = R - \left(\frac{b}{2} + e + C + W\right) \tag{5-3}$$

$$R = \frac{V_r^2}{127(\mu + i)} \tag{5-4}$$

式中 R_1 ——交叉口转角缘石半径(m);

R ——机动车最外侧车道中心线的圆曲线半径(m);

b ——最外侧机动车道宽度(m);

C ——分隔带宽度(m);

W ——交叉口转弯处非机动车道宽度(m);

V_r——交叉口车辆右转弯计算行车速度(km/h);

μ ——横向力系数,一般取 0.15;

e ——曲线加宽值(m);

i ——交叉口车行道横坡度,一般取 0.015。

另外,还应注意交叉口转角的缘石半径不得小于汽车最小转弯半径。

城市道路的交叉口,根据相交道路等级,可按规范要求选用缘石半径。单幅路、双幅路交叉口缘石半径最小值应符合规范"交叉口缘石转弯最小半径"要求;三幅路、四幅路交叉口的缘石半径最小值应满足非机动车行车要求。

公路交叉口设计时,缘石半径应符合"公路简单交叉口转弯半径"和"公路右转车道转弯最小半径"设计附表的要求。

另外,必须注意的是交叉口缘石半径过小,则使右转车辆行驶速度要降低很多,这将影响其他车道车辆的正常行驶,容易引起交通事故。所以,在可能的条件下,缘石半径 R_1 值最好选取较大值。

2. 拓宽路口式交叉口设计

拓宽路口式交叉口是指在接近交叉口的道路两侧展宽或增辟附加车道的平面交叉口。设计时主要解决三方面的问题:一是拓宽的车道数,以增加车道数来提高交叉口的通行能力;二是拓宽位置的选择,要求根据交叉口通行能力计算,决定应增设的专用车道及其具体位置;三是拓宽车道长度的计算,使车辆能顺利地进入、驶出专用车道,且不影响其他车流的正常行驶。

(1)拓宽的车道数

交叉口的通行能力,一般总是比相同车道数的正常路段的通行能力小,所以交叉口的车道数不应少于路段上的车道数。交叉口所需拓宽的车道数,主要取决于进口道各向的交通量、交通组织方式和车道的通行能力。它可根据有关内容进行计算确定,为便于交通组织,一般以增设一条车道为宜。

(2)拓宽位置的选择

选择拓宽车道的位置,可采用以下两种情况:一是向进口道左侧拓宽,利用逐渐缩窄和后退中间分隔带、或偏移中心线占用对向车道;二是向进口道右侧拓宽,利用车行道右侧的分隔带、人行道上绿带或拆迁交叉口处部分房屋。

(3)拓宽车道长度的计算

1)交叉口的进口道增设右转专用车道时,右侧横向相交道路的出口道应设加速车道。右转专用车道长度应保证右转车不受相邻停候车队长度的影响,而加速车道则应保证加速所需长度。两者均应调查后具体计算确定。

右转车道拓宽长度与加速车道长度分别按下列公式计算：

$$l'_w = l'_d + l'_t \tag{5-5}$$

$$l''_a = l'_a + l'_t \tag{5-6}$$

式中 l'_w——拓宽右转车道的长度(m)；

l'_d——车辆减速所需长度或相邻停候车队长度(m)，两者中取大值；

l'_t——过渡段长度(m)；

l''_a——加宽加速车道长度(m)；

l'_a——车辆加速所需距离(m)。

2)交叉口的进口道增设左转专用车道时，左转专用车道的长度应保证最后一辆左转车能在左转车队后端安全停车，其计算公式如下：

$$l_w = l_d + l_t \tag{5-7}$$

式中 l_w——拓宽左转车道长度(m)；

l_d——车辆减速所需长度或左转停车车队长度(m)，两者中取大值；

l_t——过渡段长度(m)。

3. 环形交叉口设计

环形交叉口是指道路交汇处设有中心岛，所有横穿交通都被交织运行所代替，形成一个单向行驶的环行交通系统，其中心岛称为环岛。如图 5-3 所示。

图 5-3 环形交叉口

环形交叉设计基本要素和要求有以下二个方面：一是中心岛的形状和尺寸，中心岛的形状应根据交通流特性采用，其尺寸应满足最小交织长度和环道上计算行车速度的要求；二是环道的布置和宽度，环道的车行道可根据交通流的情况，采用机、非分行或混行布置，环道的宽度决定于相交道路的交通量和交通组织。

(1)中心岛的形状和尺寸

中心岛的形状和尺寸的确定，必须保证车辆能按一定车速以交织方式来代替一般交叉的车流交叉，即必须同时能满足行车速度以及进环和出环的车辆在环道上行驶时，互相转换车道所需的交织距离的要求。

中心岛的形状有圆形、椭圆形或卵形状，一般多采用圆形。中心岛半径计算公式如下：

$$R_d = \frac{V^2}{127(\mu \pm i)} - \frac{b}{2}(\mathrm{m}) \tag{5-8}$$

式中 R_d——中心岛半径(m);

V ——环道计算行车速度,取路段值的70%计算;

μ ——横向力系数,见表5-1;

i ——环道车行道横坡度,一般取0.015;

b ——车道宽度(m)。

进环和出环的两辆车辆,在环道上行驶时互相交织,交织一次车道位置所行驶的路程,称为交织长度。交织长度的大小主要取决于车辆在环道上的行驶速度,最小交织长度 l_w 不应小于计算行车速度4s的运行距离,其值见表5-1。

环形交叉最小交织长度和中心岛最小半径 **表5-1**

环道计算行车速度(km/h)	35	30	25	20
横向力系数 μ	0.18	0.18	0.16	0.14
最小交织长度 l_w(m)	40~45	35~40	30	25
中心岛最小半径(m)	50	35	25	20

注:1. 中心岛最小半径按路面横坡度 $i=0.015$ 计算。

2. 路面横坡度 i、横向力系数 μ 与表列数值不一致时,应另行计算。

中心岛半径的最小值必须满足最小交织长度的要求,否则行驶中需互相交织的车辆,就要在环道上停车等让,不符合环形交叉口连续交通的基本原则。所以按行车速度确定的中心岛半径 R_d,应检验其交织长度 l_w 是否符合要求。

一般情况,城市道路环形交叉口的中心岛直径采用40~60m为宜,公路上以50~80m为宜。

(2)环道的宽度

环道的宽度决定于相交道路的交通量和交通组织。

环道上的车道数一般以设计三条车道为宜(未计非机动车道),过多的车道并不能显著增加其通行能力。一般是将靠近中心岛的一条车道作绕行之用,靠最外侧的一条车道供右转弯,中间车道作为交织车道。

环道上的车道宽度必须按照弯道加宽值予以加宽。根据机动车车长(按平均车长为10m计算),每条车道的弯道加宽值应按表5-2确定。由于右转车辆的行车轨迹,除进出路口需拐弯行驶外,在交织段长度内多为直线行驶,可不必加宽,因而只需将绕行车道和交织车道加宽。按设计三条机动车道计算加宽后的车道宽度,一般取15~16m。

环道上每条车道的加宽值 **表5-2**

弯道半径(m)	20	25	30	40	50
加宽值(m)	2.2	2.0	1.7	1.5	1.2

非机动车道所需的宽度,应根据交通量情况具体而定。设计时尽可能设置足够宽度的非机动车道,以减少非机动车与机动车的干扰,最好将其用分隔带隔开,以保证交通安全。分隔带宽度应不小于1.0m。一般情况下,非机动车道宽度不应小于交汇道路中的最大非机动车行道宽度,也不宜超过8m。

(3)交织角

交织角是检验车辆在环道上交织行驶时的安全情况。它以右转弯车道的外缘 1.5m 和中心岛缘石外 1.5m 的两条切线的交角来表示。交织角的大小取决于环道的宽度和交织段长度。

交织角过大，行车易出现事故，一般限制在 40°以内。交织角越小越安全，但交织段长度和中心岛直径就要增大，因此占地面积大，交织角一般选择在 20°～80°之间。

(4)环道进出口的转弯半径

环道进出口的转弯半径决定于环道的计算行车速度。

为了使环道上的车速比较一致，对环道进口车辆的车速加以限制，因此环道进口的曲线半径应接近于或小于中心岛半径。环道出口的曲线半径可较进口曲线半径大些，以便车辆加速驶出，保持交叉口畅通。

环道进出口曲线半径相差过大，将造成入环与出环车速很大差别，直接影响环道的行车安全。

(5)环道的横断面

环道的横断面形状与行车平稳和排水的关系很大。通常横断面的路脊拱线是设在交织车道的中间，在环道进出口处，横坡度的变化应较缓和。中心岛的四周应设置雨水口，以排除环道上的积水。在进出口间无交通的地方可设置三角形的导流岛。

(6)环道的外缘石

环道外缘的平面线形不宜设计成反向曲线，一般采用直线圆角形。进口缘石半径 r_a 见规范“交叉口缘石转弯最小半径”。出口缘石半径 r_w 应大于或等于进口缘石半径。

另外，需要指出的是环形交叉和其他平交形式相比，有不少优越之外，但也有不少弊端限制了这种形式的使用。所以环形交叉适用于多条道路交汇或转弯交通量较大的交叉口，且相邻道路中心线间夹角宜大致相等。

5.1.4 交叉口竖向设计

1. 交叉口竖向设计的目的和原则

交叉口的竖向设计应符合行车舒适、排水迅速和美观的要求。平面交叉竖向设计的目的就是要统一解决相交道路之间，以及交叉口和周围建筑物之间，在立面位置上的行车、排水和建筑艺术三方面的要求。使相交的道路在交叉口内能有一个平顺的共同面，便利车辆和行人交通；使交叉口范围内的地面水能迅速排除；使车行道和人行道的标高能与建筑物的地面标高相协调而具有良好的观感。

交叉口竖向设计应综合考虑行车舒适、排水通畅、工程量大小和美观等因素，合理确定交叉口设计标高。设计原则如下：

1)两条道路相交。主要道路的纵坡度宜保持不变，次要道路的纵坡服从主要道路。

2)交叉口设计范围内的纵坡度，宜小于或等于 2%。困难情况下宜小于或等于 3%。

3)交叉口竖向设计标高应与四周围建筑物的地坪标高相协调。

4)合理确定变坡点和布置雨水进水口。

2. 竖向设计的基本形式

交叉口竖向设计的形式取决于地形，以及和地形相适应的相交道路的纵坡和横断面。

以十字形交叉口为例，竖向设计有以下 6 种基本形式：

(1)相交道路的纵坡全由交叉中心向外倾斜的凸形地形上的交叉。

(2)相交道路的纵坡全向交叉口中心倾斜的凹形地形上的交叉。

(3)三条道路的纵坡由交叉口向外倾斜、另一条道路的纵坡向交叉口倾斜的分水线地形上的交叉。

(4)三条道路的纵坡向交叉口倾斜、另一条道路的纵向由交叉口向外倾斜的谷线地形上的交叉。

(5)相邻两道路的纵坡向交叉口倾斜、另二条道路的纵坡由交叉口向外倾斜的斜坡地形上的交叉。

(6)相对两条道路的纵坡向交叉口倾斜、另二条道路的纵坡由交叉口向外倾斜的马鞍地形上的交叉。

从以上所列的竖向设计形式可以看出,竖向设计形式不同,其使用效果明显差异,最主要的原因是与相交道路的纵坡方向组合有着密切关系。所以,如果要获得较理想的竖向设计效果,在进行路网竖向规划和纵断面设计时,就要为交叉口的竖向设计创造好条件。

除了以上六种基本形式外,还有一种特殊形式,即位于水平地形上的交叉。对于这种地形情况,可采取把交叉处的设计标高稍微抬高一些,设计成第一种凸形地形上的交叉。如果需要也可不改变纵坡,而将道路的排水街沟都设计成锯齿形,用以排除地面水。

3. 竖向设计的步骤和方法

交叉口竖向设计通常都采用设计等高线法。设计等高线法是在交叉口的设计范围内,选定路脊线和划分标高计算线网,算出路脊线和标高计算线上各点的设计标高,最后勾划出设计等高线,并计算出各点的施工高度。

设计等高线法竖向设计的步骤和方法如下:

(1)收集资料

(2)绘制交叉口平面图

(3)确定交叉口的设计范围

(4)确定交叉口竖向设计图式

(5)确定交叉口四端路段上设计标高

1)计算中心线上相邻等高线的水平间距 l

$$l = \frac{h}{i_1}(\mathrm{m}) \tag{5-9}$$

式中 h ——相邻设计等高线的高差,一般取 0.1m;

i_1——路段中心线设计纵坡。

2)计算街沟至拱顶同各等高线的水平距离 l_1

$$l_1 = h_1 \times \frac{1}{i_1}(\mathrm{m}) \tag{5-10}$$

式中 h_1——路拱高度,$h_1 = \frac{B}{2} i_2$,B 为车行道宽度,i_2 为车行道横坡度。

交叉口四端路段上的等高线,按上述求出的两水平距离,即可在交叉口平面图上绘制。

(6)确定交叉口上的设计标高

根据相交道路的纵坡度方向,选择对应的交叉口竖向设计形式,对路段等高线进行调整,即可确定交叉口中央部分的等高线。

若交叉口中心线两路交点的标高不是等高线整数,则要根据上述公式进行计算。

(7)绘制交叉口等高线法竖向设计图

按照行车平顺和排水迅速的要求,调整等位线的疏密,并调整个别不合理的标高,以利排水。

(8)计算交叉口施工高度

5.2 立体交叉设计

道路与道路在不同高程上的交叉称为立体交叉。

立体交叉以空间分隔车流的方式,来避免车流在交叉口形成冲突点,既保证交通安全,又减少延误时间,使交叉口的通行能力比平交有很大地提高。但由于立体交叉占地面积大、施工复杂、投资额大等,所以采用立交方案时,应根据技术、经济及环境效益分析,合理确定。

通常立体交叉的设置条件如下:

1)立体交叉应按规划道路网设置。

2)高速公路与城市各级道路交叉时,必须采用立体交叉。

3)快速路与快速路交叉,必须采用立体交叉;快速路与主干路交叉,应采用立体交叉。

4)进入交叉口的交通量超过 4000~6000 辆/h,相交道路为四条车道以上,可设置立体交叉。

5)当地形适宜修建立体交叉,经技术、经济比较认为合理时,可设置立体交叉。

6)道路与铁路交叉时,应设置立体交叉。

立体交叉设计方案的拟定,应根据规划要求,相交道路(或铁路)的等级、交通量、性质,交叉口用地和地形,拆迁情况,排水条件,施工难度,工程造价等全面衡量,提出比较方案,最后择优选用。

立体交叉设计中应注意的问题:

1)立交形式的选择,应满足主要道路对通行能力的要求,同时应远近结合、全面考虑。

2)立交形式的选择及设计要密切结合当地的地形、地物情况。

3)立交设计时除满足机动车交通外,还应综合考虑行人和非机动车交通问题。

4)设计时应合理选用立体交叉各组成部分的技术指标,并全面分析和衡量立交的经济效益。

5.2.1 立体交叉的组成和类型

1. 立体交叉的组成

立体交叉口的交通组织方式不同,其立体交叉的组成部分也不相同,一般常用的立体交叉的主要组成部分包括:跨路桥、匝道、外环和内环、入口和出口、加速车道、减速车道、引道等。

2. 立体交叉的类型

立体交叉的类型,可按其跨越方式和交通功能划分。

(1)按其跨越方式可分为上跨式和下穿式两类。上跨式(跨路桥式)立体交叉施工容易、造价低,但占地大,高架桥影响观瞻,且引道长、纵坡大,对非机动车交通不利。下穿式(隧道式)立体交叉占地少,立面较易处理,且美观,但造价高、施工周期长,排水困难,维护费用大。设计时,选用上跨式或下穿式,要根据地形、地质、经济、排水、施工及与周围环境的协调等条件来决定。

(2)按其交通功能和匝道布置方式可分为互通式和分离式两类。分离式立体交叉(简单立体交叉)上下层道路之间互不连通,在道路交叉处仅设跨路桥或隧道,不设上下连接匝道。这种形式不增占用地、设计简单,但上下层道路的车辆不能互相转换,故多用于道路与铁路的交叉,对不同等级道路的交叉,为不影响高等级道路的交通畅通,也可采用简单立交。互通式立体交叉,在道路交叉处除设置跨路桥或隧道外,上下层道路之间用匝道或其他方式互相连接,使相交道路的车辆互相转道,但这种形式交叉口占地面积较大、设计复杂,故多用于城市道路交叉。互通式立体交叉,按照交通流线的交叉情况和道路互通的完善程度分为完全互通式、不完全互通式和环形三种。根据其几何形式,可将互通式立体交叉分为很多种类型,见图 5-4。

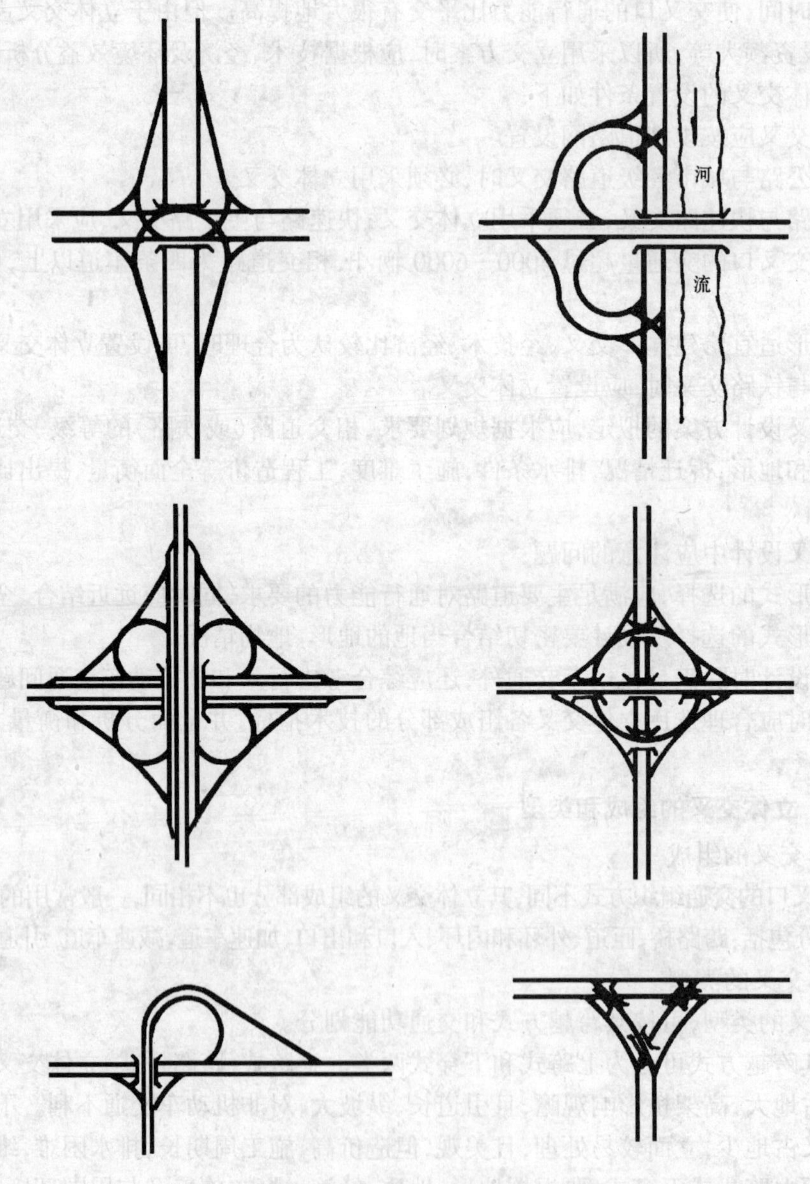

图 5-4　互通式立体交叉

互通式立体交叉基本形式的交通特点和适用条件如下：

1)菱形立体交叉可保证主要道路直行交通畅通，在次要道路上设置平面交叉口，供转弯车辆行驶，适用于主要道路与次要道路相交的交叉口。

2)部分苜蓿叶形立体交叉可保证主要道路直行交通畅通，在次要道路上可采用平面交叉或限制部分转弯车辆通行，适用于主要道路与次要道路相交的交叉口。

3)苜蓿叶形立体交叉与喇叭形立体交叉适用于快速路与主干路交叉处。苜蓿叶形用于十字形交叉口，喇叭形用于T形交叉口。

4)定向式立体交叉的左转弯方向交通设有直接通行的专用匝道，行驶路线简捷、方便、安全，适用于左转弯交通为主要流向的交叉口。根据交通情况可做成完全定向式或部分定向式。

5)双层环形立体交叉可保证主要道路直行交通畅通，次要道路的直行车辆与所有转弯车辆在环道上通过，适用于主要道路与次要道路交叉和多路交叉。三层环形立体交叉可保证相交道路直行交通畅通，转弯车辆在环道上通过，适用于两条主干路相交的交叉口。

总之，互通式立体交叉的类型很多，设计时立体交叉形式的选择要首先满足交通功能的需要，符合道路的性质布局，还应该考虑与周围环境的协调，结合地形现状取得综合的艺术效果，为立体交叉设计的技术合理性与经济可行性而创造条件。

5.2.2 立体交叉线形设计

立体交叉线形设计的技术要求如下：

1. 立体交叉的计算行车速度规定

(1)立体交叉直行方向和定向方向计算行车速度

分离式、苜蓿叶形、环形立体交叉的直行方向和定向式立体交叉的定向方向的计算行车速度应采用与路段相应等级道路的计算行车速度。在菱形立体交叉中，通过其平面交叉口直行车流的计算行车速度可采用与路段相应等级道路的计算行车速度的0.7倍。

(2)匝道计算行车速度

匝道的计算行车速度通常取道路计算行车速度的0.5～0.7倍，以便使车辆适应匝道的行车条件。

(3)环形立体交叉环道的计算行车速度

环形立体交叉环道的计算行车速度一般采用25～35km/h。

2. 立体交叉的间距

(1)互通式立体交叉在城市道路中，两个相邻立体交叉之间的最小净距应符合表5-3的规定。

互通式立体交叉最小净距　　表5-3

干道计算行车速度(km/h)	80	60	50	40
最小净距(m)	1000	900	800	700

(2)互通式立体交叉在高速公路上，两个相邻交叉口之间的最小净距应大于4km。

3. 立体交叉道路的横断面设计

立体交叉道路横断面形式和组成部分宽度，应根据道路的规划、等级、交通量、机动车与非机动车所占比重和交通组织方式等要求决定。为确保立体交叉上高速行驶的车辆安全，直行道路应设中央分隔带，所以通常采用双幅路和四幅路的横断面形式。双幅路型用于机动车和非机动车分层行驶的立体交叉，机动车道一般设 4 条或 6 条车道，每条车道宽度宜采用 3.75m，中央分隔带宽度 0.5～2m，安全距离为 0.5～1m。四幅路型用于机动车和非机动车在同一层行驶的立体交叉。

4. 立体交叉的纵断面设计

立体交叉中主线的纵坡，直接影响到主体交叉的工程规模和行车安全，所以设计纵坡应尽可能平缓一些。立体交叉引道和匝道的最大纵坡度应符合规范规定值。机动车与非机动车在同一坡道上行驶时，最大纵坡度按非机动车行道的有关规定处理。立体交叉范围内的回头曲线的纵坡度宜小于或等于 2%。

立体交叉范围内竖曲线设计，其半径和最小长度应按照道路纵断面设计的有关规定执行。非机动车道凸形或凹形竖曲线的最小半径为 500m。

立体交叉范围内的视距应符合行车视距要求。

5.2.3 匝道设计

1. 匝道的类型

互通式立体交叉上下各层道路之间供转弯车辆行驶的连接道称为匝道，分为四种类型：右转弯匝道、环形左转匝道、定向式左转匝道和迂回左转匝道。

2. 匝道的“平、纵、横”设计

(1)匝道的平面线形：匝道的半径是匝道平面设计的依据，它也将影响立交规模的大小。城市道路立体交叉中匝道半径取决于立交所在位置的地形和地物。为不扩大拆迁和增加占地，半径不宜过大，但半径过小将影响立交的使用效果。所以匝道半径应符合规范“匝道圆曲线最小半径和平曲线最小长度”表的规定。

匝道曲线超高一般规定单向匝道超高横坡为 2%～4%，最大不得超过 6%。

城市立体交叉的匝道曲线加宽，一般结合平面几何设计用路缘石曲线接顺，所以未设超高的平曲线路段可不设缓和曲线。

(2)匝道的纵断面设计：由于上下道路高差较大，匝道的纵坡也较大，一般可取 4%。匝道与干道连接处匝道的端部应设置小于 2% 的缓坡段，缓坡长度应大于缓坡与随坡间设置竖曲线的切线长度。单向匝道的纵坡可大于双向匝道，上坡匝道的纵坡可比下坡的稍大。匝道弯道的最大纵坡度，应符合合成坡度规定。

(3)匝道的横断面设计：匝道宜设计为单向行驶，若采用双向行驶，则应设置分隔带(交通量较小时，也可用路面划线分隔)。单向行驶的匝道路面宽度不得小于 7m，若为机、非混行则不宜小于 12m，而且弯道处应加宽。城市立交匝道上人行道宽度不小于 3m。

3. 匝道端部的设计

匝道端部为匝道与干道相连接的部分，包括变速车道、锥形车道、分叉点交通岛等。匝道端部设计是立体交叉几何构造很重要的一部分，它与立体交叉的交通运行有着密切的关系，设计中应予以重视。

(1)匝道口的设计：匝道口的设计具体分为匝道出口和进口的布置、分流点和合流点交通岛的布置、匝道端部出口或入口横断面的布置。

(2)匝道口的净距：立体交叉范围内相邻匝道口之间的最小净距应符合规范第 6.3.9 条的规定。

(3)变速车道:变速车道包括加速车道和减速车道。变速车道的布置有两种形式:直接式变速车道适用于立交直行方向交通量较少时,直行方式交通量较大时采用平行式变速车道。变速车道的长度不应小于规范要求数值。变速车道与干线正常路段应设一定的过渡段来衔接。

复习思考题

5-1 交叉口的交通特性和交通组织方法。

5-2 平面交叉口的形式及选择。

5-3 加宽转角式交叉口的设计要求。

5-4 拓宽路口式交叉口的设计内容。

5-5 环形交叉口的设计步骤和方法。

5-6 交叉口竖向设计形式和等高线法设计要点。

5-7 立体交叉的设置条件。

5-8 互通式立体交叉基本形式的交通特点和适用条件。

5-9 立体交叉线形设计的技术要求。

5-10 匝道的类型及设计要点。

第6章 路 基 工 程

6.1 概 述

6.1.1 路基的作用

路基是道路工程的主要组成部分,是按照路线位置和一定技术要求修筑的带状构造物。

路基作为道路工程的重要组成部分,它是路面的基础,是路面的支撑结构物,同时,与路面共同承受交通荷载的作用。路基质量的好坏,必然反映到路面上来。路面损坏往往与路基排水不畅、压实度不够、温度低等因素有关。路面底面以下80cm范围内的路基部分称为路床,结构上分上路床(0～30cm)和下路床(30～80cm)两层。高于原地面的填方路基称为路堤,其作用是支承路床和路面;路面底面以下80～150cm范围内的填方部分称为上路堤,以下部分称为下路堤。

6.1.2 路基的基本要求

路基为道路的基本结构物,应根据其作用要求和当地自然条件(包括地质、水文和材料情况等)并结合施工方案进行设计,应具有足够的强度和稳定性。

路基的强度与稳定性,是保证路面的强度与稳定性,从而保证道路安全畅通的基本条件。路基作为一带状结构物,具有路线长,与大自然接触面广的特点。其强度和稳定性同时受到自然因素和人为因素的影响。随着当前交通量的增加,道路工程等级的提高,对路基强度和稳定性的要求就更高。对高速公路和一级公路的路基设计,必须予以特别注意,要求不留后患。对影响路基强度的地面水和地下水,必须采取拦截或排出路基以外的措施,并结合路面排水设计,形成完整的排水系统。经过特殊地质、水文条件地带的路基,应做好调查研究,并结合当地实践经验,进行特别设计。

6.1.3 路基用土

1. 路基用土的分类

道路工程路基用土可根据《公路土工试验规程》(JGJ051—93)对土进行分类:路基用土依据土颗粒组成特征、土的塑性指标、土中有机质存在情况对土分类。

土颗粒按表6-1进行粒组划分,分为巨粒组、粗粒组和细粒组三组。

土颗粒的粒组划分 **表6-1**

粒 径 (mm)	200	60	20	5	2	0.5	0.25	0.074	0.002	
粒 组	巨粒组		粗 粒 组						细粒组	
粒 名	漂 石(块石)	卵 石(碎石)	砾			砂			粉粒	粘粒
			粗	中	细	粗	中	细		

土的工程分类将土分为巨粒土、粗粒土、细粒土和特殊土;粗粒土按其组成成分、级配及所含细粒土的情况进行分类和命名,细粒土按其塑性进行分类和命名。土的级配可以用级

配指标的不均匀系数 C_u 和曲率系数 C_c 表示：

不均匀系数 C_u 反映粒径级配曲线上土粒的分布范围：

$$C_u=\frac{d_{60}}{d_{10}} \qquad (6\text{-}1)$$

曲率系数 C_c 反映粒径级配曲线的形状：

$$C_c=\frac{(d_{30})^2}{d_{10}\times d_{60}} \qquad (6\text{-}1)'$$

式中：d_{10}、d_{30}、d_{60}分别为土的级配曲线上对应通过率为 10%、30%、60% 的粒径。

$C_u\geqslant5$，$C_c=1\sim3$ 时，属于级配良好；如不同时满足此条件，则属于级配不良(均匀的或不连续的)。

土的分类总体系见图 6-1。

公路工程用土的土类代号，由土的成分、级配、液限和特殊土等的基本代号组成。如表 6-2 所示：

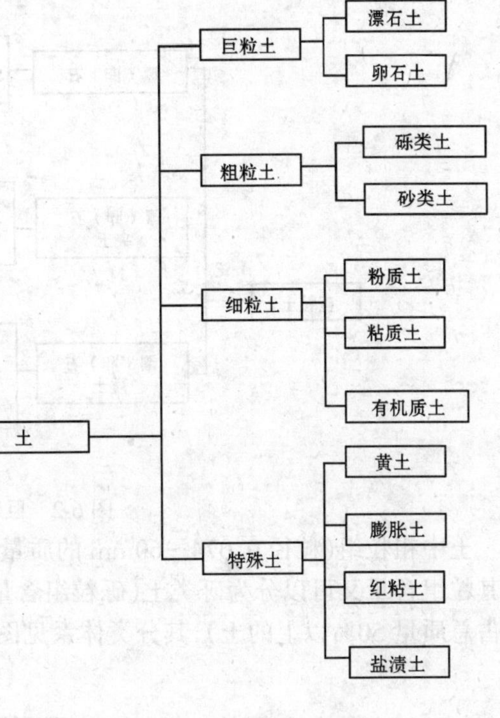

图 6-1　土的分类总体系

公路工程用土的基本代号　　**表 6-2**

分类代号 / 土类 / 分类特征	巨粒土	粗粒土	细粒土	特殊土
成分	漂石 B 块石 B_a 卵石 Cb 小块石 Cb_a			
级配或土性		级配良好 W ($C_u\geqslant5$, $C_c=1\sim3$) 级配不良 P	低液限 L ($W<50$) 高液限 H ($W>50$)	黄土 Y 膨胀土 E 红粘土 R 盐渍土 S_t

土的代号可以用一个基本代号来表示，也可以由二个或三个基本代号构成，当由两个基本代号构成时，第一个代号表示土的主要成分，第二个代号表示土中所含副成分(土的液限或级配)；当由三个基本代号构成时，第一个代号表示土的主要成分，第二个代号表示土的液限高低(或级配的好坏)，第三个代号表示土中所含次要成分。

土中巨粒组(粒径大于 60mm)的质量多于总质量 50% 的土称为巨粒土；巨粒土又分为漂(卵)石(巨粒组含量 100～75%)，漂(卵)石夹土(巨粒组含量<75%，>5%)，漂(卵)石质土(巨粒组含量 50～15%)，其分类体系见图 6-2。

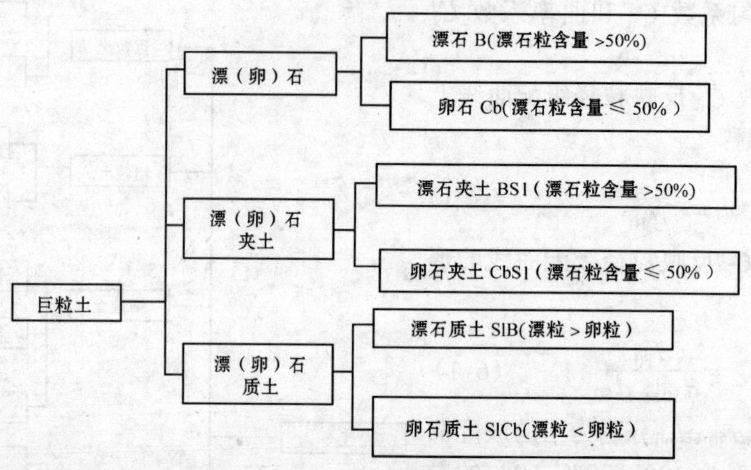

图 6-2 巨粒土分类体系

土中粗粒组(粒径 0.074～60mm 的质量多于总质量 50％的土)称为粗粒土。粗粒土根据其粒组含量又可以分为砾类土(砾粒组含量占总质量 50％以上的土)和砂类土(砂粒组质量占总质量 50％以上的土),其分类体系见图 6-3。

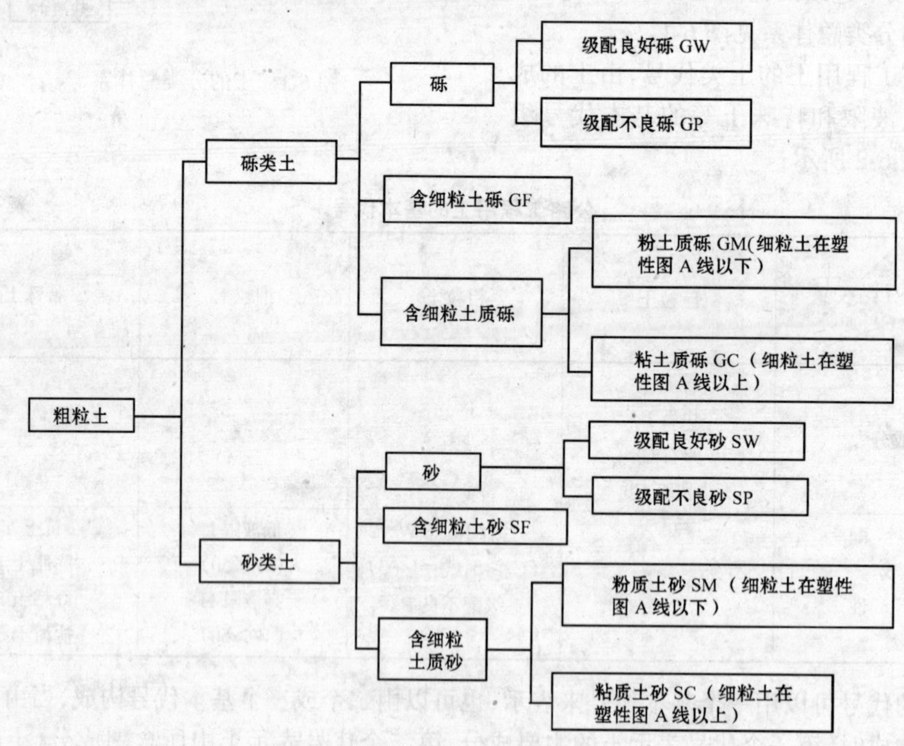

图 6-3 粗粒土分类体系

细粒土指的是细粒组(粒径小于 0.074mm 的粒组)质量占总质量 50％以上的土。细粒土可以划分为细粒土、含粗粒细粒土和有机质土。细粒土中粗粒组(粒径 60～0.074mm 的粒组)质量占总质量 25％以下的土称为细粒土,占总质量 25％～50％的土称为含粗粒细粒土;含有机质的土称为有机质土。其分类体系见图 6-4。

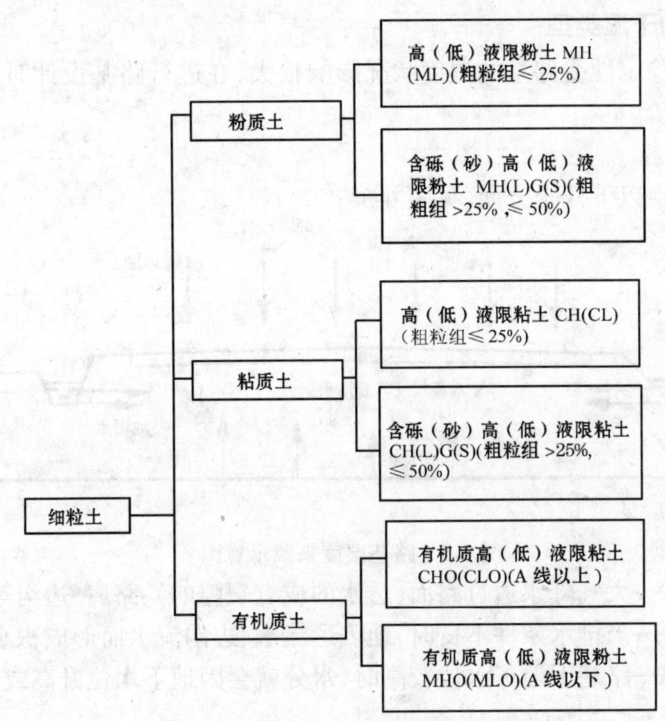

图 6-4　细粒土分类体系

2. 路基用土的选择

路基用土应选择强度高、水稳性好、易于压实的土做填料；同时要考虑取土来源和经济性。

不易风化的岩石块，具有强度高、透水性大、水稳性好。如果施工时注意石块联锁紧密，避免在重复的车辆荷载作用下松动，导致路基沉陷，那末将是最好的填料。

碎(砾)石土，其性质决定于碎(砾)石的含量多少、联结的情况、填充物的性质等。碎(砾)石质土，具有透水性大、内摩擦角大、强度高、易于压实，是良好的筑路材料和地基基础。随着其细粒土含量的增大，其透水性及水稳性都会降低。

砂土无塑性，但透水性好，强度高，水稳性好；由于砂土粘性小，易于松散，抗冲刷和抗风蚀能力弱。为了改善砂土的填筑质量，可以掺一些粘性大的土，或将边坡表面防护和加固。

砂性土由于具有一定数量的粗颗粒，使其可以具有足够的内摩擦角；又由于其含有一定数量的细颗粒，使其不易松散，易于压实，修筑路基具有很好的强度和稳定性。

粉性土因含有较多的粉性土粒，易于被风蚀，浸水后很快被湿透，呈流动状态；季节性冻土地区易产生冻胀和翻浆，稳定性极差。不得已采用时，必须采取相应的措施，改善其性质。

粘性土透水性小，可塑性大，含水量的多少影响其路用性质。干时坚硬，不易挖掘，强度高；浸水后强度降低。作为路基填料其性质较粉性土好，较砂性土差。

重粘土透水性极低，粘聚力极大，干时坚硬，难以挖掘，其工程性质受其矿物成分影响较大，不宜作为路基填料。

此外，一些特殊土、有机质土，由于具有特殊的性质或特殊的结构(如膨胀土、湿陷性黄土等)、或者含有害的物质(如泥炭、盐渍土等)，在设计和施工时应采取相应的措施。

6.1.4 路基的干湿类型

路基的强度和稳定性受路基的湿度状况影响很大，在进行路基设计时要对路基的湿度状况进行分析和评价。

1. 路基湿度来源

路基湿度来源由以下几个方面(见图 6-5)：

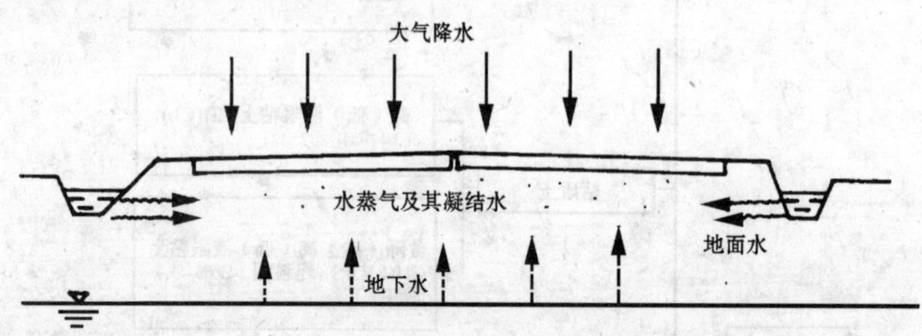

图 6-5 路基湿度来源示意图

(1)大气降水——大气降水透过路面(透水的或有裂隙的)、路肩、边沟等渗入路基。

(2)地 面 水——当排水条件不良时，地表迳流水、边沟流水而形成积水，渗入路基。

(3)地 下 水——路基下地下水位较高时，水分就会因地下水位升高或毛细作用而上升侵入路基。

(4)水蒸气及其凝结水——由于温度变化，导致土孔隙中移动的水蒸气遇冷凝结为水，从而使路基湿度分布发生变化。

(5)给排水设施渗漏——路基地下涵管等给排水设施渗漏引起局部路基湿度增大。

路基土湿度来源随着季节和地区的不同而发生变化。干旱地区和炎热季节，地表水蒸发量大，路基土湿度小；潮湿地区及雨季，路基土湿度较大。进行路基设计时，应根据不同地区和季节的湿度来源情况，结合当地的自然条件，采取相应的设计措施，以保证路基的强度和稳定性。

2. 路基干湿类型的划分

路基的干湿类型分为干燥、中湿、潮湿和过湿 4 种类型。根据路基土的平均稠度 B 可以对路基的干湿类型进行划分。柔性路面设计时土基干湿状态的分界稠度建议值见表 6-3。刚性路面设计时土基干湿状态的分界稠度值为 $w_{c_1}=1.00, w_{c_2}=0.75, w_{c_3}=0.50$。

各自然区划的分界稠度值　　表 6-3

土组 / 分界稠度 / 自然区划	土质砂				粘质土				粉质土				附注
	W_{c_0}	W_{c_1}	W_{c_2}	W_{c_3}	W_{c_0}	W_{c_1}	W_{c_2}	W_{c_3}	W_{c_0}	W_{c_1}	W_{c_2}	W_{c_3}	
$\text{II}_{1,2,3}$	1.87	1.19	1.05	0.91	1.29	1.20	1.03	0.86	1.12	1.04	0.96	0.81	粘质土：分母适用于$\text{II}_{1,2,3}$区；
					1.20	1.12	0.94	0.77		0.96	0.89	0.73	
$\text{II}_{4,5}$	1.87	1.05	0.91	0.78	1.29	1.20	1.03	0.86	1.12	1.04	0.89	0.73	粉质土：分母适用于II_{2a}副区

续表

自然区划 \ 分界稠度 \ 土组	土质砂				粘质土				粉质土				附注
	W_{c_0}	W_{c_1}	W_{c_2}	W_{c_3}	W_{c_0}	W_{c_1}	W_{c_2}	W_{c_3}	W_{c_0}	W_{c_1}	W_{c_2}	W_{c_3}	
Ⅲ	2.00	1.19	0/97	0.78					1.20	1.12	0.96	0.81	
										1.04	0.89	0.73	
Ⅳ	1.73	2.32	1.05	0.91	1.20	1.03	0.94	0.77	1.04	0.96	0.89	0.73	分子适用于粉土地区；分母适用于粉质亚粘土地区
Ⅴ					1.20	1.08	0.86	0.77	1.04	0.96	0.81	0.73	
Ⅵ	2.00	1.19	0.97	0.78	1.29	1.12	0.98	0.86	1.20	1.04	0.89	0.73	
Ⅶ	2.00	1.32	1.10	0.91	1.29	1.12	0.98	0.86	1.20	1.04	0.89	0.73	

注：1. W_{c0}——干燥状态路基常见下限稠度；

2. W_{c1}、W_{c2}、W_{c3}——分别为干燥和中湿、潮湿和过湿状态和分界稠度。

路基的干湿类型可以实测不利季节路床表面以下80cm深度内土的平均稠度 B_m 确定。

$$B_m=(W_L-W_m)/(W_L-W_p) \tag{6-2}$$

式中 B_m——土的平均稠度；

W_L——土的液限；

W_m——土的平均含水量；

W_p——土的塑限。

也可根据自然区划、土质类型、排水条件以及路床表面距地下水位或地表积水水位的高度按表6-4的一般特征确定。

路基干湿类型 **表6-4**

土基干湿类型	路床表面以下80cm深度内平均稠度 B_m 与分界稠度 W_{c_1} 的关系	一般特征
干燥	$B_m \geqslant W_{c_1}$	土基干燥稳定，路面强度和稳定性不受地下水和地表积水影响。路基高度 $H_0>H_1$
中湿	$W_{c1}>B_m \geqslant W_{c2}$	土基上部土层处于地下水或地表积水影响的过渡带区内。路基高度 $H_2<H_0 \leqslant H_1$
潮湿	$W_{c2}>B_m \geqslant W_{c3}$	土基上部土层处于地下水或地表积水毛细影响区内。路基高度 $H_3<H_0 \leqslant H_2$
过湿	$B_m<W_{c3}$	路基极不稳定，冰冻区春融翻浆，非冰冻区软弹土基经处理后方可铺筑路面。路基高度 $H_0 \leqslant H_3$

注：1. H_0 为不利季节路床表面距离地下或地表积水水位的高度；

2. 地表积水指不利季节积水20d以上；

3. H_1、H_2、H_3 分别为干燥、中湿和潮湿状态的路基临界高度；

4. 划分土基干湿类型以平均稠度 B_m 为主，缺少资料时可参照表中一般特征确定。

3. 路基临界高度

临界高度指在不利季节当路基分别处于干燥、中湿或潮湿状态时路槽底至地下水位的最小高度。临界高度根据各自然区划的气候因素及土质情况确定，有关设计手册给出了相应湿度状态的临界高度，当缺乏实际资料时，可以参考。

6.2 路 基 设 计

6.2.1 路基横断面基本形式

路基常用的典型横断面形式，有填方路基（路堤）、挖方路基（路堑）、半填半挖路基（挖填结合路基）等三种类型。具体横断面形式应根据公路等级、技术标准，结合当地的地形、地质、水文、填挖情况选用。

1. 填方路基

填方路基指的是高于原地面全部用土或岩石等填筑而成的路基，即路堤。填方路基有一般路基、沿河路基、护脚路基等。路堤填方高度 1.0～1.5m 为矮路堤，矮路堤高度往往小于或接近应力作用的深度，除填方质量要求较高外，地基往往也须要经过特殊处理。填方高度在 1.5～12m 的路堤为正常路堤，按常规断面形式，根据有关规范进行设计，无须进行特殊处理。边坡高度高于 12m（砂、砾）或超过 20m（岩石或土质）的路堤，属于高路堤，应进行个别设计，并进行路基稳定性验算，同时边坡可做成台阶型。

填方路基在路两侧设置取土坑时，路基边缘与取土坑底之高差大于 2m 时，应设置护坡道，护坡道宽度 b（见图 6-6）对一般公路取 1～2m，对高速公路、一级公路不小于 3m，以保证路基的稳定性。

填方路基的填料应选用级配较好的粗粒土作为填料，泥炭、淤泥、冻土、强膨胀土及易溶盐超过允许限量的土，不得直接用于填筑路基。填筑时应分层铺筑，逐层均匀压实。路基的压实度应符合《公路路基设计规范》（JTJ013—95）和《公路路基施工技术规范》（JTJ033—95）的有关规定。填方路基路床土质应均匀、密实、具有较高的强度，地质条件不良或土质松散、渗水、湿软、强度低时，应采取适当的措施进行处理；当土质较好，密实，地面横坡缓于 1∶5 时，路堤可直接填筑在天然地面上，地表有树根草皮或腐质土应予清除。

图 6-6～图 6-9 分别是一般路基，沿河路堤，护脚路堤，吹（填）砂（粉煤灰）路基的横断面示意图。

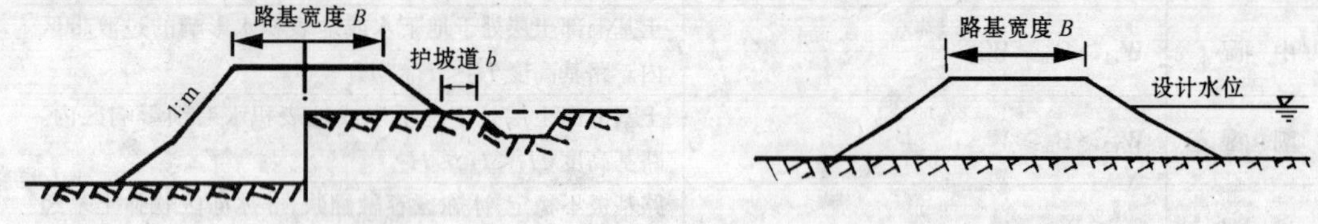

图 6-6 一般路基　　　图 6-7 沿河路堤

吹（填）砂（粉煤灰）路基是以砂或粉煤灰为填料的路堤，由于砂或粉煤灰易被风蚀，表层应用粘质土包边。

2. 挖方路基

挖方路基指的是低于天然地面，全部为挖方的路基，即路堑。见图 6-10。

路堑的开挖，破坏了地层原有的天然平衡状态，所形成的路堑的稳定性，取决于开挖地层的地质和水文条件所确定的挖方边坡高度和陡度。当挖方边坡的高度超过 20～30m 时，应根据工程地质法对其稳定性进行分析，对其边坡进行设计。路堑的排水，是保证其稳定性的重要内容，故要做好排水措施。

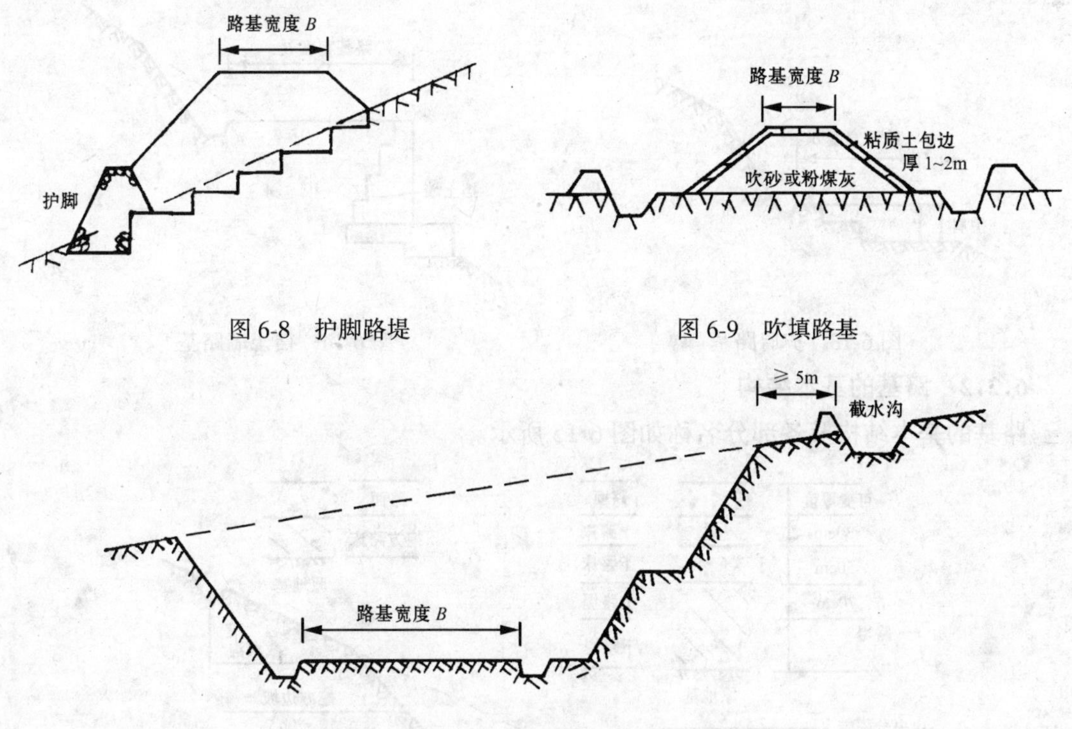

图 6-8　护脚路堤

图 6-9　吹填路基

图 6-10　挖方路基

土质挖方边坡设计,应根据边坡高度,土的湿度、密实程度,地下水、地面水的情况,土的成因类型及生成时代等因素确定;岩石挖方边坡坡度,应根据边坡岩性、地质构造、岩石的风化破碎程度、边坡高度、地下水、地面水等因素综合分析确定。

3. 半填半挖路基

路基断面上既有填方又有挖方的路基,即半填半挖路基(挖填结合路基)。半填半挖路基可以看作是由半路基和半路堑组合而成,其设计兼有路堤、路堑的特点。设计时应注意土石方的挖填平衡,通常路中心线的设计标高与原地面相一致。实际上路中心线受纵坡设计控制,横断面的挖填比例,随山坡横坡坡度而变化较大。考虑到路基的稳定性,填方地面应挖成台阶形,同时根据需要设置相应的支挡结构。图 6-11～图 6-14 所示,分别是半填半挖路基,矮墙路基,护肩路基,挡土墙路基横断面示意图,均是挖填结合路基。

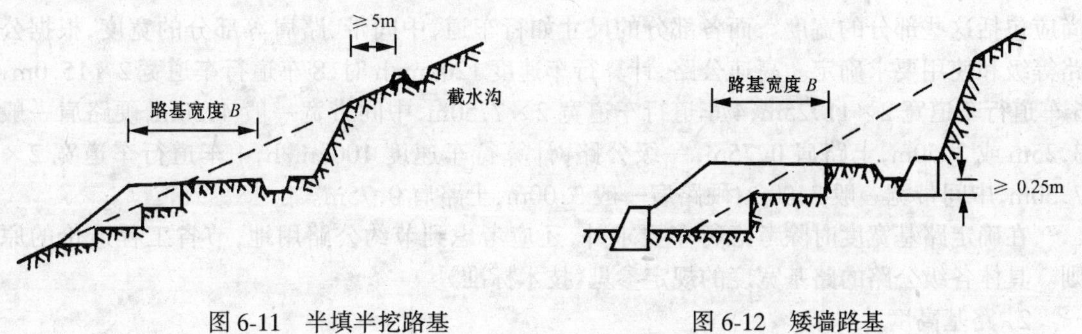

图 6-11　半填半挖路基

图 6-12　矮墙路基

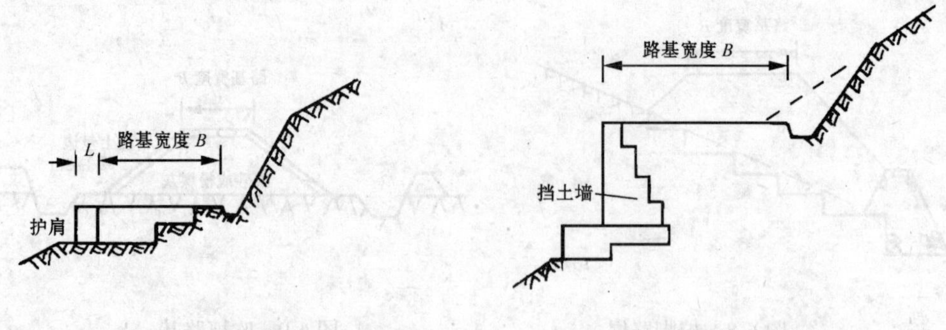

图 6-13 护肩路基　　　　图 6-14 挡土墙路基

6.2.2 路基的基本结构

路基的基本结构及各部分名称如图 6-15 所示。

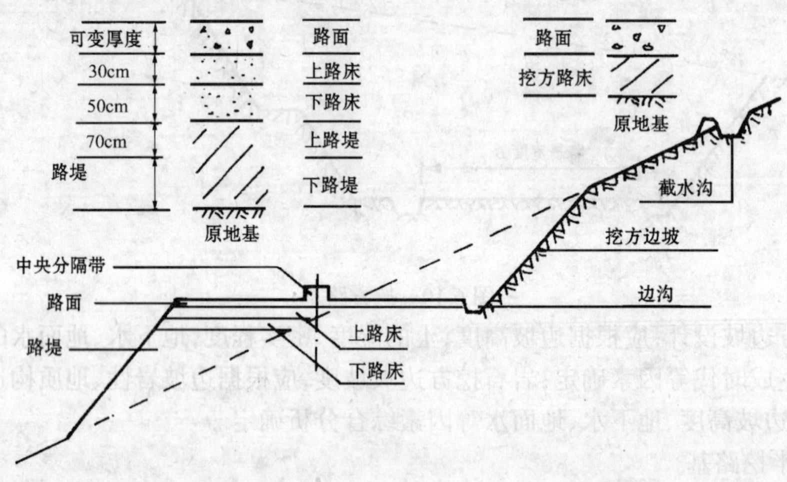

图 6-15 路基的基本结构

路基横断面形式、宽度、高度和边坡坡度，是路基设计的主要内容。路基宽度取决于道路的技术等级；路基高度取决于纵坡设计及地形；路基边坡坡度取决于当地地质、水文条件、挖填类型、边坡高度等。

1. 路基宽度

路基宽度为行车道与路肩宽度之和。当设有中间带、便车道、爬坡车道、应急停车道时，尚应包括这些部分的宽度。而各部分的尺寸如行车道、中间带、路肩等部分的宽度，根据公路等级和使用要求确定。高速公路，计算行车速度 120km/h 时，8 车道行车道宽 2×15.0m，6 车道行车道宽 2×11.25m，4 车道行车道宽 2×7.50m，中间带宽一般 4.50m，硬路肩一般 3.25m 或 3.50m，土路肩 0.75m；一级公路，计算行车速度 100km/h，4 车道行车道宽 2×7.50m，中间带宽一般 3.00m，硬路肩一般 3.00m，土路肩 0.75m。

在确定路基宽度时除考虑行车要求外，还应考虑到节约公路用地，节省工程造价的原则。具体各级公路的路基宽度的规定参见《技术标准》。

2. 路基高度

(1)路基高度的设计　应使路肩边缘高出路基两侧地面积水高度，同时要考虑地下水、毛细水和冰冻的作用，不致影响路基的强度和稳定性。

新建公路的路基设计标高,无中央分隔带的公路,应为路基边缘高度;有中央分隔带的公路,应为中央分隔带外侧边缘高度;在设置超高加宽路段,则为设置超高加宽前路基边缘高度。

改建公路的路基设计标高,可与新建公路相同,也可以采用路中线标高。

沿河及受水浸淹的路基设计标高,应高出表 6-5 规定的设计洪水频率的计算水位加壅水高、波浪侵袭高度之和再加 0.5m 的安全高度。

沿河及受水浸淹的路基设计标高 **表 6-5**

公路等级	高级公路	一级公路	二级公路	三级公路	四级公路
路基设计洪水频率	1/100	1/100	1/50	1/25	按具体情况定

(2)路基最小填土高度　填土高度指的是路肩边缘距原地面的高度,最小填土高度应综合考虑地区的气候条件、水文地质、土质、路基结构、公路等级、路面类型及排水情况等因素的影响确定。

水文及水文地质条件不良地段的路基设计最小填土高度不应小于路床处于干燥、中湿状态的临界高度;当路基设计标高受限制时,应对潮湿、过湿状态的路基进行处理,使路基回弹模量不小于路面设计规范的规定。

6.2.3　路基工程的附属设施

路基工程的附属设施有取土坑、弃土堆、护坡道等,是路基工程必不可少的组成部分。

(1)取土坑

在路基工程中出现填方时,就会有借方。路基土石方的借方,要合理的选择地点和取土的数量、土质及运输条件等,即合理的选择及设计取土坑。

取土坑的选择及设计应遵循下列原则:

1)路线外集中取土坑应尽量设在荒坡、高坡,并应与当地政府联系协商,确定取土范围和深度,使能兼顾农田、水利、渔池建设和环境保护等。

2)路侧取土坑的设置应统一规划,使之具有规则的形状及平整的底部。平原地区高速公路及一级公路不宜设路侧取土坑。

取土坑应设纵、横坡度,以利排水。坑底纵坡坡度不宜小于 0.3%,横坡坡度宜取 2%～3%,并向外侧倾斜。取土坑出水口应与路基排水系统相衔接。取土坑的边坡坡度,视土质情况而定,不宜陡于 1∶1.0,靠路基一侧不陡于 1∶1.5。

3)取土坑在地面横坡陡于 1∶10 时,路侧取土坑应设在路基上方一侧。

4)路侧取土坑作蓄水池时,取土坑的设置不得影响路基的稳定性。

(2)弃土堆

路基的开挖,应考虑挖填平衡,移挖作填,减少废方。对于废方应充分利用,或用以加宽路基,或用弃土改地造田,推进农田建设。

路基弃土应堆放规则,并采取必要的排水、防护和绿化措施。设计时应考虑弃土堆的位置,不得影响路堑边坡的稳定性。山坡上弃土应注意避免破坏或掩埋路基下侧的林木、农田和其他工程设施。沿河弃土应避免堵塞河道或引起水流冲毁农田、房屋等。

(3)护坡道

护坡道是保证路基稳定的一种措施。当路基边缘与路侧取土坑底的高差小于或等于

2m时，取土坑侧坡顶可与路堤坡脚相衔接，并采用路堤边坡坡度；当高差大于2m时，应设置宽1m的护坡道；当高差大于6m时，应设置宽2m的护坡道。

桥头两侧不设取土坑，如特殊情况下可在下游一侧设取土坑，但应留有宽度不小于2m的护坡道。

6.2.4 路基的防护与加固

路基防护工程是防治路面病害、保证路基强度和稳定性、改善环境、保护交通安全的重要工程技术措施。路基多由岩土筑成，大面积暴露于大气空间，长期受自然因素的影响，在不利水温条件作用下，岩土的物理力学性质就会不断发生变化，使路基边坡的稳定性受到影响。合理的路基设计，应在路基位置、横断面尺寸、岩土组成等方面综合考虑。路基的防护与加固对维护正常的交通运输，确保行车安全，以及保持道路与自然环境协调均具有重要意义。

路基防护和加固的措施主要有坡面防护、冲刷防护与加固、支挡等。

1. 坡面防护

坡面防护主要是保护路基边坡表面，免受雨水冲刷，减缓温差及湿度变化对路基边坡的影响，防止和延缓软弱岩土表面的风化、破碎、剥蚀演变过程，从而保护路基边坡的整体稳定性，在一定程度上还可以改善路基和美化道路环境。

坡面防护工程设计不考虑承受边坡土层侧压力，因而，要求防护的路基边坡坡体应具有足够的稳定性。常用的坡面防护工程有：植物防护、封面防护、砌石防护等类型。

(1)植物防护

植物防护是用植物覆盖坡体表面，依靠植物根系固结表土，防止坡面被冲刷，调节边坡土体湿温以稳定坡体。植物防护方法有：种草、铺草皮、植树及框格防护等。植物防护还可以起到美化路容，协调环境的作用。

1)种草　种草适宜坡度较低缓的土质边坡。种草防护的目的，是防止坡面受侵蚀和与周围环境相协调。草的品种，应根据防护的目的、气候、土质情况、施工季节等确定。宜采用根系发达、叶茎低矮或有匍匐茎、生长快、多年生长的草种。对不利于草生长的土质，可以先铺一层厚度不小于10cm的种植土，然后再种草；暴雨强度较大的地区，可将草籽、肥料和土拌和均匀于土工织物内，然后再铺设于坡面上。

2)铺草皮　在边坡较陡，坡面冲刷比较严重时，宜用铺草皮的方法。铺草皮适用于需要迅速绿化的土质边坡。草皮应选择根系发达、茎矮叶茂的耐寒草种，不宜采用喜水草种，严禁采用生长在泥沼地的草皮。草皮的铺设主要有平铺、叠铺、方格等形式，可根据水流速度、边坡坡度等情况选用。铺设时，可用直径2～3cm，长20～30cm的竹木桩，或新砍伐的草皮柳梢固定草皮，露出草皮表面不超过2cm，以免草皮脱落。边坡坡度缓于1:1.5时，可不钉桩。边坡坡度不大于1:1.0的坡面上可采用叠铺形式，每块草皮尺寸以20cm×40cm为宜。当草皮来源困难时，可采用方格形式，方格尺寸一般为1m×1m或1.5m×1.5m。

3)植树　植树防护适于在1:1.5或更缓的边坡上，或边坡以外的河岸及漫滩处，用于降低水流速度，促使淤泥淤积，防止水流直接冲刷路堤。植树的品种，应根据防护要求、流水速度等因素确定，应选用能迅速生长且根深枝密的低矮灌木类。

(2)封面防护

封面防护包括抹面、捶面、喷浆、喷射混凝土等防护形式。

抹面防护适用于易风化的软质岩石挖方边坡。用于防止岩石表面风化剥落,影响边坡的强度和稳定。抹面材料可以采用石灰炉渣灰浆、三合土、四合土或水泥石灰砂浆等。抹面厚度视抹面材料与边坡坡度而定,宜为3~7cm。

捶面防护适用于易受雨水冲刷的土质边坡和易风化的岩石边坡。用水泥炉渣混合土、石灰炉渣三合土或四合土抹面,再夯击至出浆为止,这种防护方式称捶面防护,捶面厚度宜为10~15cm。

对易风化、裂隙和节理发育、坡面不平整的岩石挖方边坡可采用喷浆和喷射混凝土防护。喷浆防护施工简便、效果较好,采用的砂浆强度不应低于M10,厚度宜为5~10cm;喷射混凝土强度不应低于C15,最大骨料粒径不宜超过15mm,喷射混凝土厚度宜为10~15cm。

(3)砌石防护

砌石防护适用于坡面易受侵蚀、遭受雨雪水流冲刷易发生泥流的土质边坡,以及易风化、风化较严重的软质岩石或较破碎、易剥落的岩石边坡。砌石防护分为护面墙和护坡。

护面墙以墙体的形式覆盖于坡面,适用于易风化、风化较严重的软质岩石、较破碎的岩石挖方边坡以及坡面易受侵蚀的土质边坡。用护面墙防护的挖方边坡不宜陡于1:0.5,并应符合极限稳定边坡的要求。护面墙可以采用浆砌片石、块石结构,缺乏石料的地区,也可以采用现浇混凝土或预制混凝土结构,混凝土强度不应低于C15,砌筑砂浆强度不应低于M5,寒冷地区不应低于M7.5。单级护面墙的高度不宜超过10m,墙厚视墙高而定,顶宽宜为0.4m~0.6m,底宽为顶宽加0.1~0.2倍的墙高。

护坡有干砌片石护坡和浆砌片石护坡。干砌片石护坡适用于坡面易受水流侵蚀的土质边坡、严重剥落的软质岩石边坡、周期性浸水及受水流冲刷较轻的河岸或水库岸坡的坡面防护。浆砌片石护坡适用于流速较大、波浪作用较强、有流水、漂浮物等撞击的边坡。

干砌片石一般分为单层和双层砌筑两种;铺砌片石层厚度:单层为0.25~0.35m,双层时上层为0.25~0.35m,下层为0.15~0.25m。铺砌层下设置厚0.1~0.15m的碎石或砂砾垫层。浆砌片石层厚度为0.25~0.50m。图6-16、图6-17为砌石护坡。

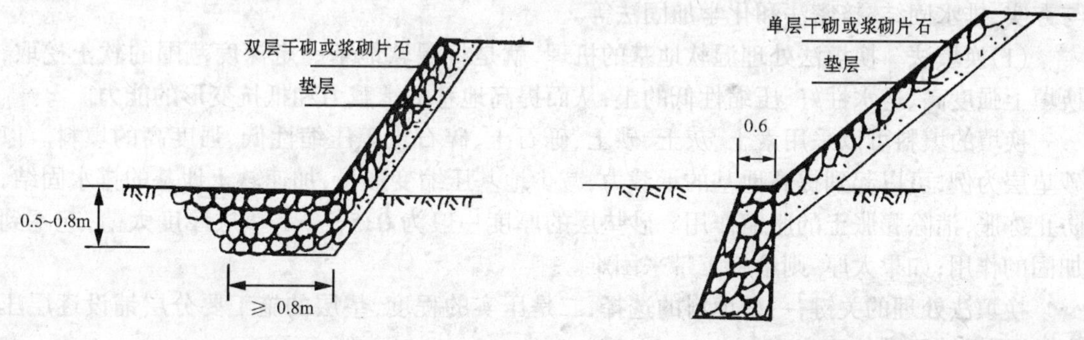

图6-16 双层砌石护坡　　图6-17 深基础砌石护坡

2. 冲刷防护

冲刷防护分直接防护和间接防护两类。直接防护有植物防护、石砌防护、抛石、石笼、挡土墙等;间接防护主要有丁坝和顺坝等导治结构物以及改移河道等。

(1)直接防护　其中用于冲刷防护的植物防护和石砌防护,同坡面防护是相一致的;由于冲刷防护的水流速度比较大,相应的设计和施工措施要求也较高。对于石砌防护要求护坡基础应埋置在冲刷线下 0.5～1.0m。如果植物和石砌防护失效，可以采用抛石防护，对于水流大或无大块石块时，可以采用石笼防护。

抛石防护，类似于在坡脚设置护脚，适用于经常浸水且水较深的路基边坡或坡脚以及挡土墙、护坡的基础防护。抛石边坡坡度和选用石料应根据水深、流速和波浪情况确定，石料块径应大于 0.3m，坡度不应陡于所抛石料浸水后的天然休止角。

石笼防护适用于沿河路堤或河岸，当受水流冲刷和风浪侵袭，且防护工程基础不易处理或沿河挡土墙、护坡基础局部冲刷深度过大时。石笼有竹木石笼、铁丝石笼和钢筋混凝土框架石笼。一般河道水流速度 4～5m/s 时可以采用铁丝石笼；对于急流滚石河段不能用铁丝石笼防护，要采用钢筋混凝土框架石笼防护。在盛产竹料的地区，可用竹石笼代替铁丝石笼。石笼内所填石料，应选用容重大、浸水不崩解、坚硬且未风化石块，块径应大于石笼的网孔。

(2)间接防护　丁坝、顺坝等导治结构物或改移河道的间接防护，用以改变水流方向，消除和减缓水流对堤岸的直接破坏。

丁坝适用于宽浅变迁性河段，用以挑流或降低流速，减轻水流对河岸或路基的冲刷。丁坝是沿着与水流方向成垂直或小于 90°的斜角设置的，丁坝的长度根据其防护长度与水流方向的夹角、河段地形、水流方向及河床地质情况确定，垂直与水流方向上的投影长度不超过稳定河床的 1/4；其断面形式和尺寸可根据材料种类、河流的水文特性等确定。

顺坝大致与堤岸平行，适用于河床断面较窄、基础地质条件差的河岸或沿河路基防护，以调整水流曲度和改变流态。顺坝与上、下游河岸的衔接，应使水流顺畅，起点应选择在水流匀顺的过渡段，坝根应设在主流转向点的上方。

丁坝和顺坝可用石砌或现浇混凝土结构，横断面一般为梯形断面形式，坝顶宽度应根据稳定计算确定。

3. 湿软地基加固

湿软地基上的路基易产生沉陷变形，造成路基破坏，路面断裂和损坏，影响道路的行车安全，故要对湿软地基进行加固处理。湿软地基加固处理的方法很多，大致有：换填法、碾压与夯实、排水固结、挤密法和化学加固法等。

(1)换填法　换填法处理湿软地基的机理，就是将湿软地基一定深度范围的软土挖取，换填上强度高、透水性好、压缩性低的土；从而提高地基的承载力和抵抗变形的能力。

换填的填料可以采用素土、灰土、砂土、砾石土、碎石土等压缩性低、强度高的填料。以砂垫层为例，可以起到提高地基的承载力，减少地基压缩变形量，加速软土地基的排水固结，防止冻胀，消除膨胀土的胀缩作用。砂垫层的厚度一般为 0.5～2m，垫层厚度太薄，起不到加固的作用；如果太厚，则给施工带来困难。

换填法处理的关键，一是填料的选择，二是压实的程度，垫层的施工要分层铺设逐层压实，达到设计要求的压实度。

(2)碾压与夯实　碾压与夯实法是根据土的压实原理，控制土的最佳含水量，利用一定的压实能量，对土分层压实。这种方法适用于处理松散的填土及其他松软土层。重锤夯实法是利用钢筋混凝土制成的截头圆锥体为重锤，提升后自由落下，重复夯打，提高地基表层土的强度。其加固的效果，取决于锤重、锤的落距、夯击遍数和夯实土的种类及含水量等。碾压法的加固效果主要取决于被加固土的含水量和压实机械的能量及碾压的遍数。同时，应注意分层铺设，逐层碾压；分层铺设厚度控制在 20～30cm。碾压和夯实不宜处理含水量大、地下水位较高的软土层。

(3)排水固结　排水固结法是根据地基土排水固结的机理加固处理饱和软土的一种方法。饱和的软土在荷载作用下排水固结,强度随固结而提高,变形减小。排水固结法考虑两方面的问题,一是施加预压荷载,二是加速排水。施加预压荷载有堆载预压和真空预压、降低地下水位预压等;同时,设置水平垫层及竖向砂井,缩短排水距离,加速软土的排水固结。其加固效果取决于预压荷载、预压时间、加固土层的土质及厚度等。路基工程中,利用路基自重进行砂井预压,处理饱和软土地基可以取得比较好的效果。

(4)挤密法　挤密法是通过振动、锤击、冲击等在土基中成孔,在孔中灌砂、石、土、灰土或石灰等材料,捣实后形成大截面的桩体,对周围土产生横向挤密,使其达到密实,提高土的强度和承载力,同时由桩体与土体形成复合地基,达到加固的效果。

饱和软土中,振冲挤压不会使土挤密,反而会扰动土体,使土的强度降低;故在软粘土地基中,采用振冲只能起到置换软土层的作用。

(5)化学加固法　化学加固法是利用化学浆液,通过压力灌注将化学浆液注入土中或与土搅拌混合,使土体胶结固化,以达到加固的目的。就施工工艺而言,化学加固法有高压喷射注浆法和搅拌法,所用浆液多以水泥浆液为主。

高压喷射注浆利用浆液的高压射流,使一定范围土体结构破坏,浆液强制进入土体结构并混合,胶结硬化后获得较高的强度和处理效果。

浅层搅拌是将浆液掺入表层土,加以拌和,并辅以碾压,在地表浅层形成一硬壳层。深层搅拌则利用特制搅拌机,深入地基土层内,边注浆边搅拌,使浆液与土体拌和在一起,胶结硬化后形成坚硬的桩体,与周围土体形成复合地基。

6.2.5　路基挡土墙类型和构造

路基挡土墙是支挡路堤填土或路堑坡体的结构物。在受地形、地物或占地等限制而需收缩坡脚、采用较陡的边坡坡度时、或者在坡体下滑而需采取措施以增加抗滑力时,应考虑设置挡土墙。

路基挡土墙可以按支挡机理的不同划分为三大类:外部支挡系统、内部稳定系统和杂交系统。外部支挡系统是利用土体外部的结构墙提供抗滑力以稳定土体。属于这一类的有石砌或混凝土重力式挡土墙、钢筋混凝土悬臂式或扶壁式挡土墙、垛式挡土墙、笼式挡土墙和锚固式挡土墙等(图 6-18)。这一类都是常用的挡土墙,依靠墙的重量和刚度阻挡土体的滑动和倾覆。内部稳定系统是对可能滑动的土体的内部和外侧进行加筋,利用加筋单元同土(填料)之间的摩阻力和被动抗力稳定土体。属于这一类的有各种加筋土挡土墙等(图 6-19),这是近 20 余年来迅速发展的一类构想新颖的支挡结构物。它同常用挡土墙的主要差别是,把土体分散成许多部分,分别从各个加筋单元得到支承,因而它不再需要一个支挡土体的结构墙,而代之以加筋单元和土的组合体系;其设置墙面的主要作用是防止表面部分的损坏和美观,而不再起结构支承作用。杂交系统则是上述二类系统的组合,也即一部分为外部支挡系统,一部分为内部稳定系统,如图 6-20 中所示的带有加筋条或网格的笼式挡土墙等。

下面简单介绍各类挡土墙的构造。

1. 石砌重力式挡土墙

石砌重力式挡土墙主要依靠圬工墙体的自重抵抗墙后土体的侧向推力(土压力),以维

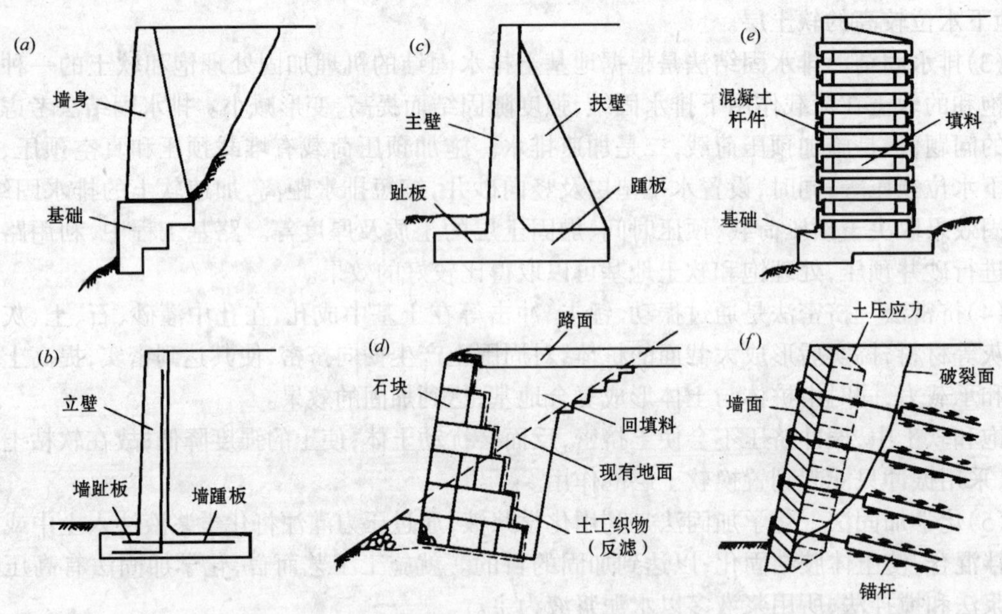

图 6-18　外部支挡系统的各类挡土墙示例

(a)石砌重力式;(b)悬臂式;(c)扶臂式;(d)笼式;(e)垛式;(f)锚固式

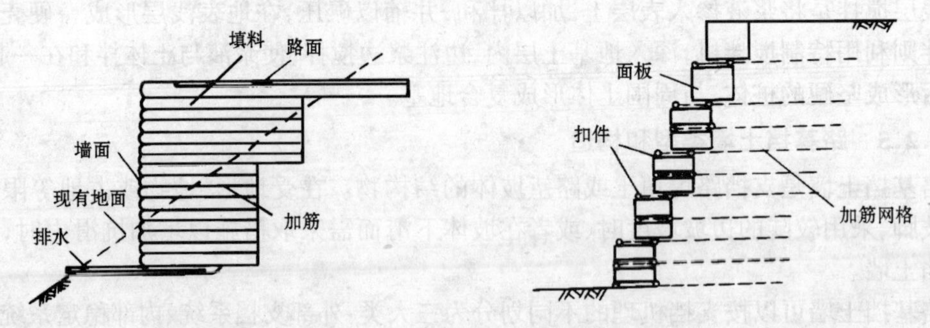

图 6-19　内部稳定系统的挡土墙示例(加筋土)　　　图 6-20　杂交系统的挡土墙示例

持土体的稳定性。墙身一般由块石或片石浆砌或干砌而成。干砌仅适用于墙高低于 6m 和地基条件良好的地段。这类挡土墙的体积较大,但结构简单,在山区修筑取材较容易,施工较简便。因而,适用于山区低等级公路。

(1)墙背

石砌挡土墙的墙背可做成仰斜、俯斜、凸形折线或衡重式,见图 6-21。仰斜墙背所受的主动土压力小,故墙身断面较经济,适用于路堑墙、墙趾处地面平坦的路肩墙或路堤墙。仰斜墙背的坡度不宜缓于 1:0.35,以免施工困难。俯斜墙背所受的土压力较大。通常在地面横坡陡峻处采用,借以采用陡直的墙面从而减小墙高。俯斜墙背可做成台阶形。凸形折线墙背系由仰斜墙背演变而成,上部俯斜而下部仰斜,以减小上部的断面尺寸,多用于路堑墙。衡重式墙背系在上下墙背间设一衡重台,并采用陡直的墙面,适用于地形陡峻处的路肩墙和路堤墙。

(2)墙面

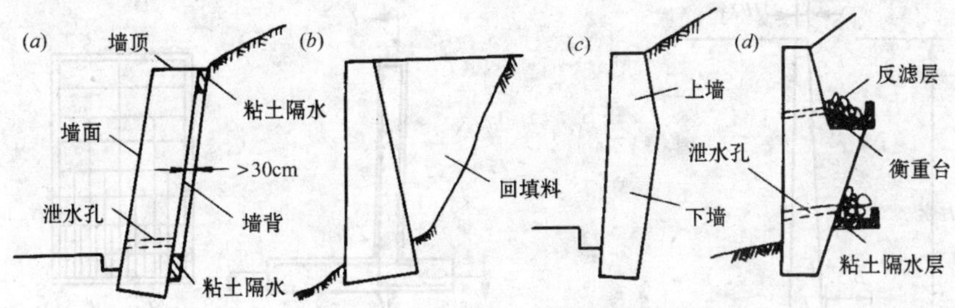

图 6-21　石砌挡土墙的墙背形式

(*a*)仰斜;(*b*)俯斜;(*c*)凸形折线;(*d*)衡重式

基础以上的墙面,一般都采用直线,其坡度应与墙背的坡度相配合。地面横坡较陡时,墙面可采用 1∶0.05～1∶0.20;地面横坡平缓时,墙面可缓些,但不宜缓于 1∶0.40,以免过多增加墙高。

(3)墙顶

墙顶最小宽度,浆砌时不宜小于 50cm,干砌时不宜小于 60cm。

(4)基础

设置在土质地基上的挡土墙,基底的埋置深度应在天然地面下不少于 1m,冲刷线以下不少于 1m 或者冰冻线以下 0.25m。设置在岩石上时,应清除表面的风化层,墙趾处地面横坡较陡时,可做成台阶形基础(见图 6-18(*a*))。

(5)排水

浆砌墙应在墙身适当高度处布置一排或多排泄水孔,以疏干墙后填料中的水分,防止积水使墙身承受额外的静水压力,或减少季节性冰冻地区填料的冻胀压力,或消除粘土填料浸水后的膨胀压力。泄水孔尺寸可为直径 5～10cm 的圆孔,或者 5cm×10cm、10cm×10cm、15cm×20cm 的方孔。泄水孔的间距,一般为 2～3m。泄水孔进口处宜设粗颗粒材料组成的反滤层,以免孔道淤塞。墙后填料为粘土时,宜在填料与墙背之间用渗水材料(砂砾或碎石)填筑厚度大于 30cm 的连续排水层(见图 6-21(*a*))。

(6)沉降缝和伸缩缝

为避免地基不均匀沉陷而引起墙身开裂,须按墙高和地基性质的变化设置沉降缝。同时为了减少圬工砌体因收缩硬化和温度变化作用而引起开裂,须设置伸缩缝。两者设在同一位置,一般每隔 10～15m 设一道,缝宽 2～3cm。干砌挡土墙可不设。

2．钢筋混凝土悬臂式和扶壁式挡土墙

悬臂式挡土墙由立臂、墙趾和墙踵板三个悬臂梁组成;而扶壁式则是沿悬臂式墙的墙长,隔一定距离加一道扶壁,把立壁同墙踵板连接起来。这两种挡土墙依靠压在墙踵板上的填料自重,阻止墙身的倾倒,从而支挡墙后的土体。由于各个悬臂都承受弯矩,故须配置钢筋。这类挡土墙的断面尺寸较石砌的小,适用于一般高度的路肩墙,地基条件可较差。

立壁的面坡通常采用 1∶0.02～1∶0.05,背坡可直立。顶部最小宽度为 15cm。墙身断面的各部分比例,可参照图 6-22 选用。其中的钢筋布置,示意如图 6-23。当墙高超过 6m,宜设置扶壁。扶壁的间距通常在墙高的$\frac{1}{3}$～$\frac{1}{2}$范围内,厚度不小于 20cm。

3．垛式和笼式挡土墙

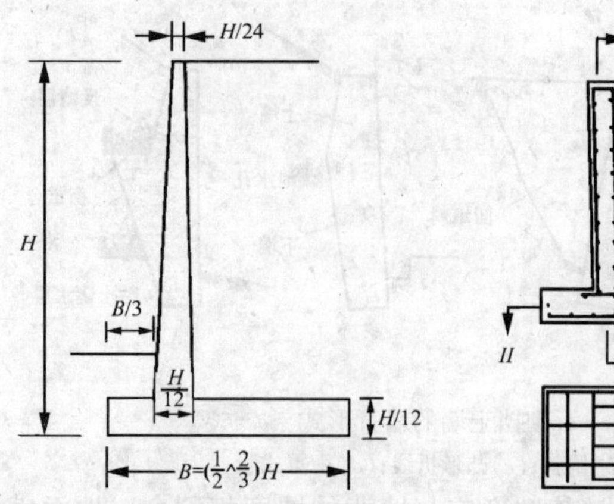

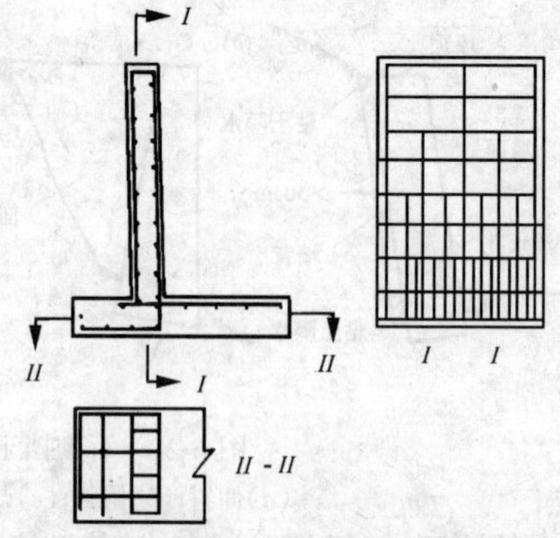

图 6-22 悬臂式挡土墙墙身断面大致比例

图 6-23 悬臂式挡土墙钢筋布置示意

垛式挡土墙是由混凝土或木材等梁式杆件纵横交错拼装成箱状框架结构,内填以土或石块,依靠杆件的侧限作用使墙形成一整体,以抵御墙后土体的侧向推力(见图 6-18(e))。笼式挡土墙则是用铁丝网编成笼子,内填以石块,而后将石笼填叠成墙(见图 6-18(d))。这两种挡土墙都是柔性结构和拼装结构,可以进行调整以适应复杂地形、不均匀沉降和坡体移动等情况,具有施工技术、材料和设备都要求不高以及损坏后易于修复的优点。此外,它们都是透水结构,不需考虑排水设施。

4. 锚固式挡土墙

锚固式挡土墙是通过一端埋设在破裂面外侧稳定区土体内的锚杆或锚定板等所提供的抗拔力或被动土抗力,支持墙面挡住下滑土体的侧向推力。

锚固式挡土墙由钢筋混凝土墙面和锚固构件两部分组成。墙面可为就地灌注的整体板壁,也可由预制的肋柱(或立柱)和挡土板组成。前者所能承受的土压力较小。挡土板上留有锚孔。采用钢拉杆,一端用水泥砂浆锚入稳定岩层内的称作锚杆挡土墙。锚杆一般沿水平方向向下倾斜 10°～45°,在岩层内的有效锚固长度一般不小于 4m;锚入稳定土层内的不应小于 9～10m。锚杆挡土墙适用于高路堑墙。

钢拉杆的一端连接钢筋混凝土锚定板,埋入填料的被动土压力区(或中性区)内。这种结构称为锚定板式挡土墙,适用于路堤或路肩墙。

锚固式挡土墙属于轻型结构,基底受力甚小。因而,适用于地基不良处。

5. 加筋土挡墙

加筋土是由各种加筋材料和土组成的一种复合材料,通过加筋材料同土之间的摩阻和粘附等作用而使这种复合材料具有承受拉应力的能力。利用加筋土和各种墙面材料修成的挡土墙,称作加筋土挡墙。

加筋土是由法国工程师 Vidal 在 1965 年首次提出(取得专利),并于 1968 年在法国南部建成第一座加筋土挡墙。随后,加筋土新技术得到了迅速的发展和推广,演变出了许多加筋土系统。

加筋材料可用金属(镀锌带钢、不锈钢、铝)或非金属(塑料、玻璃纤维等);其形状可为条带、网格、板或纤维等。通常选用粒料作填料,以满足剪应力传递、耐久性和排水的要求。墙面只起保护表层填料免受侵蚀和坍塌作用,可由混凝土预制板、预制金属片和板、焊接钢丝网、喷浆混凝土或笼筐等材料组成。

(1)条带加筋

如图 6-19 所示。将镀锌带钢、不锈钢或塑料制成的条带,水平置放于相继铺筑的填料层之间,条带同预制混凝土板块或预制 U 形金属片联结在一起,依靠条带与填料之间的摩阻力组成能承受拉应力的加筋土。采用塑料条带的方案是为了避免金属条带在不利环境中的锈蚀问题,但其耐久性还需进一步检验。

(2)网格加筋

由具有抗拉性能的金属或聚合物材料排成矩形网格,水平置放于填料内。通过网格的横向单元的被动土抗力和网格水平面同填料之间的摩阻力,抵抗加筋土体向外侧移动。金属加筋可采用钢筋网或钢丝网。钢筋网同混凝土预制面板相联结(如图 6-24)。钢丝网加筋时,可以将每一层网的外侧端部弯起作为墙面,并同上一层网相搭接(如图 6-25);或者也可联结在混凝土预制面板上。高强度聚合物网格可由高密度聚乙烯或聚丙烯材料用拉伸方法加工而成。在墙面处可将网格向上翻卷以形成墙面,或者把它同混凝土面板或笼筐相联结。

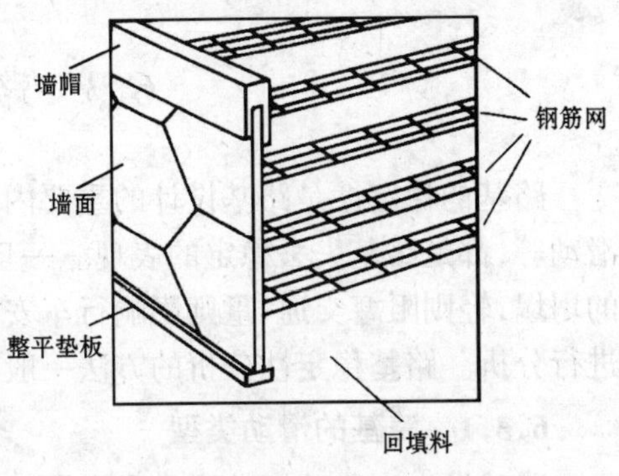

图 6-24 钢筋网格加筋土挡墙

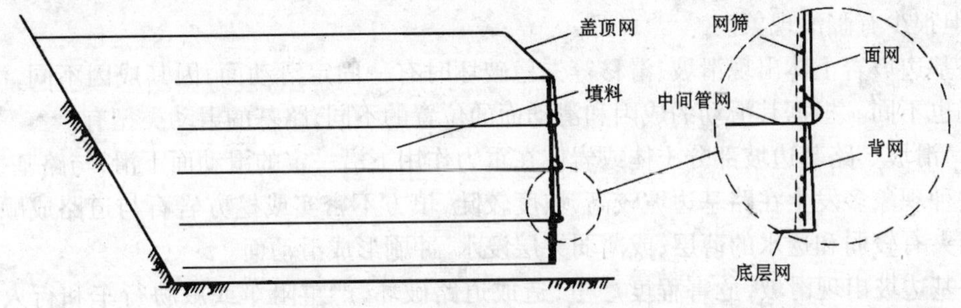

图 6-25 钢丝网格加筋土挡墙

(3)土工织物加筋

用土工织物分层平铺在填料层上,通过填料与土工织物间的摩阻力传递应力,以形成加筋土复合材料(图 6-26)。用于加筋的土工织物可由聚酯或聚丙烯纤维材料采用纺织、无纺织、无纺加热粘结或树脂粘结等方法加工而成。填料为粒料土(由粉质砂或砾石)。各层土工织物在邻近墙面处向上卷起,以包住外露的填料,并喷射沥青乳液或混凝土覆盖住外露的织物表面。也可采用各种方式将土工织物同混凝土预制面

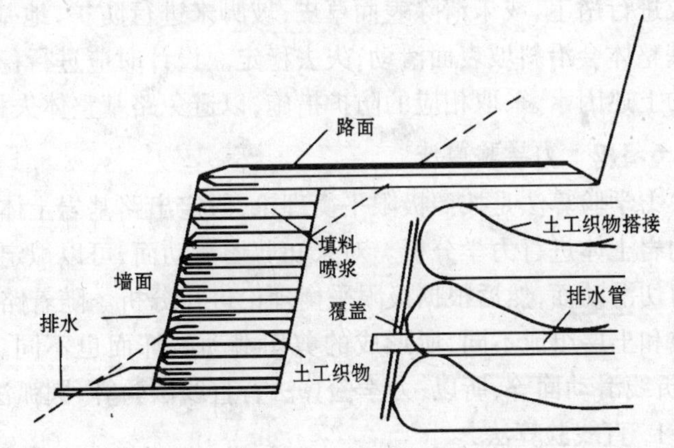

图 6-26 土工织物加筋土挡墙

板或笼筐联结在一起。

(4)纤维加筋

在填料内掺入抗拉的短纤维,如合成纤维或土工织物线头、金属纤维或天然纤维等,以形成三维空间加筋的新型复合材料。

6.3 路基的稳定性

路基的稳定性是路基设计的重要内容之一,路基的剥落、滑坍、崩坍、塌坍、路基沿山坡滑动等,都是路基失去稳定的表现。一旦路基失去稳定,则会造成数百方乃至数千方岩土体的坍塌,轻则阻塞交通,重则影响行车安全。因而,进行路基工程设计必须对路基的稳定性进行分析。路基稳定性分析的方法一般有力学分析法和工程地质法。

6.3.1 路基的滑动类型

路基发生失稳破坏的形式有崩坍、塌坍、滑坡、滑移等。崩塌是整体岩土块在重力作用下突然脱离母体,从高陡边坡上剥落、倾倒下来的现象。崩塌无固定滑动面,岩土块在运动中有翻滚和跳跃现象。塌坍其成因形态与崩塌相似,无固定滑动面,塌坍的土体运动速度比较快,但很少有翻滚现象。

路基边坡岩土体出现滑坡、滑移等失稳破坏时有一固定滑动面,因其成因不同,滑动面的情况也不同。根据其滑动的成因和滑动面的位置的不同,路基的滑动类型有:

(1)滑坡　路基边坡部分土体或岩体在重力作用下沿一定的滑动面下滑,与路基主体分离。这种现象多发生在路基边坡较高,坡度较陡,填方不密实或挖方岩石与道路成顺向坡,岩层间夹有较弱和透水的薄层,或薄弱夹层浸水、冲刷形成滑动面。

路基边坡出现滑坡,危害程度严重,造成道路破坏,严重阻车或威胁行车和行人安全。防止路基滑坡,首先要根据路基岩土的性质、地质情况、水文条件,对路基进行合理设计,确定合理的断面、边坡高度和坡度;其次要进行防护。

(2)滑移　路基沿地基滑动。在陡峭的山坡上填筑路基,当原地面较为光滑,未挖筑台阶或进行凿毛,或未清除表面草皮,坡脚未进行防护,地基表面受水浸湿时,易形成滑动面,路基整体会沿斜坡表面滑动,失去稳定。设计时应进行稳定性验算,同时对导致产生路基滑移的上述因素,采取相应的防护措施,以避免路基整体失稳破坏。

6.3.2 力学验算法

力学验算法是按照极限平衡理论,假定出路基岩土体滑动的剪切滑动破坏面,对滑动面上的岩土体进行力学分析。对未知剪切滑动面,可以拟定出几个滑动面,找出安全系数最小的剪切滑动面,然后根据极限平衡理论进行分析。随着路基的材料不同,路基岩土体的岩层构成和土层组成不同,所形成的剪切滑动破坏面也不同。一般有直线性滑动面、圆弧滑动面、折线滑动面等,所以,力学验算法有直线法验算,圆弧法,传递系数法等。

1. 直线验算法

由透水性材料组成的路基边坡,在路基失稳滑动时,滑动面接近于平面,就平面问题而言是一直线,可用直线法验算。

如图 6-27 所示,假设该路基滑动平面通过路基坡角点,分析滑动面以上路基土体的稳

定性。路基土体在重力作用下,有沿滑动面向下滑动的趋势,假设土体沿此滑动面下滑的稳定系数 K,则

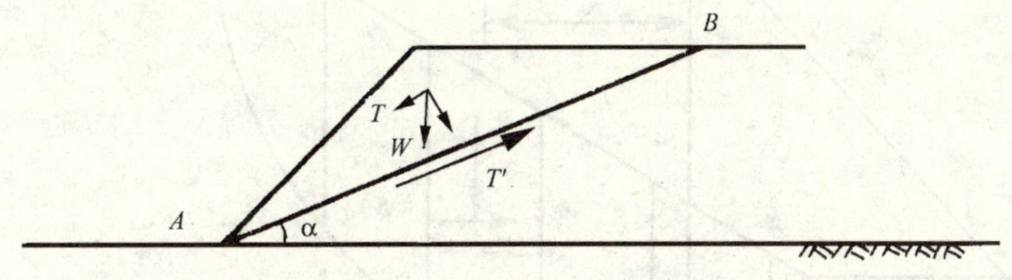

图 6-27　直线滑动面验算图示

$$K=\frac{抗滑力}{滑动力}=\frac{T}{T}=\frac{W\cos\alpha\,\mathrm{tg}\phi+CL}{\sin\alpha} \tag{6-3}$$

式中　W ——滑动面上边坡土体的重力及所承受的荷载(kN);

α ——滑动面的倾斜角(°);

ϕ ——路基边坡土体的内摩擦角(°);

C ——路基边坡土体的粘聚力(kPa);

L ——直线滑动面的长度(m)。

如果不考虑路基填料的粘聚力(如当路基土为纯净的中、粗砂或碎石时),可取粘聚力 $C=0$,则上式变化为

$$K=\frac{抗滑力}{滑动力}=\frac{T'}{T}=\frac{\mathrm{tg}\alpha}{\mathrm{tg}\phi} \tag{6-4}$$

假设几个滑动面,求出相应的稳定系数 K 值,就可以作出 K 值随坡角 α 变化的关系曲线,从而确定出最小稳定系数 $K_{\min}$ 和最危险坡角 α_0。理论上讲如果 $K_{\min}>1.0$ 边坡土体即是稳定的,由于受许多其他因素的影响,实际上并不是这样。一般情况下,$K\geqslant1.20\sim1.25$ 则认为边坡土体是稳定的。

2. 圆弧法

(1)简单条分法

简单条分法又称瑞典条分法,是瑞典工程师费伦纽斯(W. Fellenius)首先提出来的。该法假设边坡滑动面为一过坡脚的圆弧滑动面,将滑动面上的土体划分成若干个宽度相等的土条,略去各土条间的作用力,每个土条只有条上荷载和自身重力及滑动面上的剪力作用。

如图 6-28 所示一边坡土体,假设滑动面为一圆心为 O 的圆弧面 AB,圆弧半径为 R。将滑动面上土体划分成等宽的若干土条;任取一 i 土条分析,作用在其上的力有重力 W_i,土条单位长度上的水平力 Q_i,沿土条滑弧上的切向力 S_i 和法向力 N_i。

则:

$$S_i=(N_i f_i+C_i L_i)/k_s \tag{6-5}$$

式中　N ——i 土条剪切滑动面上的法向力(kPa),$N_i=Wi\cos\alpha_i$;

f_i ——i 土条滑动底面处摩擦系数,$f_i=\mathrm{tg}\phi$;

S_i ——i 土条滑动底面处切向力(kPa);

C_i ——i 土条滑动底面处岩土的粘聚力(kPa);

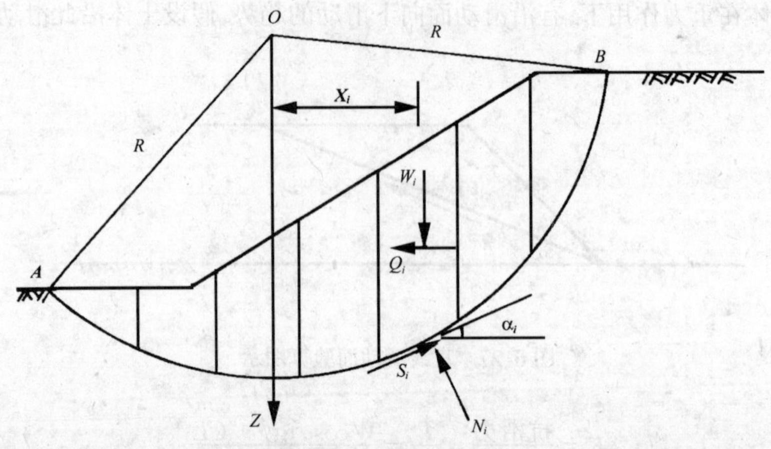

图 6-28　简单条分法

L_i ——i 土条滑动底面的长度(m)；

α_i ——i 土条滑动底面的倾角(°)；

ϕ ——岩土的内摩擦角(°)。

考虑滑动土体绕圆弧圆心 O 滑动处于极限平衡，则总的滑动力矩与抗滑力矩相平衡：

$$\Sigma S_i R = \Sigma W_i X_i \quad (6\text{-}6)$$

式中

$$X_{\rm i} = R\sin\alpha_{\rm i}$$

将式(6-5)代入式(6-6)：

$$K_{\rm s} = \frac{\Sigma(W_i\cos\alpha_i \,{\rm tg}\phi + C_i L_i)}{\Sigma W_i \sin\alpha_i} \quad (6\text{-}7)$$

根据边坡土体的土质等，稳定安全系数 $K_{\rm s} \geqslant 1.20 \sim 1.25$。

简单条分法由于完全不考虑条间作用力，理论计算所得结果与实际存在误差，一般情况下，偏低 10%～20%。

(2)毕肖普法

毕肖普(W. Bishop 1955)法考虑土条间作用力，并为计算简化起见，认为土条两侧的侧向力相互抵消(如图 6-29 示，E_{1i} 和 F_{1i} 的合力等于 E_{2i} 和 F_{2i} 的合力且作用于同一直线上)。这样，土条受力系统就变成了静定问题。

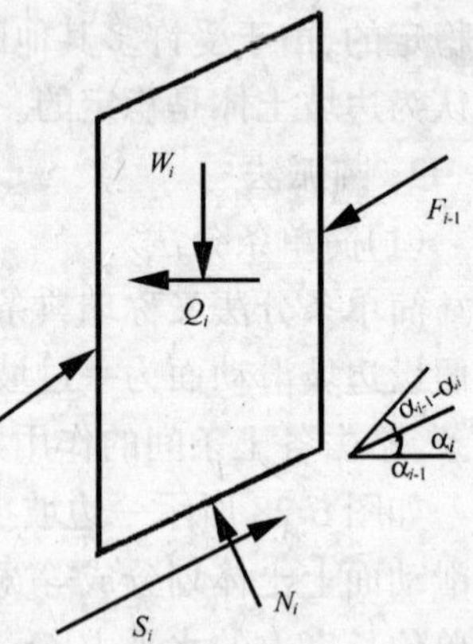

图 6-29　i 土条

现任取 i 土条，根据土条沿滑动面切向力的静力平衡方程有：

$$S_i + (F_i - F_{i-1})\cos\alpha_i = W_i \sin\alpha_i + Q_i \cos\alpha_i \quad (6\text{-}8)$$

则有：

$$\Delta F_i = F_i - F_{i-1} = W_i \,{\rm tg}\alpha_i + Q_i - S_i/\cos\alpha_i$$

考虑土体处于平衡状态，$\Sigma\Delta F_i = 0$，则

$$\Sigma(W_i \,{\rm tg}\alpha_i + Q_i) = \Sigma S_i/\cos\alpha_i \quad (6\text{-}9)$$

而由式(6-5)：

$$\Sigma S_i = \frac{\Sigma(N_i f_i + C_i L_i)}{K_s}$$

代入式(6-9)：

$$K_s = \frac{\Sigma(N_i f_i + C_i L_i)\sec\alpha_i}{\Sigma(W_i \mathrm{tg}\alpha_i + Q_i)} \tag{6-10}$$

考虑沿竖直向力的平衡：

$$W_i = S_i \sin\alpha_i + N_i \cos\alpha_i$$

将式(6-5)代入得到：

$$N_i = \frac{W_i - C_i L_i \sin\alpha_i / K_s}{\cos\alpha_i + f_i \sin\alpha_i / K_s} \tag{6-11}$$

代入(6-10)式，得到

$$K_s = \frac{\Sigma[N_i f_i(W_i - C_i L_i \sin\alpha_i / K_s)/(\cos\alpha_i + f_i \sin\alpha_i / K_s) + C_i L_i]}{\Sigma(W_i \mathrm{tg}\alpha_i + Q_i)} \tag{6-12}$$

令：

$$m_a = 1 \Big/ \left[\left(1 + \frac{\mathrm{tg}\alpha_i f_i}{K_s}\right)\cos\alpha_i\right]$$

则有：

$$K_s = \frac{\Sigma(W_i f_i + C_i L_i \cos\alpha_i)\, m_a}{\Sigma(W_i \mathrm{tg}\alpha_i + Q_i)} \tag{6-13}$$

在上式中等式的右边包含安全系数 K_s，计算时先假定一个 K_s 值，把这个假定的 K_s 值和 C_i、ϕ 值及边坡的断面尺寸参数代入式(6-13)，即得出一个新的 K_s 值，如此反复迭代，很快会收敛的，最后即可求出最小的稳定安全系数。

3. 传递系数法(推力系数法)

传递系数法假设土条间作用力的合力(推力)的作用方向与上一土条的滑动面相平行，根据力的平衡条件，逐条向下推求，求出最后一土条的推力，以此来分析土体的稳定性。传递系数法适用于折线滑动面的边坡土体的验算。

图 6-29 所示为任取一 i 土条，分析其受力。根据静力平衡条件，考虑平行及垂直于滑动面方向的力的平衡。

则有：

$$F_i = W_i \sin\alpha_i + Q_i \cos\alpha_i + F_{i-1}\cos(\alpha_i - \alpha_{i-1}) - S_i \tag{6-14}$$

$$N_i = W_i \cos\alpha_i - Q_i \sin\alpha_i + F_i \sin(\alpha_i - \alpha_{i-1}) \tag{6-15}$$

再有式(6-5)：

$$S_i = \frac{(N_i f_i + C_i L_i)}{K_s}$$

得到：

$$F_i = W_i \sin\alpha_i + Q_i \cos\alpha_i + F_{i-1}\cos(\alpha_i - \alpha_{i-1}) - \frac{(N_i f_i + C_i L_i)}{K_s} \tag{6-16}$$

将(6-10)式代入(6-11)式：

$$F_i = (W_i \sin\alpha_i + Q_i \cos\alpha_i) + \frac{[C_i L_i + (W_i \cos\alpha_i - Q_i \sin\alpha_i) f_i]}{K_s} + F_{i-1}\Psi_{i-1} \quad (6\text{-}17)$$

式中　Ψ_{i-1}——传递系数；

$$\Psi_{i-1} = \cos(\alpha_i - \alpha_{i-1}) - f_i \sin(\alpha_i - \alpha_{i-1}) / K_s$$

令 $\Psi_{i-1}=1$ 即得直线滑动面的情况：

F_i——条间推力(kN/m)；

F_{i-1}——第 $i-1$ 土条的剩余下滑力(kN/m)；

W_i——单位长度土条的竖向力(土条自重及条上竖向荷载)(kN/m)；

α_i——i 土条滑动底面的倾角(°)；

α_{i-1}——第 $i-1$ 条块所在滑动面的倾角(°)；

Q_i——单位长度上的水平力(kN/m)；

K_s——抗滑稳定安全系数；

C_i——i 土条滑动底面处岩土的粘聚力(kPa)；

L_i——i 土条滑动底面的长度(m)；

f_i——i 土条滑动底面处摩擦系数；

$$f_i = \text{tg}\phi$$

ϕ——岩土的内摩擦角(°)。

当最后一条土条的推力 $F_n \leqslant 0$ 时，可判为土体是稳定的；当 $F_n > 0$，则不稳定。此 F_n 可作为设计支挡结构所承受的推力。

6.3.3　工程地质法

工程地质法就是对照当地已有的具有类似工程地质条件，而处于极限平衡的天然斜坡和人工边坡情况进行调查分析，并用于路基断面的设计中，对路基边坡的稳定性进行分析。挖方路基边坡的形状和坡度常用这一方法来确定。采用工程地质法分析路基边坡的稳定性，可以与力学验算法进行核对，以对路基边坡的稳定性作出综合评价。

按工程地质法对路基进行稳定性设计，对比分析时，要考虑各方面的因素，包括岩石(土)性质、工程地质和水文地质条件、拟用施工方法、边坡形状等。

对岩石和岩质土挖方边坡(路堑)，应注意两个方面：一是边坡岩土体的岩性和岩体结构，二是边坡坡体的类型。分析岩体的岩性应考虑到岩石的生成环境、条件和生成年代，不同地质年代的岩体的岩性也有不同；岩体的结构，特别需要注意的是岩体中结构面的情况，结构面的形状和密集程度，结构面的充填和胶结情况，结构面的产状和组合情况等，对坡体的稳定性都有很大影响。如果结构面处的联结强度较弱或存在软弱夹层，再有地下水湿润时，则极易产生坡体顺层滑坍。坡体的类型对比是建立在坡体的岩性、岩体的结构相对比的基础上的。在进行工程地质对比分析时，应抓住主要的或关键的因素，当边坡岩(土)体工程地质条件相似的情况下，稳定边坡便可作为确定边坡稳定坡角的依据。对岩石和岩质土挖方边坡，其边坡坡度主要按工程地质法确定，并与力学计算相核对；而较均匀的土质挖方边坡可按力学验算法，以工程地质法校核。

6.4　路　基　施　工

路基是道路工程的重要组成部分，应具有足够的强度和稳定性以便能抵御行车荷载的反复作用及各种自然因素的影响。而路基施工是要把路线和路基设计的方案及图纸转变为实物,确保工程质量,因此必须精心施工。同时,路基施工具有线性工程的特性,是在狭长的线形地带内的露天作业。由于地形的变动和路线的起伏、沿线的路基工程量、填挖情况和土石类型变动大。因此,沿线各路段所适用的施工方法、劳力和机具的组织,在质和量上都有所不同,需要随时变换予以适应。同时,在交通不便的情况下,要在狭长的地带内调动劳力和机具,无论在组织上和管理上都会有一定的困难;气候和季节对路基施工的质量和工期也有一定的影响。

路基施工的基本方法:人工施工;简易机械化施工;水力机械化施工;爆破法施工;机械化施工。在施工过程中应根据工程性质、数量、工期等因素综合考虑选用。

6.4.1 路基施工前的准备工作

施工前的准备工作包括:组织准备、物质准备和技术准备三个方面。

(1)组织准备工作包括建立健全施工组织管理机构,制定施工管理制度,明确分工,落实责任。与有关单位及个人签定协议,在动工前将各种拆迁及征用土地等事项处理完毕。

(2)物资准备工作包括材料、机具设备的购置、调配、运输和储存,临时道路及工程房屋的修建,供水、供电、通讯及必须的生活福利设施等的安装及建设等。

(3)技术准备工作包括施工前的现场调查,设计文件的核对,编制施工组织设计,恢复路线,划定路界,清理施工现场和路基放样。

施工组织设计包括施工进度计划,劳动力安排计划,材料机具供应计划,施工平面图及其他文件图表。

6.4.2 路基土方施工

路基土方作业的工作内容,由开挖、运输、填堆、压实和整修五个环节构成。然而,随着路基填挖高(深)度、地形和运距的不同,这五个环节在整个工程中所占的比重及相互关系不尽相同。通常,可把土方作业分为下述几种基本的工作类型:

(1)以横向短距离运土为主的类型,包括:

挖取边沟土填筑低矮的路堤;

挖取侧向取土坑(单侧或双侧)内的土填筑成中等高度的路堤;

斜山坡上由上侧半路堑挖取土填筑下侧半路堤,或者把台口式路堑的土挖送至路堑下侧。

(2)以纵向长或短距离运土为主的类型,包括:

挖取路堑土纵向运至填土处填筑路堤;

挖取借土坑的土纵向运至填土处填筑路堤;

挖取路堑土纵向运到弃土地点。

各种工作类型,由于填挖要求和运距的不同,施工方法和施工组织不完全相同。在筑做时,根据各自的特点,在挖填路堑或路堤时工作推进的顺序方向,采用不同的方案。例如,可以只在一短距离内工作,一次挖到全深或填到全部高度,而后逐渐推进。也可在较长段落内分层挖或填,逐层推进。

1. 路堤的填筑

为保证路堤的强度和稳定性,在填筑路堤时,要处理好基底,选择良好的填料,保证必须的压实度及正确选择填筑方案。

(1)基底处理

路堤基底是指土石填料与原地面的接触部分。为使两者结合紧密，防止路堤沿基底发生滑动，或路堤填筑后产生过大的沉陷变形，则可根据基底的土质、水文、坡度和植被情况及填土高度采取相应的处理措施。

1)对于密实稳定的土质基底，当地面横坡缓于1:10，且路堤高度超过0.5m时，基底可不作处理；路堤高度低于0.5m时，应将原地面草皮清除；地面横坡为1:10～1:5时，需铲除原地面草皮、杂物、积水和淤泥后再行填筑；当地面横坡度为1:5～1:2.5时，在清除草皮杂物后，还应将地面挖成台阶，其宽度不小于1m，高度为0.2～0.3m，台阶顶面做成内倾2%～4%的斜坡，如图6-30所示；当地面横坡陡于1:2.5时，则应挖成锯齿形；若为砂质土斜坡，则不宜挖台阶，只要把土壤翻松即可。

2)对于覆盖层不厚的倾斜岩石基底，当地面横坡为1:5～1:2.5时，需挖除覆盖层，并将基岩挖成台阶。当横坡陡于1:2.5时，应进行个别设计，特殊处理，如设置护脚或护墙等。

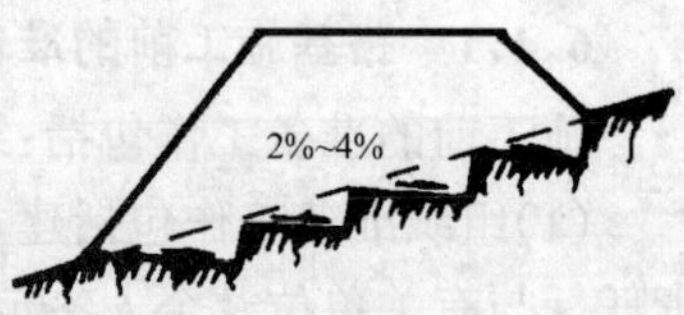

图6-30　斜倾基底的处理

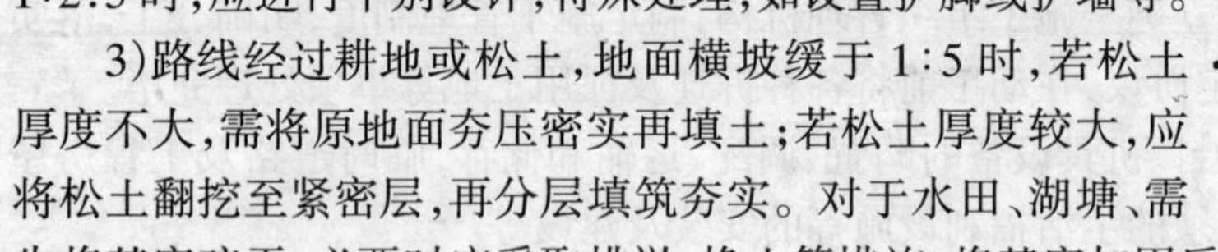

3)路线经过耕地或松土，地面横坡缓于1:5时，若松土厚度不大，需将原地面夯压密实再填土；若松土厚度较大，应将松土翻挖至紧密层，再分层填筑夯实。对于水田、湖塘、需先将基底疏干，必要时应采取排淤、换土等措施，将基底加固后再行填筑。

(2)填料选择

由于沿线土、石的性质和状态不同，故路基的稳定性亦有很大差异。为保证路堤的强度和稳定性，需尽可能选择当地稳定性良好的土、石作填料。

石块、碎石土、卵石土、砾石土、中砂和粗砂等，具有透水性好，摩擦系数大，不易压缩，强度受水的影响小等优点，应优先选用。

粉质低液限砂土、低液限粉土、中液限粘土以及高液限粉土，经压实后能获得足够的强度和稳定性，是比较理想的路堤填筑材料，但须注意控制土中有机质和易溶盐含量不超出规定的数值。

粉质低液限粘土、粉土和粉质中液限粘土等粉性土，水稳定性差，不宜用作路堤填料，在季节性冰冻地区更应控制使用。

高液限粘土透水性差，施工困难，影响质量，用作填筑路基不够理想。

黄土属于粉质中液限粘土，具有大孔性结构，填筑路基则必须作好排水及坡面防护。

(3)填筑方案

1)分层填筑法

路堤一般宜采用水平分层填筑，即按照横断面全宽分成水平层次，逐层向上填筑。如原地面不平，应从最低处分层填起，每填一层经过压实符合规定要求后，再填上一层，如图6-31所示。

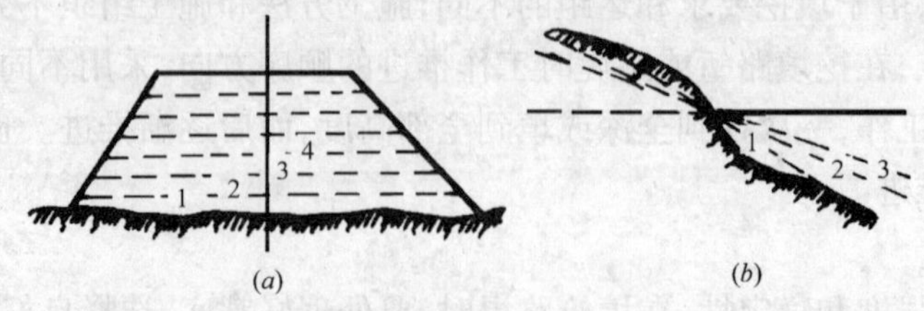

图6-31　分层填筑法

(a)水平分层填筑；(b)地面不平时填筑

2)竖向填筑法

当地面纵坡大于12%的深谷陡坡地段,可采用竖向填筑法施工,从路堤的一端或两端的某一高度把土倾倒到路堤底部,并逐渐沿纵向向前填筑。竖向填筑因填土过厚不易压实,施工时需采取下列措施:A. 选用高效能压实机械;B. 采用沉陷量较小的砂性土或附近开挖路堑的废石方,并一次填足路堤全宽;C. 在底部进行拨土夯实。

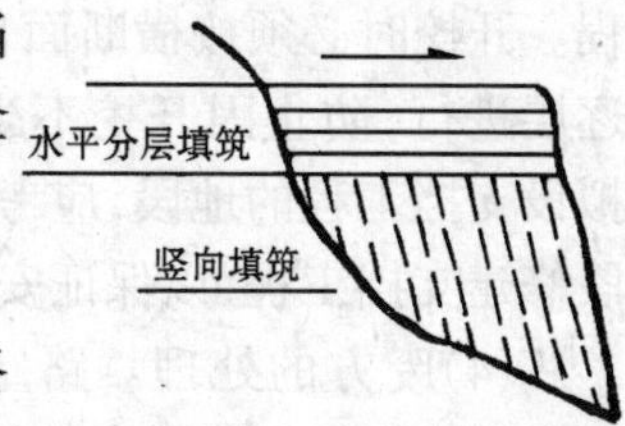

图6-32 混合填筑法

3)混合填筑法

如因地形限制或堤身较高时,不宜按前述两种方法自始至终进行填筑时,可采用混合填筑法,如图6-32。即路堤下层用竖向填筑,而上层用水平分层填筑,使路堤上部经分层压实获得需要的压实度。

在施工中,沿线的土质经常在变化,为避免将不同性质的土任意混填,而造成路基病害,应确定正确的填筑方案。

A. 不同土质分层填筑,不得混填;透水性差的土填筑在下层时,其表面应做成一定的横坡,以保证来自上层透水性填土的水分及时排出。

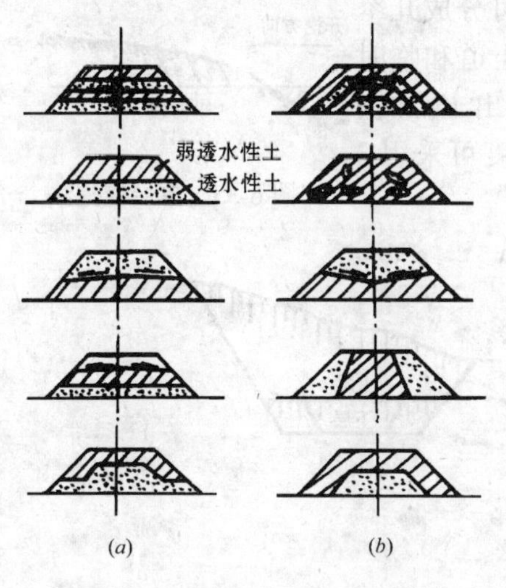

图6-33 路堤分层填筑方案
(a)正确;(b)错误

B. 为保证水分蒸发和排除,路堤不宜被透水性差的土层封闭;若上下两层颗料相差悬殊,应在层间设过渡层。

C. 根据强度和稳定性的要求,合理地安排不同土质的层位。

D. 沿纵向同层次要改变填料种类时,为防止发生不均匀变形,应做成斜面衔接,且将透水性好的填料置于斜面的上部为宜。

用不同土质填筑路堤的正确与错误方案如图6-33所示。

2. 路堑开挖

路堑施工就是按设计要求进行挖掘,并将挖掘出来的土方运到路堤地段作填料,或者运往弃土地点。它虽然不象路堤填筑那样有填料的选择和分层压实等问题。但是,路堑是由天然地层构成的,天然地层在生成和演变的长期过程中,一般具有复杂的地质结构。处于地壳表层的路堑边坡,开挖暴露于大气中,受到各种自然因素和人为因素的影响,比路堤边坡更容易发生变形和破坏。故为保证路堑的稳定,在施工时应注意以下几个方面问题。

(1)无论采用何种方法开挖,均应保证开挖过程中及竣工后能顺利排水。为此,施工时先挖截水沟,并设法引走一切可能影响边坡稳定的地面水和地下水,施工时要与路堑的路线方向保持一定的纵坡。路堑有设计纵坡时,下坡的坡段可以直接挖到底,上坡的坡段必须先挖成向外的斜坡,然后再挖去剩余的土方,如图6-34(a)所示。当路堑是平坡段时,两端都要挖成向外的斜坡,最后挖去剩余的土方,如图6-34(b)所示。

(2)若挖方路基位于含水量较大且易致翻浆的土层上(如粉性土),应换以透水性良好的土，其厚度应不小于0.8～1.0m。为换土所挖的凹槽底面应予以整平，并设纵向盲沟，以利排水。

(3)注意边坡的稳定，及时设置必要的支挡工程。开挖时必须按横断面自上而下，依照设计边坡逐层进行，防止因开挖不当导致坍方；在地质不良拟设支挡工程的地段，应考虑在分段开挖的同时分段修建支挡工程，以保证安全。

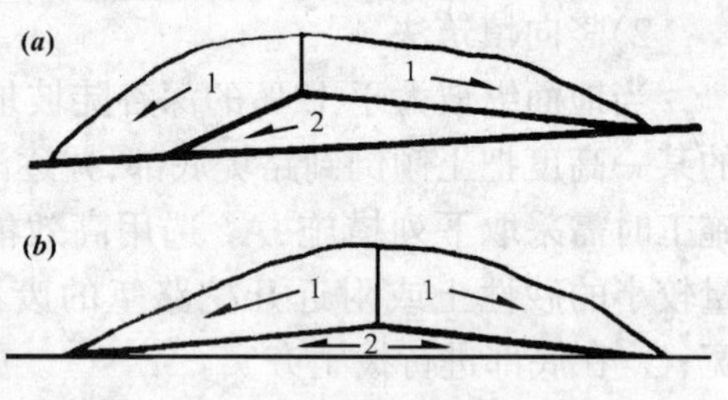

图6-34 路堑施工排水示意图
(a)纵坡路堑；(b)平坡路堑

(4)废方的处理。路堑挖出的土方，除应尽量利用填方外，余土应有计划地弃置，按弃土堆规定办理，以不妨碍路基排水和路堑边坡稳定为原则，尽可能用于改地造田，美化环境。

(5)有效地扩大工作面，以利于提高生产效率，保证施工安全。

3．路堑开挖方案

(1)横挖法

从路堑的一端或两端按横断面全宽逐渐向前开挖，称为横挖法。这种开挖方法适用于较短的路堑。路堑深度不大时，可以一次挖到设计标高，如图6-35所示。路堑深度较大时，可分成几个台阶进行开挖，如图6-36所示。各层要有独立的出土道和临时排水设施。分层横挖使得工作面纵向拉开，多层多向出土，加快了开挖速度。若用挖掘机配合自卸汽车进行，台阶高度可采用3～4m。

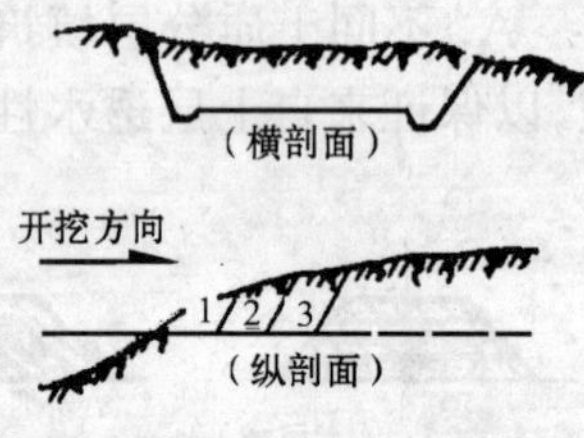

图6-35 单层横挖法

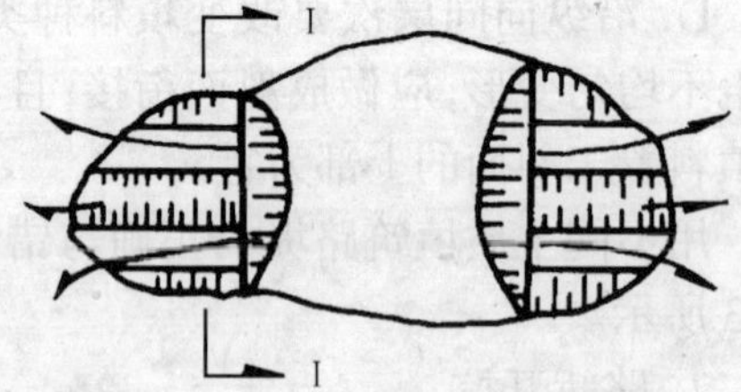

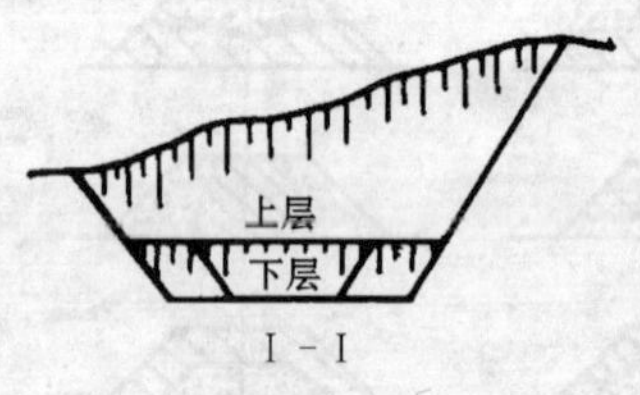

图6-36 分层横挖法

(2)纵挖法

沿路堑纵向将深度分成高差不大的层次依次开挖。纵挖法适用于较长的路堑。如果路堑的宽度及深度都不大，可以按横断面全宽纵向分层挖掘，称为分层纵挖法，如图6-37所示；如果路

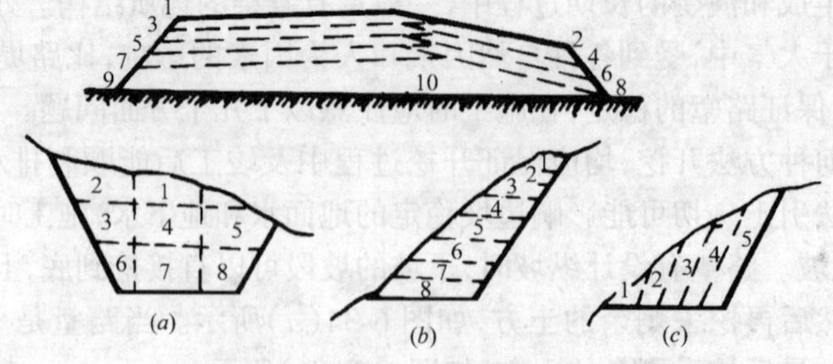

图6-37 分层纵挖法

堑的宽度和深度都比较大，可沿纵向分层，每层先挖出一条通道，然后开挖两旁，称为通道纵挖法，如图 6-38 所示，通常可作为机械通行或出口路线，以加快施工速度；如果路堑很长，可在适当位置将路堑的一侧横向挖穿，把路堑分成几段，各段再采用上述纵向开挖，称为分段纵挖法，此法适用于傍山长路堑。

图 6-38　通道纵挖法

各种挖掘方案的选择，应考虑当地的地形条件、工程量的大小、施工工期以及采用的机具等因素。此外，尚需考虑土层的分布及利用，如利用挖方填筑路堤时，则应按不同的土层分层挖掘，以满足路堤填筑的要求。

6.4.3　路基压实

1．压实土基的意义

实践证明，土基的压实程度对路基的强度和稳定性影响极大。未经压实的土质路基，在自然因素和行车荷载作用下，必然要产生较大的变形或破坏，这是由于未经压实的路基抵抗暴雨或水流冲刷的能力很低；在季节性冰冻区，由于毛细作用，水分积聚，易发生冻胀和翻浆现象。与此相反，压实紧密的路基，强度提高，变形显著地减小，可以避免大规模的破坏，稳定性得到明显改善。因此，土基的压实是路基施工极其重要的环节，是保证路基质量的关键。

2．影响路基压实效果的因素

路基压实效果受很多因素的影响，对具有塑性的细粒土，影响压实效果的因素有内因和外因。内因主要是土质和含水量，外因主要是压实功能、压实机具和压实方法等。

(1)含水量对压实效果的影响

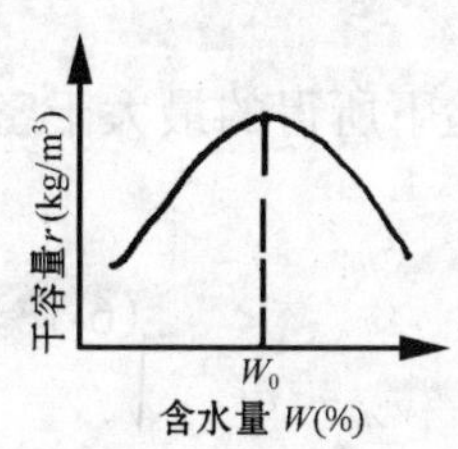

图 6-39　含水量与干密度关系曲线

图 6-39 为室内击实试验获得的含水量同干密度的关系曲线，图中纵坐标为干密度，并用其表征土的密实程度。在同等压实功下，一定含水量之前，土的干密度随着含水量增加而提高，这主要是由于水在土颗粒之间起润滑作用，使得土粒间摩阻力减小，外力施加后，孔隙减小，土粒挤紧，干密度提高。干密度至最大值后，若含水量继续增大，土粒孔隙为过多水分占据，而水一般不为外力所压缩，因而土的干密度随含水量增加反而降低。通常在一定击实条件下得到的干密度的最大值，称为最大干密度，与之相对应的含水量称为最佳含水量。因此，在路基压实过程中，如能控制工地含水量为最佳含水量，就能获得最好的压实效果。试验表明，一般塑性土的最佳含水量(按轻型击实标准)大致相当于该种土液限含水量的 0.58～0.62 倍，平均约 0.6 倍。

(2)土质对压实效果的影响

不同的土质，其压实效果不同。如图 6-40 所示，不同的土质具有不同的最佳含水量及最大干密度。

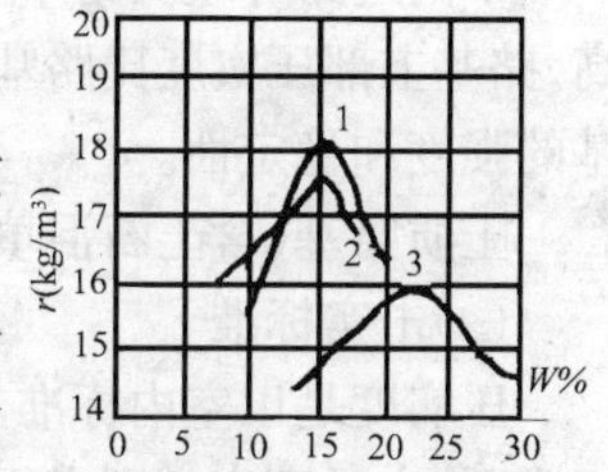

图 6-40　不同土质的压实曲线

分散性(液限、粘性)较高的土，其最佳含水量较高而最大干密度较低，这是由于土粒愈细，比面积愈大，土粒表面的水膜愈多，加之粘土中含有亲水性较高的胶体物质所致。对砂土，由于其颗粒粗并且呈松散状，水分易于散失，故最佳含水量对其没有更多的实际意义。

(3)压实功能对压实效果的影响

压实功能系指压实机具重量、碾压次数、作用时间等。压实功能是影响压实效果的又一重要因素。

通常对同一种土，随着压实功能的增大，最佳含水量会随之减小而最大干密度随之增加，如图 6-41 所示。因此，增大压实功是提高土基密实度的又一种方法，然而这种方法有一定的局限性，因为压实功增加到一定程度后，土的密度增长就不明显了，因此最经济的办法是严格控制工地现场含水量，使碾压在接近最佳含水量时进行，这样便能容易地达到规定的压实度。

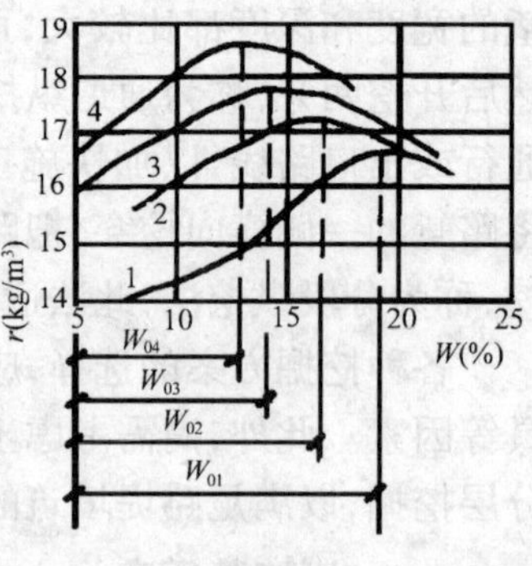

图 6-41　不同压实功下的压实曲线

(4)压实工具和压实方法对压实效果的影响

不同的压实工具，其压力传布作用深度不同，因而压实效果也不同。通常夯击式作用深度最大，振动式次之，静力碾压式最浅。

不同压实厚度其压实效果也不同。通常情况下，夯击式不宜超过 20cm，80～120kN 光面碾宜在 20～30cm 范围。

压实作用时间愈长，土密实度愈高，但随时间进一步延长，其密实度的增长幅度会逐渐减小，故压实时，要求压实机具以较低速度行驶，以便达到预期的压实效果。

3．路基压实标准

(1)压实度

通常采用干密度作为表征土基密实程度的指标。在路基施工中，对于不同土质路基工地的密实度以压实度作为土基密实程度的重要标准。

压实度以 K 表示，指压实后土的干密度与该种土室内标准击实试验下所得的最大干密度之比。

$$\text{压实度 } K = \frac{\text{压实后土的干密度}(r)}{\text{土的最大干密度}(r_0)} \times 100\% \tag{6-18}$$

压实土体的干密度可按式(6-19)计算：

$$r = \frac{r_{\mathrm{w}}}{1 + 0.01W} \tag{6-19}$$

式中　r_{w}——土的天然湿密度(g/cm³)；

W——土的含水量(%)；

不同道路等级及路床下深度不同，其压实度要求不同。道路等级愈高压实度要求也愈高，路基上部压实度比路基下部为高。路基压实过程中只有达到规定的压实度，才能保证路基的强度和稳定性。

土质路基(含土石混填)的压实度标准见表 6-6 规定。

(2)击实标准

压实度是以室内标准击实试验所得最大干密度为标准的，同一压实度如采用不同击实标准，其实际密实度则大不一样。目前标准击实试验有轻型击实试验和重型击实试验两种，已经证明，对同一土体，重型击实比轻型击实获得更高的最大干密度和相对较低的最佳含水量，两种击实法对比如表 6-7 所示。

路 基 压 实 度 标 准 **表 6-6**

填挖类型	路床顶面以下深度(cm)	压 实 度 (%)	
		高速公路、一级公路	二、三、四级公路
路 堤	0~80	≥95	≥93
	80~150	≥93	≥90
	>150	≥90	≥90
零填及路堑	0~30	≥95	≥93

注:1. 表列压实度以重型击实法为准;

2. 平均年降雨量少于 150mm 且地下水位低的特殊干旱地区,压实度标准可降低 2~3 个百分点;

3. 过湿或多雨地区,土的含水量超过最佳含水量 5 个百分点时,应采取综合稳定技术处理后再压实。

轻型与重型击实法对比表 **表 6-7**

试验方法	类别	锤底直径(cm)	锤重(kg)	落高(cm)	试筒尺寸			层数	每层击数	击实功 J/cm³	最大粒径(mm)
					内径(cm)	高(cm)	容积(cm^3)				
轻型Ⅰ法	Ⅰ.1	5	2.5	30	10	12.7	997	3	27	5.98	25
	Ⅰ.2	5	2.5	30	15.2	12	2177	3	59	5.98	38
重型Ⅱ法	Ⅱ.1	5	4.5	45	10	12.7	997	5	27	26.85	25
	Ⅱ.2	5	4.5	45	15.2	12	2177	5	59	26.85	25
	Ⅱ.3	5	4.5	45	15.2	12	2177	3	98	26.7	40

目前随着高等级公路的发展,对道路路基质量的要求越来越高,因此,对高等级公路和城市主干道,采用重型击实标准来控制压实度,对于确保路基路面质量,提高道路使用品质具有非常重要的意义。

4. 路基压实质量的控制与检查

土的压实应在接近最佳含水量的情况下进行,天然土通常接近最佳含水量,因此摊铺后应随即碾压。含水量过大时,应将土摊开晾晒至要求的含水量时再整平压实。

填土接近最佳含水量的容许范围,与土的种类和压实度要求有关。在一定的压实度要求情况下,砂类土比细粒土的范围大;在同一种土类的情况下,压实度要求低的比要求高的范围大。范围的具体值可从该种土的击实试验曲线上查得,即在该曲线图的纵坐标上按要求的干密度处画一横线,此线与曲线相交的两点所对应的含水量值就是它的范围。

天然土过干需要加水时,可提前一天在取土地点浇洒,使水均匀渗入土中;也可将土运至路堤再用水浇洒,并拌和均匀,加水量可按下式估算:

$$V=(W_0-W)\frac{Q}{1+W} \tag{6-20}$$

式中 V ——所需加水量(t);

W ——天然土的含水量;

W_0——最佳含水量;

Q ——需加水的土的质量(t)。

此外还应增加从洒水至碾压时的水分蒸发消耗量。

在压实过程中,施工单位的自检人员应经常检查压实度是否符合要求。压实度试验方法可采用环刀法、蜡封法、水袋法、灌砂法或核子密度湿度仪法。环刀法适用于细粒土、灌砂法适用于各类土。核子密度湿度仪应与环刀法、灌砂法等进行对比标定后才可应用。

每一压实层均应检验压实度,合格后方可填筑其上一层。

检验取样率,当填土宽度较窄时(例如路堤的上部),沿路线纵向每 200m 检查 4 处,每处左右各 1 个点,当填土较宽时,每 $2000m^2$ 检查 8 个点。必要时可增加检查点数,以防止压实不足处的漏检。

压实度的评定以一个工班完成的路段压实层为检验评定单元比较恰当,如检验不合格能及时补压,不致等待过久而使含水量变化过大。

检验评定段的压实度 K 按下式计算,若 $K \geqslant$ 压实度的标准值,则为合格。

$$K = \overline{K} - t_0 \cdot S / \sqrt{n} \tag{6-21}$$

式中 $\overline{K}$ ——检验评定段内各检验点压实度的算术平均值;

t_0 ——t 分布表中随自由度和保证率(或置信率)而变的系数,通常保证率为 95%;

S ——检验值的均方差;

n ——检验点数,应不少于 8~10 点,高等级公路、一级公路取高限,二、三、四级公路取低限。

填筑碾压完成的路基,其路床顶面的回弹模量应满足路面设计的要求,然而实测土基回弹模量 E_0 比较困难,故可用测试弯沉值 L_0 代替,弯沉值与回弹模量有如下关系:

$$L_0 = 9308 E_0^{-0.938} \tag{6-22}$$

式中 L_0——以 BZZ——100 标准轴载试验车实测的弯沉值(1/100mm);

E_0——回弹模量(MPa)。

弯沉值测试应在不利季节进行。若在非不利季节测定时,应乘以季节影响系数。弯沉值测试频率为每车道每 50m 4 个点(即左右两后轮隙下各 1 个点)。

路床顶面弯沉值反映路基上部的整体强度,而压实度反映路基每一层的密实状态,只有弯沉值和压实度两者都合格,路基的整体强度稳定性和耐久性才能符合要求。如果经过反复检查,各层压实度均合格,而表面弯沉值仍然达不到设计要求值时(这种情况极少),应考虑按实测弯沉值调整路面结构设计,以适应该压实土所能达到的强度。

6.4.4 软土地基路基施工

软土在我国滨海平原、河口三角洲,湖盆地周围及山涧谷地均有广泛分布。在软土地基上修筑路基,若不加以处理,往往会发生路基失稳或过量沉陷,导致公路破坏或不能正常使用。

所谓软土,从广义上说,就是强度低,压缩性高的软弱土层。以孔隙比及有机质含量为主,并结合其他指标,可将软土划分为软粘性土、淤泥质土、淤泥、泥炭质土及泥炭 5 种类型。

习惯上常把淤泥、淤泥质土、软粘性土总称为软土,而把有机质含量很高的泥炭、泥炭质土总称为泥沼。泥沼比软土具有更大的压缩性,但它的渗透性强,受荷后能够迅速固结,工程处理比较容易。所以我们主要讨论天然强度低、压缩性高且透水性小的软土上的路基施工。

在天然的软土地基上采用快速施工修筑一般断面的路堤,所能填筑的最大高度,称为极限高度。达到极限高度时,单位面积的荷重就是天然地基的极限承载力。路堤超过极限高度后,必然发生大量沉陷、坍滑,必须采取加固措施,才能保证路堤稳定与正常施工。均质厚层软土地基上路堤的极限高度可按下式估算

$$H_c = 5.52\frac{C_u}{r} \tag{6-23}$$

式中 C_u ——软土的快剪单位粘聚力;

r ——填土的密度。

1. 塑料排水板

塑料排水板是带有孔道的板状物体,插入土中形成竖向排水通道,如图6-42所示。因其施工简单、快捷,目前国内广泛应用,效果亦佳。

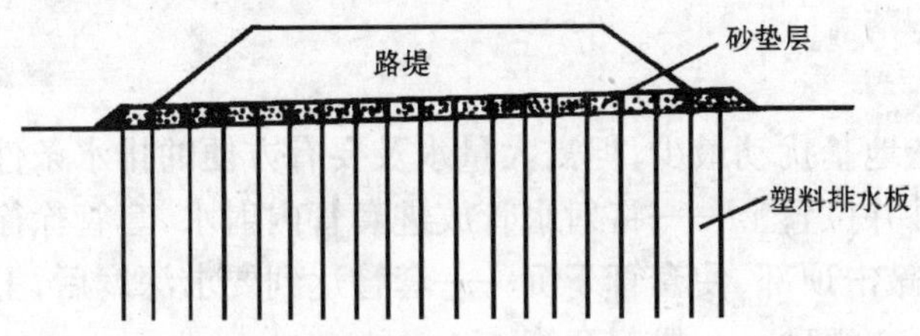

图6-42 塑料排水板加固软土地基

(1)排水板材料

排水板是由专门厂家生产,国内外都有许多产品。按其结构型式可分为多孔单一结构型和复合结构型两大类。

(2)设计方法

目前对塑料排水板机理及设计均沿用砂井的理论。即将塑料排水板换算成当量直径的砂井,然后按砂井理论进行设计。

(3)施工方法

塑料排水板要用插板机插入土中。插板机种类很多,性能不一。按机型分,有轨道式、轮胎式、链条式、步履式等多种。按插设方法分,一类是套管式插板机,另一类是无套管式插板机。前者施工步骤如下:

将塑料排水板由机后的卷筒通过井架上方的滑轮,插入套管内——排水板被套管的输送滚轴夹住,一起压入土中——达到预定深度后,输送滚轴反转松开排水板,上拔套管,塑料排水板便被留在土中——在地面以上20cm左右将排水板切断。

无套管式插板机是用钻杆直接将塑料排水板压入土中。这种插板机较轻便,操作简单,速度快,但塑料排水板容易被损伤或随钻杆拔起,地基强度较大时更不宜使用。

2. 砂井

砂井是利用各种打桩机具击入钢管,或用射水、爆破等方法在地基中获得按一定规律排列的孔眼并灌入中、粗砂形成砂桩。由于这种砂井在饱和软粘土中起排水通道的作用,又称

排水砂井。砂井顶面应铺设砂垫层,以构成完整的地基排水系统。

软土地基设置砂井后,改善了地基的排水条件,缩短了排水途径,因而地基受附加荷载后,排水固结过程大大加快,进而使地基强度得以提高。

砂井适用于路堤高度大于极限高度,软土层厚度大于5m时。

砂井的间距、深度要根据软土的地层情况、允许的施工期,由计算确定。砂井直径一般为20~30cm,视施工机械而定。

(1)打入空心管法

在履带起重机的吊臂上安装一个供穿心锤用的导向架,以锤击钢管;或用一个振动锤夹住钢管施以振动力,前者为冲击式,后者为振动式。钢管应比砂井长0.5~1.0m,以利拔管。管的底部应有木桩尖、混凝土桩尖或活瓣桩尖。

施工步骤如下:

装上桩尖,将钢管定位——靠锤打击或振动器振动使钢管下到要求深度——钢管上拔0.5~1.0m以消除桩底真空吸力,以便活瓣张开,然后提起重锤和桩帽,在钢管上口搁上漏斗,先灌入少许水,然后砂、水交替灌入——以4~6m/min的速度徐徐拔管,并用大锤不断敲击钢管加速砂子下落。

(2)射水法

这种方法对软土地基扰动最少,但需大量水及要有方便的排水条件。施工步骤如下:

将套管安置在砂井位置上——将射水管放进套管内射水,套管徐徐下沉,如果遇到较坚实土层,可用锤轻轻敲击顶部,使套管下沉——套管达到要求深度后,上下移动射水管,使套管中的土充分流出——灌砂——拔起套管。

(3)爆破法

对于6~7m的浅砂井用直径76mm的螺纹钻钻孔,在钻孔内放置条形药包,爆炸扩孔,孔内灌砂。一般点爆成孔后即灌水使孔壁不坍塌,经检查后,砂、水交替灌入,灌满为止。

3. 袋装砂井

井径对固结时间的影响没有井距那样敏感。从理论上讲,井径只要能满足排水要求即可,软粘土渗透系数一般只有砂井渗透系数的1%,砂井的理论直径可以很小。但一般砂井如果井径太小,既无法施工,也无法防止因地基变形而使砂井折断并失效。因此,国内外曾广泛采用网状织物袋装砂井,其直径仅8cm左右,比一般砂井要省料得多,造价比砂井低廉,且不会因施工操作上的误差或地基发生水平和垂直变形而丧失其连续性。

袋装砂井的打孔一般采用钢管打入式和射水式。

4. 排水砂垫层

排水砂垫层是在路堤底部地面上铺设一层较薄的砂层,如图6-43。其作用是在软土顶面增加一个排水面,即在填土过程中,荷载逐渐增加,促使软土地基排水固结,渗出的水就可从砂垫层中排走。为确保砂垫层能通畅排水,要采用透水性良好的材料,如中砂、粗砂;要保证砂垫层在其使用期间的整体连续性;要防止砂垫层被细粒土所污染而造成堵塞,在砂垫层的上下两侧宜设反滤层。

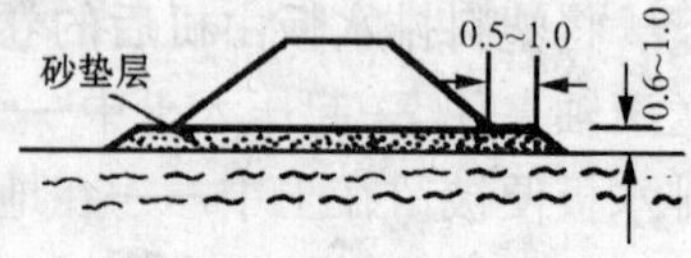

图6-43 排水砂垫层 单位:m

砂垫层的厚度确定需考虑:一是以不致因地基沉降而使砂垫层发生错断,从而影响排水效果;二是以不致因排到砂垫层中的孔隙水由于水头过高而渗入路堤填土,导致低路堤的强度和稳定性降低。一般采用的厚度为0.6～1.0m。

砂垫层适用于施工期限不紧、路堤高度为极限高度的二倍以内、砂源丰富、软土地基表面无隔水层的情况,当软土层较薄,或底层又有透水层时,效果更好。前述塑料排水板、袋装砂井、砂井等加固措施都应配合设置砂垫层。

5. 土工织物铺垫

在软土地基表层铺设一层或多层土工织物,即可以减少路堤填筑后的地基不均匀沉降,又可以提高地基的承载能力,同时也不影响排水。对于淤泥之类高含水量的超软弱地基,在采用砂井及其他深层加固法之前,土工织物铺垫可作为前期处理,以提高施工的可能性。若在砂垫层上增铺土工织物,可以防止填土污染砂垫层。

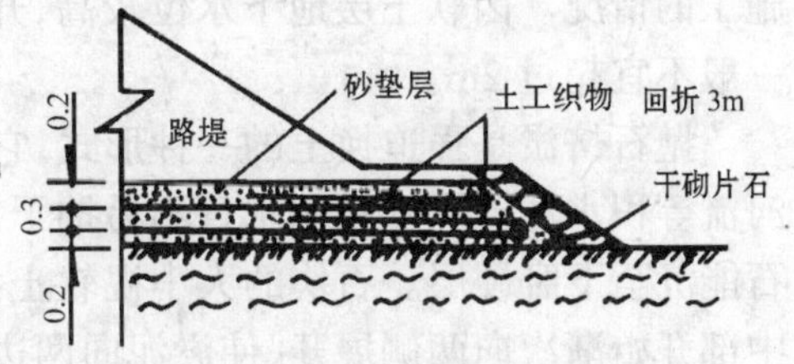

图6-44 土工织物加固软土地基 单位:m

土工织物的铺设很简单,在工厂将几幅拼缝成需要尺寸,一般宽3.6～4.5m,长比路堤底宽多4～6m,顺路堤坡脚回折2～3m。为了保护土工织物,上下都应铺设厚0.2～0.3m左右的砂垫层,如图6-44。

6. 预压

在软土地基上修筑路堤,如果工期不紧,可以先填筑一部分或全部,使地基经过一段时间固结沉降,然后再铺足和铺筑路面;在拟建涵洞或桥台等结构物处,先填土预压,待地基强度提高到一定程度后,挖去填土,再建造结构物。在修筑路堤时还可预先把土填得比设计高度高一些,或加宽填土宽度,以加速地基固结下沉,以后再挖除超填部分。这种预压或超载预压的方法,简单易行,但需要较长的固结时间,并常需配合采用砂垫层、砂井等排水措施方能满足工期要求。

预压加荷的速率应保证地基只产生沉降而不致丧失稳定。当路堤较高时,可采取分级加荷,第一级加荷尽量大一些,预压期一般都要半年至一年。加荷速率由理论计算或用下列方法确定:

(1)地面沉降速率——埋设沉降板,每1～2天观测一次,要求中线表面日沉降量不大于10mm。

(2)边桩水平位移——边桩长1.0～1.5m,打入地面下1.0m左右,要求日水平位移不超过5mm。

(3)地基孔隙水压力——在地基不同深度埋设孔隙水压力计进行观测,要求孔隙水压力不超过预压荷载应力的50%～60%。

7. 挤实砂(碎石)桩

挤实砂桩是以冲击或振动的方法强力将砂、石等材料挤入软土地基中,形成直径较大的密实柱体,提高软土地基的整体抗剪强度,减少沉降。直径一般为0.6～0.8m。

8. 旋喷桩

利用工程钻机,将旋喷注浆管置入预定的地基加固深度,通过钻杆旋转,徐徐上升,将预先配制好的浆液,以一定的压力从喷嘴喷出,冲击土体,使土和浆液搅拌成混合体,形成具有一定强度的人工地基。旋喷法可以根据不同的施工对象、用途,调整灌入材料用量、浓度,使加固土体满足工程需要的强度。目前灌入材料以水泥浆为主,当土的渗透性较大或地下水流速过大时，为了防止浆液流失，可在浆液中掺加三乙醇铵和氯化钙等速凝剂。

9. 生石灰桩

用生石灰碎块置于桩孔中形成桩体，称为生石灰桩。其孔径多用 20～40cm，桩长多在 12m 以内。也有采用更小孔径的，用打入或钻进方法成孔再填入 2～5cm 的生石灰块。生石灰桩可以掺入一定数量的粉煤灰或砂，有时还掺入少量石膏，以利触发反应，提高强度。

10. 换土

采用人工或机械挖除路堤下全部软土，换填强度较高的粘性土或砂、砾、卵石、片石等渗水性材料。换土则从根本上改善了地基，不留后患，效果好。适用于软土层较薄且易于排水施工的情况。因软土层地下水位较高，开挖困难，当采用人工或机械开挖换土时，换土深度一般不宜超过 2m。

抛石挤淤是强迫换土的一种形式，它不必抽水挖淤，施工简便，这种方法适用于湖塘或河流等积水洼地。常年积水且不易抽干，表层无硬壳，软土液性指数大，厚度薄(3～4m)，片石能沉至下卧硬层。石块的大小视软土稠度而定，一般不宜小于 30cm。抛填片石时，应自中部开始渐次向两侧展开，使淤泥向两边挤出，待抛石露出水面后用重型压路机碾压，其上铺设反滤层，再进行填土。

爆破排淤也是换土的一种形式。利用炸药爆炸时的张力作用，使软土扬弃或压缩，然后填以强度较高的渗水土或一般粘性土，达到换土的目的。采用爆破排淤的施工方法换填深度较大，工效较高，适用于软土层较厚，稠度大，路堤较高及施工期紧迫的情况。

爆破排淤又可分先填后爆和先爆后填两种施工方法。前者适于稠度较大的软土，先填的路堤随爆随沉，避免回淤。后者适于稠度小的软土。

11. 反压护道

反压护道是在路堤两侧填筑一定宽度和一定高度的护道。它运用力学平衡原理以保持路基的稳定。

反压护道一般采用单级形式，由于反压护道本身的高度不能超过极限高度，所以反压护道适用于路堤高度不大于极限高度的 1.5 倍的情况，单级反压护道的高度宜采用路堤高度的 1/3～1/2。

反压护道虽然简易，但占地多，在填料来源困难的地方也难于应用；而且，反压护道只能解决软土地基路堤的稳定问题，对沉降并无补益，往往还会加大沉降量。

6.5 路 基 排 水

路基的沉陷、坍方、冻胀、翻浆、冲刷、冲毁等破坏变形，都是与水的作用有密切的关系，为保证路基的稳固，应及时将可能危害路基的地面水和地下水排出路基范围之外。

6.5.1 地面排水

路基地面排水设施的作用是将可能停滞在路基范围内的地面水迅速排除，并防止路基范围外的地面水流入路基内。

(1)边沟

挖方地段和填土高度小于边沟深度的填方地段均应设置边沟，用以汇集和排除路基范围内或流向路基的少量地面水。边沟的断面形式一般土质边沟宜用梯形，矮路堤或机械化施工时可用三角形，在场地宽度受到限制时，可用石砌矩形。石质路堑边沟可作成矩形，积雪、积沙路段宜作成流线形。梯形边沟的内侧边坡一般为1:1～1:1.5，外侧边坡与路堑边坡相同，有碎落台时外侧边坡与内侧相同，三角形边沟内侧边坡可用1:2～1:3，外侧边坡通常与挖方边坡一致。边坡的深度和底宽一般不应小于0.4m，干旱地区及分水点可采用0.3m。高速公路和一级公路的边沟断面应大一些，其深度和底宽可采用0.8～1.0m。

边沟沟底纵坡通常与路线纵坡一致；但路线纵坡小于0.2%时，应采用变化边沟深度的办法以保证其纵坡不小于0.2%；当纵坡大于3%，应考虑加固，以免发生冲刷；边沟长度一般不宜超过300m，三角形边沟不宜超过200m。

一般不允许将截水沟的水排入边沟内，如特殊情况需排入时，则应加大边沟断面，并予以加固。

(2)截水沟

设在路堑坡顶或山坡路堤上方，用以拦截上方流来的地面水。其断面形式一般为梯形，在地面横坡较陡时，可作成石砌矩形。截水沟底宽不小于0.5m，深度按流量确定，但亦不应小于0.5m。土质截水沟的边坡一般为1:1～1:1.5。沟底纵坡通常不得小于0.5%，特殊困难时，亦不得小于0.2%。沟底纵坡较大或有防渗要求时，应予加固。截水沟长度不宜超过500m。

堑顶外截水沟，有弃土堆时，设在弃土堆之外，无弃土堆时，距堑顶边缘至少5m(黄土地区至少10m，并需加固防渗)；山坡路堤上方截水沟离开路堤坡脚至少2m。

(3)排水沟

其作用是将边沟、截水沟、取土坑或路基附近的积水引入就近桥涵或沟谷中去，排水沟的断面和纵坡要求与截水沟基本相同。

紧靠路堤护坡道外侧的取土坑，若条件适宜，可用以排水，这时，取土坑底部宜作成自两侧向中部倾斜2%～4%的横坡。出入口应与所连接的排水沟平顺衔接；当出口部分为天然沟谷时，不要使水形成漫流。

(4)跌水和急流槽

在纵坡陡峻地段的截水沟、排水沟，可用单级或多级跌水或急流槽连接。跌水和急流槽的断面一般采用矩形，用浆砌片石或混凝土修筑，进口部分始端和出口部分终端的裙墙应埋入冻结线以下。

急流槽的主体部分应每隔2～5m设置一个防滑平台，嵌入地基内。急流槽的纵坡不宜陡于1:1.5。

(5)拦水带

为避免高路堤边坡被路面汇集的雨水冲坏，可在路肩上作拦水带，将水流拦截至挖方边沟或在适当地点设急流槽引离路基。拦水带高出路肩15～20cm，埋入25～30cm，拦水带顶宽，浆砌片石为25cm，混凝土为15cm，设拦水带的内侧路肩应适当加固。

6.5.2 地下排水

路基常用的地下排水设施有盲沟(渗沟)和渗井等，对于水量不大的地下水以渗透为主汇集水流，就近予以排除。遇有大量水流，则应另设专用地下沟管予以排除。埋置于地下的排水设施，经常性的养护维修比较困难，故要求其牢固有效。

(1)盲沟

盲沟类型的选择应根据当地材料、土质等进行选择，如乱石盲沟、多孔管(花管)盲沟、无砂管盲沟、瓦管盲沟等。

盲沟利用其透水性将地下水汇集到沟内，并沿沟排至指定地点，其水力特性属紊流。

设置在上侧路基边沟下的盲沟，用以拦截流向路基的层间水，防止路基边坡滑坍和毛细水上升危害路基。设置在路基两侧边沟下的盲沟，用以降低地下水位，防止毛细水上升至路基工作区范围内形成水分积聚而造成冻胀和翻浆，或土基过湿而降低强度造成路面开裂等。设在路基挖方与填方交界处的横向盲沟，用以拦截和排除路堑下层间水或小股泉水，保持路堤填土不受水害，如图 6-45。

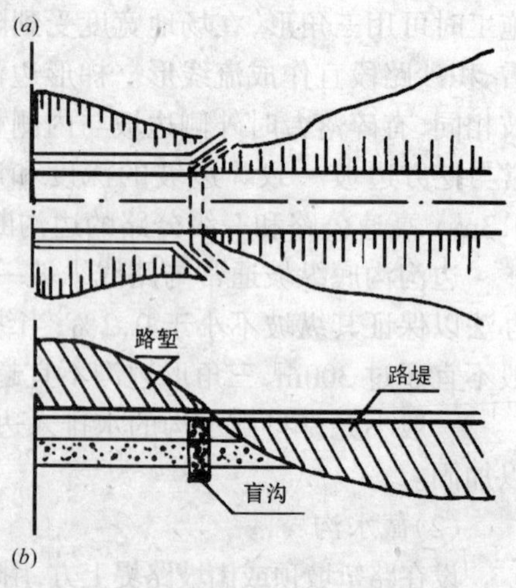

图 6-45　挖填交界处的横向盲沟

(*a*)平面；(*b*)纵剖面

纵向盲沟平行于道路中线，可根据道路宽度决定设置一条或两条；横向盲沟宜与道路中线成 45°～90°角，间距 10～20m。

路面
土基
含水层
不透水层
透水层

图 6-46　渗井结构与布置示意图

盲沟(渗沟)应设置土工织物或粒料反滤层，以防止淤塞盲沟，失去排水功能。

(2)渗井

渗井是一种立式地下排水设施。当地基土中存在两个以上含水层时，影响路基的地下含水层较薄，且平式盲沟排水不易布置时，可考虑设置立式渗水井，向地下穿过不透水层，将上层含水层引入下层渗水层，以利地下水扩散排除。必要时还可配合盲沟(渗沟)设置渗井，平竖结合以排除地下水。如图 6-46 所示。

渗井的孔径与平面布置，通过水力计算而定，通常采用圆柱形或正方形，直径或边长约 1.0～1.5m，井深视地层构造而定，以伸入下层渗水层能够向下渗水为限。井内填砂石材料，粒径要求为井的中间最粗，逐层向外粒径减小。

复习思考题

6-1 简述路基的作用及基本要求。

6-2 公路用土是根据什么进行分类的？如何对公路用土进行选择？

6-3 简述影响路基湿度状况的因素。

6-4 路基的典型横断面形式有哪些？如何选用？

6-5 路基防护的目的是什么？如何选择防护方法？

6-6 简述重力式挡土墙的构造。

6-7 加筋土挡土墙是由哪几部分组成？

6-8 路基稳定性分析的工程地质法和力学验算法之间存在什么联系？

6-9 圆弧法中简单条分法和毕肖普法是如何考虑条间力的？

6-10 土方施工的种类，施工中应注意的事项有哪些？

6-11 土基压实机理，影响压实效果的因素是什么？

6-12 软土地基的概念及其处理方法有哪些？各自有何优缺点？

第7章 路 面 工 程

7.1 概 述

路面是直接为汽车行驶服务的,路面状况的好坏对道路运输的影响极大。因此,路面工程是道路工程的主要内容。从经济上说,路面造价在整个道路造价中占很大的比重。

道路是一个带状建筑物,修筑路面要充分考虑就地取材。除了重视所用水泥、沥青、石料的质量外,为了降低工程造价,更应当重视利用当地材料和尽量减少远运材料。从就地取材考虑,当地土壤是十分丰富和廉价的,如何利用当地材料铺筑路面,一直是路面科学研究的重要课题。

路面是一个层状建筑物,根据不同的路基状况和交通量,常常将路面分为面层,基层或更多的层次,这就是路面构造的明显特点。

道路作为露天建筑物,经常遭受各种自然因素的作用,其中主要是雨水、地下水、冰雪的作用。而路面的病害在行车与各种自然因素的共同作用下,均与"水"的作用有关。例如,在重车作用下,路面上层出现裂缝,雨水通过裂缝侵入路面下层,造成更大的损害。因此水对路面工程的不利影响,应引起足够的重视。在一般情况下,汽车交通量总是逐年增加的,路面类型也从低级向高级发展。交通量小时采用低级路面,随着交通量的增加而逐步采用中级路面和高级路面。逐步改善的做法对于等级不高的道路路面是经济实用的,使前期工程可以为后期利用,这是路面工程的一个优点。

在路面建筑过程中,经常遇到拆除和改建现有人工构造物的问题,如电力线、电话线、地下的自来水管、下水道、煤气管道或天然气管道以及它们的连接管线、油管、蒸汽管、灌溉渠道等等。在农田地区还有占用农田、伐树等问题。因此,道路建设不是孤立地进行的,在许多情况下应与房屋建筑和其他基本建设结合进行,尽量避免刚修建好的路面由于埋设管线而挖掉重来的现象发生。

路面工程的好坏对于养护工作影响很大。路面设计、施工的不当之处,常常成为养护工作的隐患。因此,设计、施工、养护应当协调一致,紧密结合,才能保证路面具有良好的使用品质。

7.1.1 路面的作用及对路面的基本要求

路面是在路基上用各种材料或混合料分层铺筑的供车辆行驶的一种层状结构。它应保证道路的全天候通车,使车辆行驶安全、迅速、舒适,同时降低运输成本,改善行车环境。为此,路面应满足以下各项基本要求:

(1)具有足够的强度和刚度

车辆的行驶,必然产生"行车荷载",这个荷载以垂直力、水平力、冲击力、振动力和真空吸力等多种方式作用于路面,如一辆解放牌 CA10B 型汽车,满载时后轮对路面所施加的垂直压力约为 0.5MPa;黄河 JN150 型汽车则为 0.7MPa。各种车辆行驶时,作用于路面的水平力为垂直压力的 30%左右,但在紧急制动或上、下坡时,该值可增大至垂直压力的 70%～

80%。又由于行车荷载对路面的作用是重复作用，所以，路面会逐渐出现累积变形，产生磨损、开裂、坑槽、沉陷、车辙和波浪等破坏现象，这就势必影响正常行车。因此，路面在设计年限内必须具有足够的强度和刚度，才能承受行车荷载的作用，不致产生影响汽车正常行驶的各种破坏、变形。

理论与实践表明，路面本身的强度固然重要，但只有综合考虑了路基和路面的强度(刚度)而得出的路面整体强度(刚度)满足行车要求时，才能认为路面结构具有足够的强度和刚度。

(2)具有足够的稳定性

路面不但要求承受行车荷载的作用，而且还经常受到各种自然因素的作用。例如，高温使沥青路面变软而产生车辙和拥包等病害，使水泥混凝土路面产生拱胀破坏；而低温将使这两种路面分别发生变脆开裂和收缩开裂等破坏。又如雨水渗入砂石路面，使其强度下降，从而产生沉陷、车辙、裂缝，如果土基亦受到下渗水分的影响，势必导致整个路面结构的破坏。

上述表明，水分、温度等自然因素对路面具有破坏作用，使路面强度发生变化。在自然因素的长期作用下，路面不发生过大的变形，并保持其强度足以承受行车荷载的作用，这就是路面的稳定性。显然，稳定性良好的路面，其强度变化的幅度是很小的。

(3)具有足够的平整度

路面的平整度愈差，行车阻力就愈大，将使车速降低、油耗上升、轮胎加速磨损，与此同时，车轮对路面的冲击力增大，造成行车颠簸，致使汽车另部件和路面迅速损坏。路面平整度差，还会积水，影响行车安全。低、中级路面平整度差还会使路面积水下渗，加速路面破坏。为保证高速行车，提高安全性和舒适性，路面应保持足够的平整度。道路的等级越高，即设计车速越高，对平整度的要求也越高。

(4)具有足够的抗滑性

路面要平整，但不宜光滑，光滑的路面将使车轮与路面之间缺乏足够的摩擦阻力，车轮容易产生打滑和空转，不能保证高速行车；另一方面，路面抗滑性差将使汽车制动距离增加，行车安全不能保证，容易引起交通事故。因此，抗滑性直接关系到道路运输的安全和经济效益。

行车速度越高，对抗滑性的要求也越高。越是高级路面，越应重视抗滑性问题。除路面本身的抗滑性外，还应加强养护工作，如及时清除路面积雪、浮水、污泥等等，以保证路面的抗滑性不致降低。

(5)具有良好的不透水性

对于水稳定性差的基层和土基，应特别重视路面的不透水性，这就应从路面的结构、适当的路拱横坡等方面综合考虑，使雨水渗入路面的可能性减少，从而保证不致因路面渗水导致土基和路面强度降低而产生破坏。

(6)具有低噪声和低扬尘性

噪声与扬尘会对环境造成污染，影响正常的行车秩序，对行车密度大的高等级道路，必须予以足够的重视。

行车噪声一方面因路面平整度差而引起，以及路面面层材料的刚度大而产生；另一方面与不良的线形设计导致车辆频繁的加速、减速、转向有关。扬尘主要发生于砂石路面，因车轮后面产生真空吸力将面层细料吸出而引起。扬尘不但使路面产生松散破坏，而且还会缩短行车视距,影响车速和安全,同时对道路沿线居民、行人的卫生条件以及对农作物的生长均有不良影响。值得注意的是,即使是高级路面,如不及时清扫路面浮土和灰尘,同样亦会导致严重的扬尘。因此,对于行车噪声和扬尘,应当从道路工程的设计、施工、养护和管理等方面综合考虑,以保证路面具有尽可能低的扬尘性和尽可能小的噪声。

7.1.2 路面结构层次划分

整个路面结构铺筑于路基顶部的路床上,为使路面上的雨水及时排除,路面的表面通常做成中间高、两边低的形状,称为路拱。考虑到行车的平稳性,目前常用的路拱形式是二次抛物线形或直线形。从路中心到路面边缘的平均坡度叫路拱横坡。路面两侧至路基边缘称为路肩。图 7-1 为上述各部分的示意图。

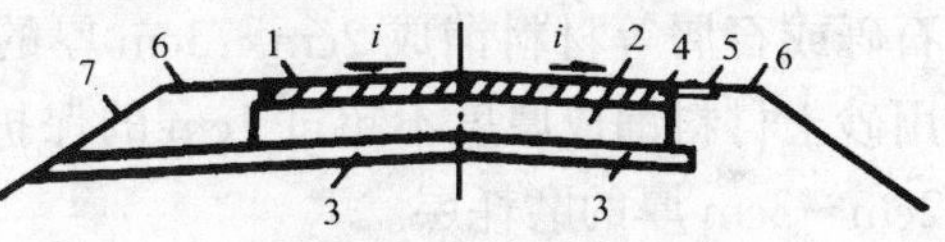

图 7-1 路面结构层次划分示意图
i—路拱横坡; 1—面层; 2—基层;
3—垫层(或隔离层); 4—路缘石;
5—加固路肩; 6—土路肩; 7—路基

由于行车荷载和自然因素对路面的影响随作用深度而逐渐减弱,因而对路面材料的强度、刚度和稳定性的要求也随深度而逐渐降低。为适应这一特点,路面通常是分层修筑的多层结构,按使用要求、受力状况、土基支承条件和自然因素影响程度的不同,在路基顶面采用不同规格和要求的材料分别铺设垫层、基层和面层等结构层。

(1)面层

面层是直接同行车和大气相接触的表面层次,它直接承受行车荷载的竖向力,特别是水平力和冲击力的作用,同时又受到降水的侵蚀作用和温度变化的影响。因此,同基层或垫层相比,面层应具有较高的结构强度和刚度、耐磨性、不透水性和温度稳定性,并且表面还应具有良好的平整度和粗糙度。面层对车辆行驶的安全、迅速、舒适性关系最大。因此,高等级道路的路面面层常用较高级的材料铺筑,如水泥混凝土、沥青混凝土及其他沥青混合料等。高等级道路的路面面层常由二层或三层组成,分别称为面层上层和面层下层,或面层上、中、下层。

(2)基层

位于面层之下的是基层,它是路面结构中的主要承重层,主要承受由面层传递下来的车轮垂直压力,并将其扩散到下面的层次中。因此,对基层材料的要求应具有足够的抗压强度,较好的应力扩散能力,同时还应具有足够的水稳性。以防基层湿软后产生变形,从而导致面层损坏;水泥混凝土面层下的基层则还应具有足够的耐冲刷性。

用作基层的材料,主要有各种结合料(如石灰、水泥或沥青等)稳定土或碎(砾)石混合料,各种工业废渣混合料、水泥混凝土、各种碎(砾)石混合料或天然砂砾以及片石、块石等粒料。当基层较厚或材料来源广泛时,常分两层或三层铺筑,分别称为基层上层和基层下层或基层上、中、下层。底(下)基层可使用质量较差的当地材料。

(3)垫层

垫层是介于基层和土基之间的层次,其主要作用是调节和改善土基的湿度和温度状况,以保证路面结构的稳定和抗冻能力。因此,通常在土基水温状况不良时设置。

垫层材料的强度要求不一定高,但其水稳性、隔温性和透水性要好。常用材料一类是由松散的颗粒材料如砂、砾石、炉渣等组成的透水性垫层;另一类是石灰土或炉渣石灰土等稳定土垫层。根据设置垫层的目的,有时将其称为防冻层或隔离层。

面层、基层和垫层是路面结构的基本层次。为了保证车轮荷载的向下扩散和传递，较下一层应比其上一层的每边宽出0.25m。

(4)磨耗层、保护层

对于耐磨性差的面层(如砂石路面)，为延长其使用年限，改善行车条件，常在其上面用石砾或石屑等材料铺成2cm～3cm厚的磨耗层。为保证路面的平整度，有时在磨耗层上再用砂土材料铺成厚度不超过1cm的保护层。对于沥青路面，为增强其抗滑能力，也可铺上2cm～3cm厚的磨耗层。

7.1.3 路面的分级与分类

1. 路面的分级

路面的等级是按面层材料的组成、结构强度、路面所能承担的交通任务和使用品质来划分的，通常分成四个等级。

(1)高级路面　结构强度高，使用寿命长，适应较大的交通量，平整无尘，能保证高速、安全、舒适的行车要求；养护费用少，运输成本低，但建设投资大，需要优质材料。

(2)次高级路面　各项指标低于高级路面，造价较高级路面低，但要定期维修，养护费用和运输成本亦较高。

(3)中级路面　结构强度低，使用年限短，平整度差，易扬尘，行车速度低，只能适应较小的交通量，造价低，但经常性的维修养护工作量大；行车噪声大，不能保证行车舒适，运输成本高。

(4)低级路面　结构强度很低，水稳性、平整度和不透水性都差，晴天扬尘，雨天泥泞；只能适应低交通量下的低速行车，同时，雨季不能保证正常行车，造价最低，但养护工作量最大，运输成本最高。

各级路面相适应的面层类型见表7-1。路面等级同时应与道路的技术等级相适应，通常的考虑是，等级较高的道路一般都应采用较高级的路面。

路面面层类型及其所适用的道路等级　　表7-1

路面等级	面　层　类　型	适用的道路等级
高级路面	水泥混凝土 沥青混凝土	高速公路 一级和二级 城市快速道、主干道
次高级路面	沥青上拌下贯式 乳化沥青碎石混合料 热拌沥青碎(砾)石混合料 沥青表面处治	二级和三级
中级路面	碎(砾)石(泥结或级配) 半整齐石块 水结碎石	四级
低级路面	粒料改善土	四　　级

2. 路面分类

根据路面的力学特性,可把路面分为水泥混凝土路面(刚性路面)、沥青路面和其他类型路面。后两者包括除用水泥混凝土作面层和基层以外的各种路面结构,前者包括各种水泥混凝土作面层或基层的路面。这几类路面的主要区别在于它们分布荷载到路基的状态有所不同。因为刚性路面的刚度大,板体性强,具有较高的抗弯拉强度和模量,分布到土基的荷载作用面积大而单位压力小。因此,在车轮荷载作用下的弯沉变形极小。沥青路面和其他路面抗弯强度和模量较低,在车轮荷载作用下的弯沉变形大,对土基的作用力也较大,因而土基的强度和稳定性对路面结构整体强度影响较大。

此外,对于用石灰或水泥稳定的土或处治碎(砾)石,特别是含水硬性结合料的工业废渣做的基层,由于前期具有柔性路面的力学特性,随着时间的增长其强度与刚度不断增大(但最终的抗弯强度和弹性模量仍低于刚性路面)具有板体性能。因此这类路面基层结构又被称为半刚性基层,用半刚性基层修筑的沥青路面称为半刚性基层沥青路面。

路面还可以按其面层材料分类,如水泥混凝土路面、黑色路面(指沥青与粒料构成的各种路面)、砂石路面、稳定土与工业废渣路面以及新材料路面。这种分类用于路面施工和养护工作以及定额管理等方面。而路面的理论研究和实际设计方法,一般都是按路面的力学特性分类来进行的。

7.2 沥青路面

沥青路面是用沥青作结合料粘结矿料或混合料修筑面层与各类基层和垫层组成的路面结构。沥青路面强度与稳定性在很大程度上取决于土基和基层的特性。沥青路面设计的任务,是确定技术上可靠、经济上合理的路面结构,使其能承受交通荷载和环境因素的作用,在预定的设计年限内处于某一规定的工作状态。沥青路面设计的内容,包括路面结构层组合设计、路面结构计算以及路面材料配合比设计。

7.2.1 沥青路面设计理论

当前世界各国众多的沥青路面设计方法,可概括分为两大类:一类是以经验或以试验为依据的经验法;一类是以力学分析为基础,考虑环境、交通条件以及材料特性等因素的理论法。近30年来,有关理论法的研究取得了很大进展,各国相继提出了较完整的设计体系。理论法对沥青路面结构的应力、应变和位移的分析,目前多应用弹性层状体系理论,采用计算机计算的方法。鉴于理论法有着广阔的发展前景,我国沥青路面设计规范规定设计理论以双圆垂直荷载作用下多层弹性体系理论为基础,本节着重阐述基于理论法的沥青路面结构组合设计与结构计算。

弹性层状体系理论概述

在沥青路面设计中,多层路面的力学计算通常采用弹性层状体系理论。该理论采用如下基本假定:

(1)各层材料均为连续、均匀、各向同性并服从虎克定律,而且位移和形变是微小的。

(2)最下一层(土基)在水平方向和垂直向下方向为无限大,上面各弹性层则均具有一定厚度,但水平方向为无限大。

(3)各层在水平方向无限远处及最下一层向下无限深处,其应力、形变和位移等于零。

(4)各层间的接触条件是完全连续的，即上、下两层之间没有相对位移，不能互相错动，界面处两层的垂直应力、剪应力、垂直位移及水平位移相等（称连续体系）。

(5)不计自重。

上述基本假定的核心是将路面各结构层看成是理想线性弹性体，但实际上路面材料和土基并不是在任何情况下都具有线性弹性性能。例如，沥青混合料在高温时呈粘—弹—塑性，土基含水量大时是非线性弹性—塑性体。如果采用非线性弹—粘—塑性理论，在一定条件下能更准确地描述路面的受力状况，但该理论目前尚处于研究阶段。所以，国际上大多数沥青路面设计方法仍采用上述的线性弹性层状体系理论。许多研究表明，在瞬时行车荷载和变形很小的情况下，多层线性弹性理论是基本适用的。

在圆形均布荷载作用下弹性层状体系的力学计算简图（图中作为示例仅列出垂直荷载）如图 7-2 所示。图中 p 和 δ 分别为均布荷载压强和荷载当量圆半径，h_i、E_i 和 u_i 分别为各结构层的厚度、弹性模量和泊松比。

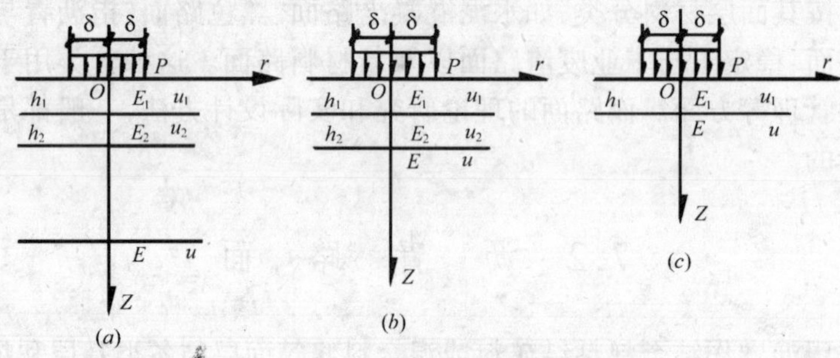

图 7-2　弹性层状体系示意图

(a)N 层体系；(b)三层体系；(c)双层体系

在圆形均布荷载作用下，弹性层状体系内各点的应力和位移可以利用“弹性层状体系理论”的有关公式进行计算，这些计算公式都是非常复杂的无穷积分表达式。为了简单明了起见，可表示成如式 7-1、7-2、7-3 的函数表达式（式中下标“单”表示荷载为单圆荷载）。

路表面弯沉：

$$L_{单}=\frac{2p\delta}{E_1}\alpha_{l单}\left(\frac{E_2}{E_1},\frac{E_3}{E_2},\ldots,\frac{E_n}{E_{n-1}};\frac{h_1}{\delta},\frac{h_2}{\delta},\ldots,\frac{h_{n-1}}{\delta}\right)$$

路面内的正应力：　(7-1)

$$\sigma_{单}=p\bar{\sigma}_{单}\left(\frac{E_2}{E_1},\frac{E_3}{E_2},\ldots,\frac{E_n}{E_{n-1}};\frac{h_1}{\delta},\frac{h_2}{\delta},\ldots,\frac{h_{n-1}}{\delta}\right)$$

对于三层体系，则为：

$$\left.\begin{aligned}L_{单}&=\frac{2p\delta}{E_1}\alpha_{l单}\left(\frac{E_2}{E_1},\frac{E_0}{E_2};\frac{h}{\delta},\frac{H}{\delta}\right)\\\sigma_{单}&=p\bar{\sigma}_{单}\left(\frac{E_2}{E_1},\frac{E_0}{E_2};\frac{h}{\delta},\frac{H}{\delta}\right)\end{aligned}\right\}\qquad(7\text{-}2)$$

对于双层体系，则为：

$$\left.\begin{aligned}L_{单}&=\frac{2p\delta}{E_0}\alpha_{l单}\left(\frac{E_0}{E_1};\frac{h}{\delta}\right)\\\sigma_{单}&=p\bar{\sigma}_{单}\left(\frac{E_0}{E_1};\frac{h}{\delta}\right)\end{aligned}\right\}\qquad(7\text{-}3)$$

以上诸式中，α_l、σ 分别称为理论弯沉系数和正应力系数，它们都是 E_2/E_1、E_3/E_1、$E_0/$

$E_1, h_1/\delta、h_2/\delta \cdots\cdots h_{n-1}/\delta$ 的函数。

在路面设计中,我们通常采用双圆荷载图式代表汽车后轴一侧的双轮荷载。在具体求解时,先用上面公式计算出单圆荷载作用下在计算点所产生的各应力和位移,然后用力学中的"叠加原理"计算出双圆荷载共同作用下在计算点所产生的应力和位移,即:

$$\left.\begin{aligned} L_{双} &= L_{单}^{(1)} + L_{单}^{(2)} = \frac{2p\delta}{E_1}(\alpha_{l单}^{(1)} + \alpha_{l单}^{(2)}) = \frac{2p\delta}{E_1}\alpha_{l双} \\ \sigma_{双} &= \sigma_{单}^{(1)} + \sigma_{单}^{(2)} = p(\overline{\sigma}_{单}^{(1)} + \overline{\sigma}_{单}^{(2)}) = \overline{p\sigma}_{双} \end{aligned}\right\} \quad (7\text{-}4)$$

式 7-4 中上标"(1)"、"(2)"分别表示第一个和第二个单圆荷载,下标"双"表示双圆荷载,在后面的计算公式中下标"双"往往省略。

顺便指出,在以上诸公式中,结构层材料弹性常数只出现弹性模量而未出现泊松比,这是由于在路面结构计算中材料泊松比均取定值(路面材料 $\mu = 0.25$,土基 $\mu_0 = 0.35$),不再作为变量的缘故。

7.2.2 沥青路面结构组合设计

沥青路面结构组合设计是沥青路面设计的第一步,也是最关键的一步,只有这一步工作取得正确的结果,在此基础上进行的路面厚度计算才有意义。

路面结构组合设计的任务是在一般路面设计原则的指导下,根据道路等级、使用要求和设计年限内标准轴载的累计当量轴次,综合考虑筑路材料的供应情况、自然因素的影响程度以及具体的施工条件,确定合理的路面结构层次并选择适用、经济的组成材料,组合成既能经受行车荷载和自然因素的作用,又能充分发挥结构层材料最大效能的路基路面结构体系。沥青路面结构组合设计的基本原则如下:

(1)根据路面内荷载应力随深度递减的规律安排结构层次

车轮作用于路面上,在路面各结构层中产生应力和应变,其值随深度而逐渐减小,尤其是水平力产生的应力和应变递减更快,因此,可利用这一规律将路面各结构层亦按强度和刚度自上而下递减地进行组合。这既能充分发挥各结构层材料的能力,又能充分利用强度虽较低但价廉的地方性材料铺筑路面底基层和垫层以降低造价。

采用强度和刚度按深度递减的原则组合路面时,还必须注意各相邻结构层之间刚度不能相差过大,否则将引起刚度大的上层底面出现较大的拉应力(或拉应变),导致开裂破坏。根据理论分析和经验,一般基层与相邻层的回弹模量比不应小于 0.3,土基与相邻基层或底基层回弹模量比在 0.08~0.4 范围内较适宜,一般不宜设置倒装结构。

按照强度和刚度随深度递减的原则组合路面时,结构层的层数愈多愈能体现强度和刚度沿深度递减的规律。但就施工工艺和材料规格而言,层数又不宜过多,也就是不能使结构层的厚度过薄。适宜的结构层厚度应根据路面结构的稳定性和强度来决定,还应结合材料供应、施工工艺和经济等条件综合考虑,以形成稳定的结构层。从强度要求和造价考虑,路面结构宜自上而下由薄到厚。路面结构层的最小厚度要求见表 7-2 及表 7-3。

(2)在各种自然因素作用下稳定性要好

如何保证沥青路面的水稳定性,是路面结构选择与组合设计需要解决的重要问题。在潮湿和某些中湿路段上修筑沥青路面时,由于沥青层不透气,使路基和基层中水分蒸发的通道被隔断,而向基层积聚,如基层材料中含土量多,尤其是土的塑性指数较大时,遇水变软,强度刚度急剧下降,结果导致路面开裂破坏。所以沥青路面的基层一般应选择水稳定性好的材料,在潮湿路段及中湿路段更应如此。

沥青层最小总厚度 **表 7-2**

道路等级	最小总厚度(cm)
高速公路	15
一级路	10
二级路	5

各类结构层的最小厚度 **表 7-3**

结构层类型		施工最小厚度(cm)	结构层适宜厚度(cm)
沥青混凝土 热拌沥青碎石	粗粒式	5.0	5~8
	中粒式	4.0	4~6
	细粒式	2.5	2.5~4
沥青石屑		1.5	1.5~2.5
沥青砂		1.0	1~1.5
沥青贯入式		4.0	4~8
沥青上拌下贯式		6.0	6~10
沥青表面处治		1.0	层铺 1~3,拌和 2~4
水泥稳定类		15.0	16~20
石灰稳定类		15.0	16~20
石灰工业废渣类		15.0	16~20
级配碎、砾石		8	10~15
泥结碎石		8	10~15
填隙碎石		10	10~12

在季节性冰冻地区,当冻深较大,路基土为易冻胀土时,常常产生冻胀和翻浆。在这种路段上,路面结构中应设置防止冻胀和翻浆的垫层。路面总厚度的确定,除满足强度要求外,还需考虑防冻最小厚度(见表 7-4)的要求,即在路面厚度计算时,若按强度计算的路面总厚度小于表列厚度规定时,应增设或加厚垫层使路面总厚度达到表列要求。

另外,石灰、水泥稳定细粒土也不宜用于上基层。

路面防冻最小厚度(cm) **表 7-4**

当地冰冻深度(cm)	土基干湿类型	粉性土	砂性土,粘性土
50～100	中湿	30～50	30～40
	潮湿	40～60	35～50
100～150	中湿	50～60	40～50
	潮湿	60～70	50～60
150～200	中湿	60～70	50～60
	潮湿	70～80	60～70
200 以上	中湿	70～80	60～70
	潮湿	80～110	70～90

注:1. 表中数值以砂石材料为准,若采用其他防冻性能好的材料,如煤渣、矿渣、二灰类,其值可酌情减小;
2. 中低级路面可不考虑防冻最小厚度。

(3)层间联结要紧密

各结构层材料具有各自的特性,在组合时应注意相邻层次的影响,采取措施限制或消除所产生的不利影响,例如,在半刚性基层上修建沥青面层时,由于基层材料的干缩和温缩开裂,会导致面层相应地出现反射裂缝,为了防止或尽可能减轻反射裂缝的出现,往往采用如下措施:一是面层结合料尽量选用符合"重交通量道路石油沥青技术要求"的优质沥青;二是基层材料优先选用强度高、收缩性小和抗冲刷能力强的水泥稳定粒料或石灰粉煤灰稳定粒料;三是在面层和基层之间增设起缓冲作用的黑色联结层。又如沥青面层不能直接铺筑在块石基层上,必须在其间增设碎石过渡层,否则块石层表面不平整或可能发生的松动而反映到面层上,造成面层不平整或沉陷开裂。

据力学分析表明,面层与基层结合是否紧密,对面层底面拉应力有很大影响,在常用结构中,相同荷载作用下,面层与基层的接触面呈滑动状态时,其面层底面的拉应力要比接触面呈连续状态时大 2～3 倍,显然对面层工作十分不利。因此,层间结合必须紧密,以保证结构的整体性,避免产生层间滑移。为了保证沥青面层与基层的紧密结合,除了根据施工规范的有关规定,采取施工技术措施外,在设计高速公路、一级公路的沥青路面时,在沥青面层与半刚性基层之间设置透层沥青。

各级道路推荐的路面结构组合形式可参考《公路沥青路面设计规范》,在设计时应根据当地气候、水文、土质、材料供应及施工技术、经济、交通状况等因素论证选用。

7.2.3 沥青路面设计指标

1. 标准轴载及当量轴次

沥青路面设计以双轮组单轴轴载 100kN 为标准轴载,以 BZZ—100 表示,标准轴载的计算参数按表 7-5 确定。

标准轴载计算参数 **表 7-5**

标准轴载级别	BZZ—100
标准轴载 P(kN)	100
轮胎接地压强 p(MPa)	0.7
单轮传压面当量圆直径 d(cm)	21.3
两轮中心距(cm)	1.5d

不同轴载的汽车对路面的损坏程度不同,为了方便计算轴载对路面的作用,需将路上行驶的混合交通量换算为标准轴载的当量轴次数。对于轴载大于 25kN 的各级轴载(包括车辆的前、后轴),P_i 的作用次数 n_i 均应按式(7-5)换算成标准轴载 P 的当量作用次数 N。

$$N=\sum_{i=1}^{K}C_1\cdot C_2 n_1\left(\frac{P_1}{P}\right)^{4.35} \tag{7-5}$$

式中 N ——标准轴载的当量轴次(次/d);

n_1——被换算车型的各级轴载作用次数(次/d);

P ——标准轴载(kN);

P_1——被换算车型的各级轴载(kN);

C_1——轴数系数;

C_2——轮组系数,单轮组为 6.4,双轮组为 1,四轮组为 0.38;

当轴距大于 3m 时,应按单独的一个轴载计算;当轴间距小于 3m 时,按双轴或多轴计算,轴数系数按公式 7-6 计算。

$$C_1=1+1.2(m-1) \tag{7-6}$$

式中 m——轴数。

当进行半刚性基层层底拉应力验算时,凡轴载大于 50kN 的各级轴载(包括车辆的前、后轴)P_i 的作用次数 n_i,均应按公式(7-7)换算成标准轴载 P 的当量作用次数 N'。

$$N'=\sum_{i=1}^{K}C'_1\cdot C'_2 n_i\left(\frac{P_i}{P}\right)^{8} \tag{7-7}$$

式中 C'_1——轴数系数;

C'_2——轮组系数,单轮组为 18.5,双轮组为 1.0,四轮组为 0.09。

当轴间距小于 3m 时,双轴或多轴的轴数系数按式(7-8)计算。

$$C'_1=1+2(m-1) \tag{7-8}$$

上述轴载换算公式,仅适用于单轴轴载小于 130kN 的各种类型的轴载换算。

设计年限 T 年内一个车道上累计当量轴次 N_e 按式(7-9)或式(7-10)计算。

$$N_e=\frac{[(1+r)^t-1]\times 365}{r}N_1\eta \tag{7-9}$$

$$\text{或 } N_e=\frac{[(1+r)^t-1]\times 365}{r(1+r)^{t-1}}N_t\eta \tag{7-10}$$

式中 N_e——设计年限内一个车道上的累计当量轴次(次);

t ——设计年限(年);

N_1——路面竣工后第一年双向日平均当量轴次(次/d);

N_t ——设计年限末双向日平均当量轴次(次/d);

r ——设计年限内交通量的平均年增长率(%),应根据实际情况调查,预测交通量增长,经分析确定;

η ——车道系数,应根据调查分析结果或参照表 7-6 确定,道路无分隔时,路面窄宜选高值,路面宽宜选低值。

车 道 系 数 η 表 7-6

车道特征		车道系数	车道特征	车道系数
单车道		1.0	四车道	0.4~0.5
双车道	有分隔	0.5	六车道	0.3~0.4
	无分隔	0.6~0.7		

当上下行交通或轻、重车比例有明显差异时,应区别对待,按实际情况进行厚度设计,当交通流出现明显的超载时,设计人员应根据调查资料对累计当量轴次进行修正。

设计路面类型应与道路等级和交通量相适应。在具体设计时,路面等级、面层类型的选择应根据道路等级、使用要求、设计年限内标准轴载的累计当量轴次以及筑路材料、施工机具和自然条件等因素按表 7-7 确定。

各种路面适应的累计当量轴次 表 7-7

道路等级	路面等级	面层类型	设计年限(年)	设计年限内一个车道上的累计当量轴次(次)
高速公路 一、二级道路	高级路面	沥青混凝土 热拌沥青碎石	15~12	$\geqslant 200\times10^4$
二级道路	次高级路面	沥青贯入式 冷拌沥青碎、砾石	10	$100\times10^4\sim200\times10^4$
三级道路		沥青表面处治	8	$10\times10^4\sim100\times10^4$
四级道路	中级路面	泥结碎石、级配碎、砾石或其他粒料等	5	$\leqslant 10\times10^4$
四级道路	低级路面	当地材料加固或改善土	5	

2. 路面设计弯沉值 L_d

路面设计弯沉值是表征路面整体刚度大小的指标,是路面厚度计算的主要依据。其确切的含义是:根据设计年限内一个车道上预测通过的累计当量轴次、道路等级、面层和基层类型而确定的路面弯沉设计值。其计算公式为:

$$L_d = 600N_e^{-0.2}A_c \cdot A_s \cdot A_b \quad (7\text{-}11)$$

式中 L_d ——路面设计弯沉值(0.01mm);

N_e ——设计年限内一个车道上累计当量轴次;

A_c ——道路等级系数,高速公路、一级公路为 1.0,二级公路为 1.1,三、四级公路为 1.2;

A_s ——面层类型系数,沥青混凝土面层为 1.0,热拌沥青碎石、乳化沥青碎石、上拌下贯或贯入式沥青路面为 1.1,沥青表面处治为 1.2,中、低级路面为 1.3;

A_b ——基层类型系数,半刚性基层、底基层总厚度等于或大于 20cm 时,A_b 为 1.0,

若面层与半刚性基层间设置等于或小于15cm级配碎石层、沥青贯入碎石、沥青碎石的半刚性基层结构时，A_b 为1.0，柔性基层、底基层 A_b 为1.6，当柔性基层厚度大于15cm、底基层为半刚性下卧层时，A_b 为1.6。

3. 容许弯拉应力 σ_R

整体性路面材料修筑的结构层，在设计年限内的破坏形式主要是疲劳开裂，故在路面厚度设计时，要进行弯拉应力验算，使路面结构层的计算弯拉应力 σ_m 小于该结构层材料的容许弯拉应力 σ_R，以防止在重复交通荷载作用下，过早的出现弯拉疲劳破坏。即：

$$\sigma_m \leqslant \sigma_R \tag{7-12}$$

容许弯拉应力 σ_R 按下列公式计算：

$$\sigma_R = \frac{\sigma_{sp}}{K_s} \tag{7-13}$$

式中 σ_R——路面结构层材料的容许弯拉应力(MPa)；

σ_{sp}——沥青混凝土或半刚性材料的劈裂强度(MPa)。对沥青混凝土系指15℃时的劈裂强度；对水泥稳定类材料为龄期90d的劈裂强度(MPa)；对二灰稳定类、石灰稳定类的材料为龄期180d的劈裂强度(MPa)；

K_s——抗拉强度结构系数。

对沥青混凝土面层：

$$K_s = 0.09A_a \cdot N_e^{0.22}/A_c \tag{7-14}$$

式中 A_a——沥青混凝土级配类型系数，细、中粒式沥青混凝土为1.0，粗粒式沥青混凝土为1.1；

对无机结合料稳定集料类：

$$K_s = 0.35N_e^{0.11}/A_c \tag{7-15}$$

对无机结合料稳定细粒土类：

$$K_s = 0.45N_e^{0.11}/A_c \tag{7-16}$$

4. 路基土和路面材料抗压回弹模量值

在应用弹性层状体系理论进行路面设计时，必须首先确定路基路面各层的弹性模量和泊松比。由于路基土和路面材料都不是理想的线性弹性体而是非线性弹——塑性体，因而其弹性模量不是定值，而是应力状态的函数。工程上通常采用承载板试验或弯沉测定的方法确定路基土和路面材料回弹模量值，并将这种回弹模量作为弹性模量，同时规定路面的泊松比为 $\mu=0.25$，路基的泊松比为 $\mu_0=0.35$。

(1)路基土回弹模量的确定

一般有三种方法：

1)实测法(承载板法)

在已修建成的路基上用大型承载板实测荷载—回弹变形关系曲线，然后利用弹性半空间体理论公式7-17计算土基回弹模量值 E_0。即：

$$E_0 = \frac{\pi}{4} \cdot \frac{pD}{l}(1-\mu_0^2)(\text{MPa}) \tag{7-17}$$

计算时，现行规范规定取 $l<1\text{mm}$ 的测点用线性归纳法计算 E_0：

$$E_0 = \frac{\pi D}{4}(1-\mu_0^2)\frac{\Sigma p_i}{\Sigma l_i}(\text{MPa}) \tag{7-18}$$

式中　E_0 ——路基土的回弹模量(MPa)；

D ——承载板的直径(cm)，BZZ—100 相当 D = 30cm；

μ_0 ——路基土的泊松比，$\mu_0 = 0.35$；

Σl_i——回弹变形为 1mm 前的各级实测值之和(cm)；

Σp_i——对应于 l_i 的承载板单位压力(MPa)。

2)换算法

根据当地积累的承载板测定资料与室内小型承载板或承载比(CBR)测定的资料，求得其换算关系式，以后就利用这关系式在室内测定小型承载板或承载比(CBR)值，反算 E_0 值。

3)查表法

先根据路线所经地区的自然区划和路基土组，由路基临界高度参考值表确定临界高度值 H_1、H_2 和 H_3，然后对设计路段实测路床下 80cm 深路基土的平均含水量 W_m、液限含水量 W_t 和塑限含水量 W_p，按式 7-19 计算路基土的平均稠度 B_m。

$$B_m = (W_t - W_m)/(W_t - W_p) \tag{7-19}$$

如无法进行测试时，也可根据当地经验或路基临界高度，判别土基的干湿类型，查表确定不同土组的土基回弹模量值。

(2)路面材料抗压回弹模量 E_1 的确定

1)实测法

路面材料抗压回弹模量可采用现场分层测定法和整层测定法来确定。

分层测定法是在待测材料与路基构成的既有双层体系上先用弯沉仪测定路表面回弹弯沉值 l，然后挖去路面材料，用承载板法测定土基回弹模量 E_0，再利用双层体系弯沉计算公式 7-20，由已知的 l、p、δ、E_0 计算得到理论弯沉系数 $\alpha'_c(E_0/E_1、h/\delta)$，最后根据双层体系表面弯沉系数诺模图由 α'_t 和 h/δ 得到E_0/E_1 值，就可算出路面材料抗压回弹模量 E_1 值。

$$l = \frac{2p\delta}{E_0}\alpha'_c(E_0/E_1, h/\delta) \tag{7-20}$$

整层测定法是先挖一个长 3m，宽 2m，深 1m 的大坑，在坑表面上铺筑同样的路面材料(或在试验室修筑 3×2×1m 的路面)，再由弯沉仪测定整层路面材料表面的多点弯沉值 l_i，经数理统计加工后得到计算弯沉值 $l_{计} = \bar{\tau} + \sigma$(式中 $\bar{\tau}$ 为弯沉测定值的算术平均值，σ 为均方差)。

利用双圆垂直荷载作用下弹性半空间体弯沉计算公式，可得到整层路面材料抗压回弹模量计算公式(7-21)，即：

$$E_1 = \frac{2p\delta}{l_{计}}(1-\mu_1^2) \times 0.712 \tag{7-21}$$

式中　μ_1——为路面材料的泊松比，取 0.25。

2)查表法

在无条件实测时，或在初步设计阶段，可查表 7-8 并参考当地经验论证确定。

路面材料抗压回弹模量 E_1 参考值(MPa) **表 7-8**

编号	材料名称	适用层位	Ⅱ1、2、3 华北	Ⅱ4、5 华北	Ⅲ 黄土	Ⅳ 华东、中南	Ⅴ 西南、中南	ⅥⅦ 西北
1	沥青混凝土	面层	1000~1200	1000~1200	1000~1200	1000~1200	1000~1200	1000~1200
2	沥青碎石(热拌)	面层	700~900	700~900	700~900	700~900	700~900	700~900
3	沥青贯入式	面层	500~700	500~700	500~700	500~700	500~700	500~700
4	水泥稳定砂砾	基层	400~500	—	300~400	—	—	—
5	石灰土	基层	250~320	300~400	270~370	400~500	—	260~340
6	石灰粉煤灰砂砾(碎石)	基层	400~600	400~600	400~600	500~700	500~700	400~600
7	石灰碎(砾)石土	基层	300~400	—	280~380	350~450	—	260~360
8	石灰煤渣	基层	350~450	—	—	420~520	—	260~360
9	填隙碎石	基层	200~300	—	—	—	—	200~280 (西藏 150~250)
10	泥结碎(砾)石	基层 面层	250 (干燥路段)	200~280	220~280	华东 200~270 中南 220~310	200~280	—
11	级配碎(砾)石	基层 面层	150	—	—	—	—	110~170
12	水泥、石灰、稳定矿渣	基层	400~500	—	—	230~300	—	—
13	级配碎(砾)石灰土	基层	280~380	—	260~380	300~400	—	280~380
14	泥结(灰结)砾石	基层	—	220~300	240~300	300~400	—	200~300
15	级配砂砾	垫层	160~180	—	—	170~150	170~150	160~260 (西藏 140~240)
16	天然砂砾	垫层	110~140	110~170	100~150	—	—	150~250 (西藏 110~180)

注:1. 沥青混凝土中,细粒式取低值,中粒式取中值,粗粒式取高值;

2. 非沥青材料可视干湿情况,石灰或石料质量(Ⅰ~Ⅲ级)等级不同,分别取值;

3. 沥青碎石中,热拌取高值,冷拌取低值。

3)整体性路面材料抗弯拉回弹模量 E_s 确定

整体性路面材料抗弯拉回弹模量 E_s 由规定尺寸的梁式试件用三分点加载测定后确定,无条件测试时,可参照表 7-9。

整体性材料抗弯拉强度和弯拉回弹模量参考值 **表 7-9**

材 料 名 称	抗弯拉强度 S(MPa)	弯拉回弹模量 Es(MPa)
沥青混凝土	1.5	1500
沥青石屑	1.0	1800
水泥土	0.6	2800
水泥稳定砂砾	0.5	2800
石灰土	0.3	1200
石灰粉煤灰	0.5	1800
炉渣灰土	0.6	1300

7.2.4 沥青路面结构厚度计算

1. 设计程序

设计程序见图 7-3。

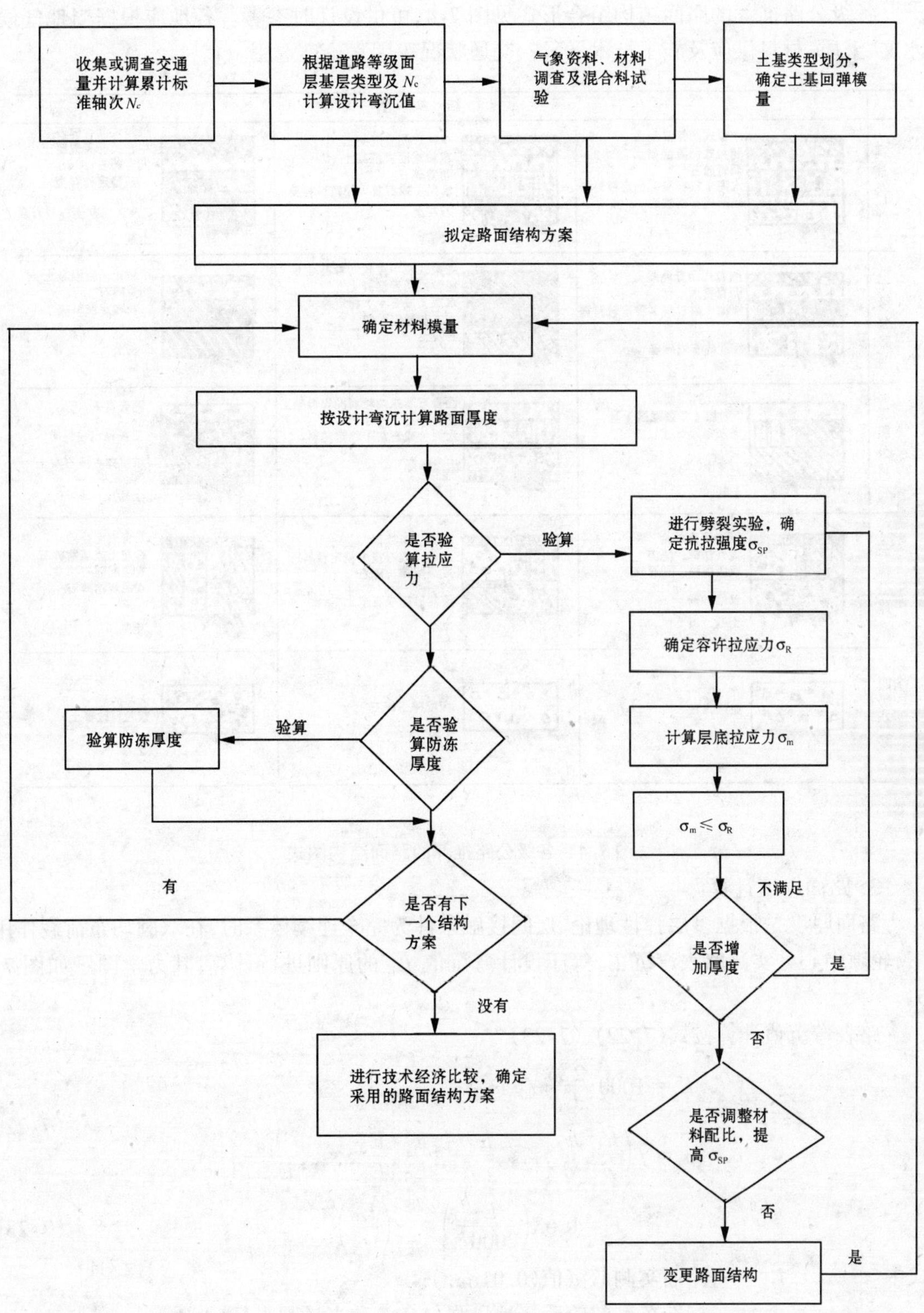

图 7-3　设计程序框图

2. 路面结构组合形式

各级公路推荐的路面结构组合形式见图 7-4,可供设计时参考。各地应根据当地气候、水文、土质、材料供应及施工技术、经济、交通状况等因素论证选用。

	结构图式		
高速公路	中粒式沥青混凝土 粗粒式沥青混凝土 沥青碎石 水泥（或石灰）稳定粒料类 级配碎石或砂砾 土基	中粒式沥青混凝土 粗粒式沥青混凝土 沥青碎石 水泥（或石灰）稳定粒料类 石灰土 土基	细粒式沥青碎石 中粒式沥青混凝土 沥青碎石 二灰稳定粒料类 二灰、二灰土、或石灰土 土基
一级公路	细粒式沥青混凝土 沥青贯入 水泥（或石灰）稳定粒料类 级配碎石或砂砾 土基	细粒式或中粒式沥青混凝土 粗粒式沥青混凝土 水泥（或石灰）稳定粒料 或二灰稳定粒料 石灰土 土基	细粒式沥青混凝土 沥青碎石 二灰稳定粒料类 二灰土 土基
二级公路	沥青上拌下贯 下封层（多雨地区） 泥灰结碎石 石灰土 土基	沥青石屑或细粒式沥青混凝土 沥青碎石 水泥（或石灰）稳定粒料 天然砂砾 土基	沥青贯入 二灰稳定粒料类 填隙碎石或石灰土 土基
三级公路	沥青表面处治 泥灰结碎、砾石 或级配碎、砾石掺灰 天然砂砾 土基	沥青表面处治 水泥（或石灰）稳定粒料 或级配碎、砾石 天然砂砾或石灰土 土基	沥青表面处治 石灰土或填隙碎石 或级配碎石掺灰 或泥灰结碎石 土基
四级公路	泥结碎石 土基	级配碎、砾石 土基	天然砂砾 或粒料改善土 土基

图 7-4　各级公路推荐的路面结构图式

3. 路面厚度计算

路面厚度是根据多层弹性理论、层间接触条件为完全连续体系时,在双圆均布荷载作用下,轮隙中心处实测路表弯沉 L_s 等于设计弯沉值 L_d 的原则进行计算,其力学图示如图 7-5。

路表弯沉值计算按式(7-22)、(7-23)

$$L_s = 1000 \cdot \frac{2p\delta}{E_0} \alpha_c \cdot F$$

$$\alpha_c = f\left(\frac{h_1}{\delta}, \frac{h_2}{\delta}, \ldots, \frac{h_{n-1}}{\delta}; \frac{E_2}{E_1}, \frac{E_3}{E_2}, \ldots, \frac{E_0}{E_{n-1}}\right) \quad (7\text{-}22)$$

$$F = 1.63\left(\frac{L_s}{2000\delta}\right)^{0.38} \cdot \left(\frac{E_0}{p}\right)^{0.36} \quad (7\text{-}23)$$

式中　L_s ——路面实测弯沉值(0.01mm);

p、δ ——标准车型的轮胎接地压强(MPa)和当量圆半径(cm);

F ——弯沉综合修正系数;

a_c ——理论弯沉系数；

E_0 或(E_n)——土基回弹模量值(MPa)；

E_1、E_2、E_{n-1}——各层材料回弹模量值(MPa)；

h_1、h_2、h_{n-1}——各结构层厚度(cm)。

设计时，应先拟定某一层作为设计层，然后确定面层和其他各层的厚度。

当采用半刚性基层、底基层结构时，可选任一层为设计层；当采用半刚性基层、粒料类材料为底基层时，应先确定面层、底基层厚度，然后以半刚性基层为设计层才能得到合理的结构；当采用柔性基层、底基层的沥青路面时，宜先确定面层、底基层厚度，求算基层厚度，当求得基层厚度太厚时，可考虑选用沥青碎石或乳化沥青碎石做上基层，以减薄路面总厚度，增加结构强度和稳定性。

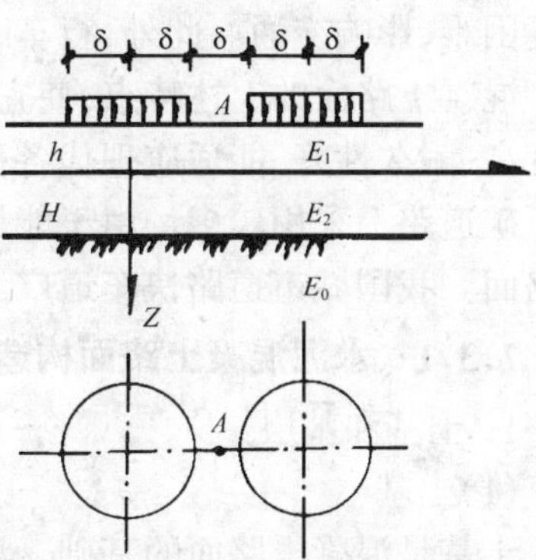

图 7-5　路表弯沉值计算图式
A 为计算点
H—中层厚度(cm)；
h—上层厚度(cm)；
E_0—土基回弹模量值(MPa)；
E_1—上层材料的抗压回弹模量值(MPa)；
E_2—中层材料的抗压回弹模量值(MPa)

以上设计计算宜采用计算机计算，对于小型工程或无法用计算机计算时，可用当量换算法把多层体系换算为三层体系，然后再用图解法进行计算，其换算公式为 7-24，换算图示见图 7-6。

$$H=\sum_{i=2}^{n-1} h_i \sqrt[2.4]{\frac{E_i}{E_2}}=h_2+h_3 \sqrt[2.4]{\frac{E_3}{E_2}}+h_4 \sqrt[2.4]{\frac{E_4}{E_2}}+\ldots+h_{n-1} \sqrt[2.4]{\frac{E_{n-1}}{E_2}} \tag{7-24}$$

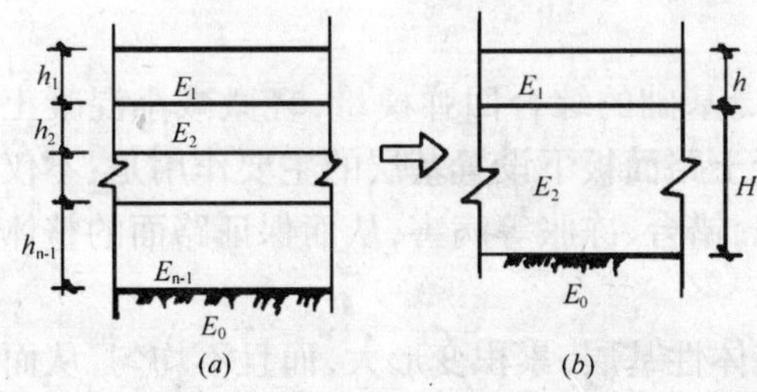

图 7-6　计算路表弯沉时当量层厚度换算图式
(a)多层体系；(b)当量三层体系(其中 $h=h_1$)

这种多层路面的换算方法是一种近似的换算方法，通过与精确解作对比，在结构层次不多时，误差不大，且在允许范围之内，如 5 层体系的平均相对误差只有 1.18%。

7.3　水泥混凝土路面

用水泥混凝土板作为面层修筑的路面叫水泥混凝土路面，简称混凝土路面。与其他路面材料相比，水泥混凝土板的强度较高，在荷载作用下的变形很小，呈现很大的刚性，因此，混凝土路面通常称为刚性路面。目前国内外修筑的刚性路面，绝大多数是就地浇筑的素混凝土路面和钢筋混凝土路面。此外，还有混凝土预制块路面、连续配筋混凝土路面、预应力混凝土路面和钢纤维混凝土路面等。

混凝土路面的优点是：具有较高的抗压强度和抗弯拉强度，抗磨耗能力比沥青路面强；水稳性和热稳性好，不但没有沥青路面那样的“老化”现象，而且其力学强度能随着时间的增长而逐渐提高；耐久性好，使用期一般为 20～30 年，能通行包括履带式车辆在内的各种运输工具；养护工作量小，养护费用少；路面能见度好，有利于夜间行车。但是，由于混凝土本身的特性，混凝土路面也存在一些缺点。首先是混凝土路面存在接缝，增加了施工和养护工作的复杂性，且易引起行车跳动，影响行车的舒适性。同时，接缝又是路面的薄弱部位，如处理不当会导致路面的破坏。其次是混凝土需要湿治养生，开放交通较迟。当混凝土板破坏后，修复困难，影响交通。此外，行车时的噪声比沥青路面大。

混凝土路面的上述特点，使它在使用上与沥青路面有所不同。由于混凝土路面的力学强度高、耐久性好，能适应现代各种汽车运输的要求，因而在国内外一些高速公路、城市道路和厂矿道路上采用较多。由于能见度好，水稳性和热稳性好，适宜于修筑机场跑道和隧道内的路面。我国城市道路快车道广泛采用混凝土路面，而高填土路基的高等级公路使用不多。

7.3.1 水泥混凝土路面构造

1. 土基和基层

(1)土基

土基是混凝土路面的基础。没有密实、稳定和均质的路基，就没有稳固的路面。路基的质量好坏，关系到路面的使用品质，因此，水泥混凝土路面与沥青路面相比，虽有刚度较大的面层板，从路基的作用和水泥混凝土路面工作特点上看，仍需严格要求。

理论分析表明，通过刚性面层和基层传到土基上的压力很小，一般不超过0.05MPa。然而如果土基的稳定性不足，在自然因素水温变化影响下，强度降低变化大，造成土基不均匀沉陷，导致对面层板的不均匀支承，会使面层板在荷载作用下底部产生过大的弯拉应力而破坏。因此，对土基的要求首先要保证足够的稳定性和强度的均匀性，同时应坚固而密实。路床表面土基回弹模量值不宜小于20MPa，压实度应满足《公路路基设计规范》(JTJ013—95)要求。

要加强排水设计，对可能危害路基稳定的地面水和地下水，采取必要的防水排水设施，使之远离路基。因工程地质、水文地质和气候等自然因素影响，有的路段土基处于潮湿状态时，应在土基上设置垫层来改善土基的水温状况。

(2)基层

在混凝土下面修筑基层，设计表明，它可以提高基础的综合回弹模量，轻微减小混凝土板厚度。国内外近几年来生产实践说明，水泥混凝土路面板下设置基层的主要作用是：不仅给混凝土板提供均匀而稳定的支承，且能防止唧泥、错台、冻胀等病害，从而保证路面的整体性，延长路面的使用寿命。

多年来的理论研究和生产实践证明，采用非整体性基层，累积变形大，而且不均匀，从而导致面层板的弯拉应力加大而破坏。而采用整体性好，具有较高模量的半刚性材料做基层，可以确保混凝土路面使用品质，并延长其寿命。因此，对基层的基本要求是刚度大，整体性强，稳定性好，并且有抗冻性，以避免出现板底脱空和错台现象。基层材料应根据交通等级、当地条件和经济等因素选用混凝土、沥青混合料、水泥稳定土、石灰稳定工业废渣、级配碎石、级配砾石、填隙碎石、石灰稳定土等。其技术要求应符合现行《公路路面基层施工技术规范》(JTJ034—93)的规定。基层的厚度不宜小于15cm，但也不宜太厚，特别是粒料基层，以避免基层本身的固结变形。

原有路面作基层时，基层顶面上的当量回弹模量应满足规范要求，如当量回弹模量小于规范规定时，应设置补强层。石质路基做基层时，根据需要设置整平层，厚一般为6～10cm。

2. 板的平面尺寸

水泥混凝土路面面板一般采用矩形。其纵向和横向接缝应垂直相交，纵缝两侧的横缝不得互相错位。纵向缩缝间距(即板宽)可按路面宽度和每个车道宽而定，其最大间距不得大于4.5m。横向缩缝间距(即板长)应根据当地气候条件、板厚和已有经验确定。一般采用4～5m，最大不得超过6m。

3. 接缝设计

水泥混凝土具有热胀冷缩的性质。因此水泥混凝土板需设置各种类型的接缝,以减少因伸缩变形和翘曲变形受到约束而产生的内应力,并满足施工的需要。接缝设计应能:控制收缩应力和翘曲应力所引起的裂缝出现的位移;通过接缝提供足够的荷载传递;防止坚硬的杂物落入接缝缝隙内。

水泥混凝土路面的接缝可分为纵缝、横缝两大类。

(1)纵缝

混凝土面板的纵缝必须与路线中线平行。纵缝一般分为纵向缩缝和纵向施工缝。

一次铺筑宽度大于 4.5m 时,应增设纵向缩缝。纵向缩缝采用假缝,并应设置拉杆。其构造如图 7-7 所示。一次铺筑宽度小于路面宽度时,应设置纵向施工缝。纵向施工缝采用平缝,并应设置拉杆。其构造如图 7-8 所示。

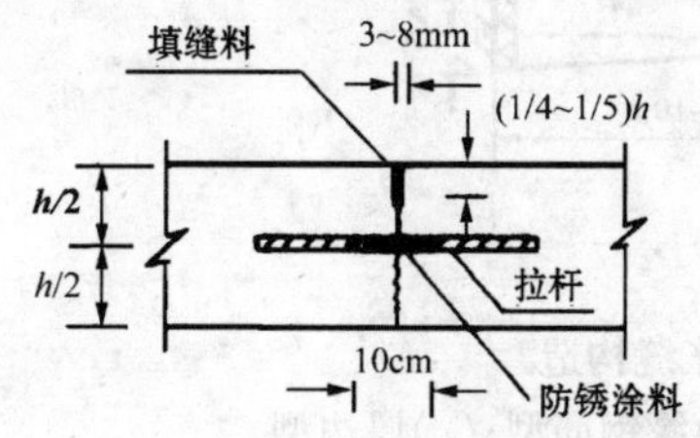

图 7-7　纵向缩缝构造

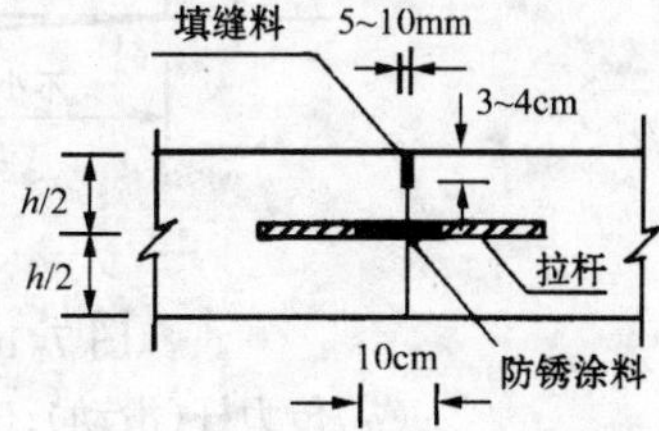

图 7-8　纵向施工缝构造

(2)横缝

横缝一般分为横向缩缝、胀缝和横向施工缝。

横向缩缝采用假缝。其构造如图 7-9(a)所示。在特重交通的公路上,横向缩缝宜加设传力杆;其他各级交通的公路上,在邻近胀缝或路面自由端部的 3 条缩缝内,均宜加设传力杆。其构造如图 7-9(b)所示。

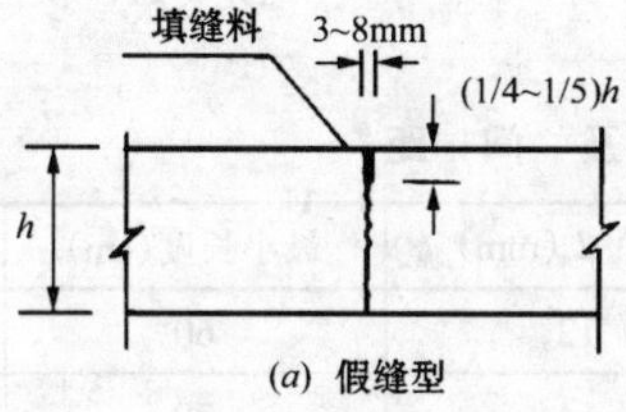

(a) 假缝型

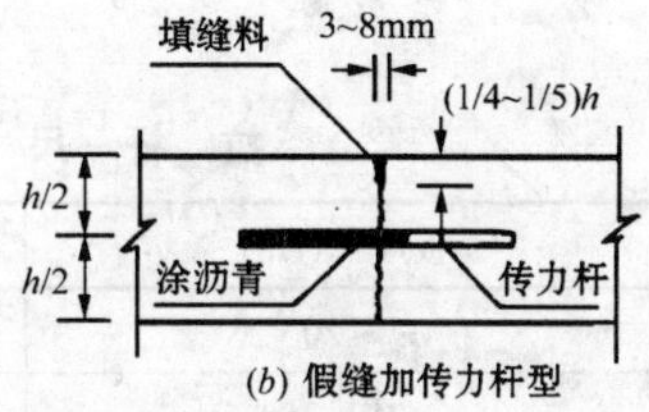

(b) 假缝加传力杆型

图 7-9　横向缩缝构造

在邻近桥梁或其他固定构筑物处、与沥青路面相接处、板厚改变处、隧道口、小半径平曲线和凹形竖曲线纵坡变换处,均应设置胀缝。在邻近构造物处的胀缝,应根据施工温度至少设置 2 条。上述位置以外的胀缝宜尽量不设或少设。其间距可根据施工温度、混凝土集料的膨胀性并结合当地经验确定。

胀缝应采用滑动传力杆,并设置支架或其他方法予以固定。其构造如图 7-10(a)所示。与构筑物衔接处或与其他公路交叉的胀缝无法设传力杆时,可采用边缘钢筋型或厚边型。其构造如图 7-10(b)、(c)所示。

每日施工终了,或浇筑混凝土过程中因故中断浇筑时,必须设置横向施工缝。其位置宜设在胀缝或缩缝处。设在胀缝处的施工缝,其构造与图 7-10(a)相同;设在缩缝处的施工缝

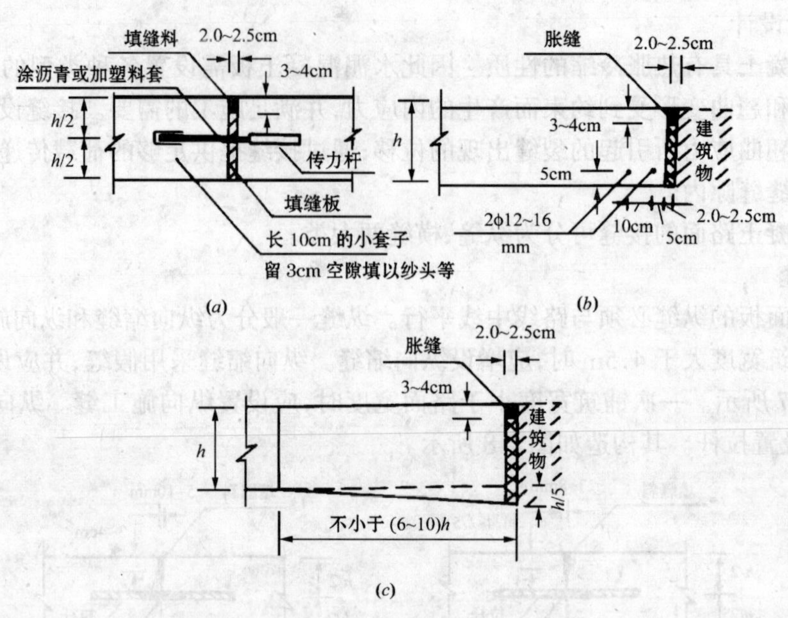

图 7-10 胀缝构造

(*a*)传力杆(滑动);(*b*)边缘钢筋型;(*c*)厚边型

应采用平缝加传力杆型,其构造如图 7-11 所示。

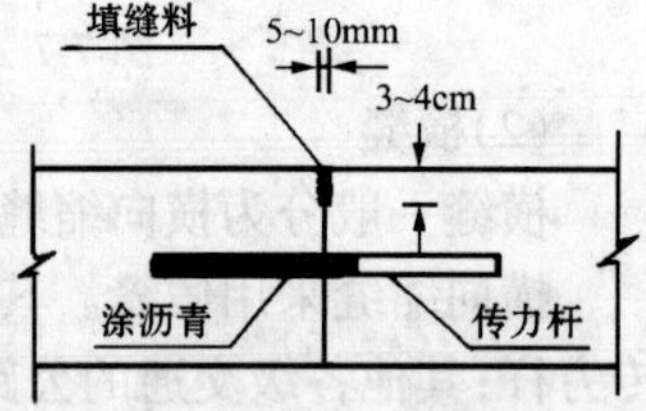

图 7-11 横向施工缝构造

(3)拉杆

拉杆应采用螺纹钢筋,设在板厚中央,并应对拉杆中部 10cm 范围内进行防锈处理。拉杆尺寸及间距可按表 7-10 选用。其最外边的拉杆距接缝或自由边的距离一般为 25～35cm。

拉 杆 尺 寸 及 间 距 **表 7-10**

板宽(m)	板厚 h(cm)	直径 d_s(mm)	最小长度(cm)	最大间距(cm)
3.00	≤20	12	60	90
	21～25	14	70	90
	26～30	16	80	90
3.50	≤20	12	60	80
	21～25	14	70	80
	26～30	16	80	80
3.75	≤20	12	60	70
	21～25	14	70	70
	26～30	16	80	70
4.50	≤20	12	60	60
	21～25	14	70	60
	26～30	16	80	60

(4)传力杆

传力杆应采用光面钢筋，其长度的一半再加5cm，应涂沥青或加塑料套。胀缝处的传力杆，尚应在涂沥青一端加一套子，内留3cm的空隙，填以纱头或泡沫塑料。套子端宜在相邻板中交错布置。传力杆尺寸及间距可按表7-11选用。其最外边的传力杆距接缝或自由边的距离一般为15～25cm。

传力杆尺寸及间距 **表7-11**

板厚 h(cm)	直径 d_s(mm)	最小长度(cm)	最大间距(cm)
≤20	20	40	30
21～25	25	45	30
26～30	30	50	30

4．特殊部位混凝土路面的处理

混凝土面板纵、横向自由边边缘下的基础，当有可能产生较大的塑性变形时，宜在板边缘加设补强钢筋，角隅处加设发针形钢筋或钢筋网。

混凝土路面与桥梁、涵洞、通道等构造物或沥青路面相接处，除应加强路基和基(垫)层的压实以及注意桥(涵)台背后填料的选择和压实外，尚应根据不同情况采取不同的处理措施。

(1)板边补强

混凝土面板边缘部分的补强，一般选用2根直径为12～16mm的螺纹钢筋，布置在板的下部，距板底一般为板厚的1/4，并不应小于5cm，间距一般为10cm，钢筋两端应向上弯起，如图7-12所示。钢筋保护层的最小厚度不应小于5cm。

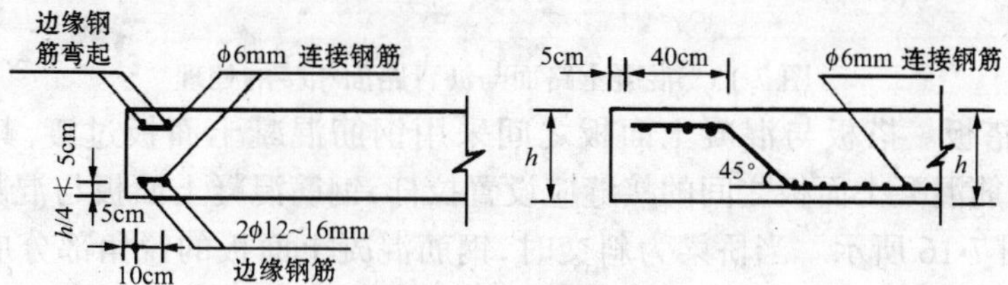

图7-12 边缘钢筋布置

(2)角隅补强

角隅部分的补强，可选用2根直径为12～16mm的螺纹钢筋，布置在板的上部，距板顶不应小于5cm，距板边一般为10cm，如图7-13所示。板角小于90°时，亦可采用双层钢筋网

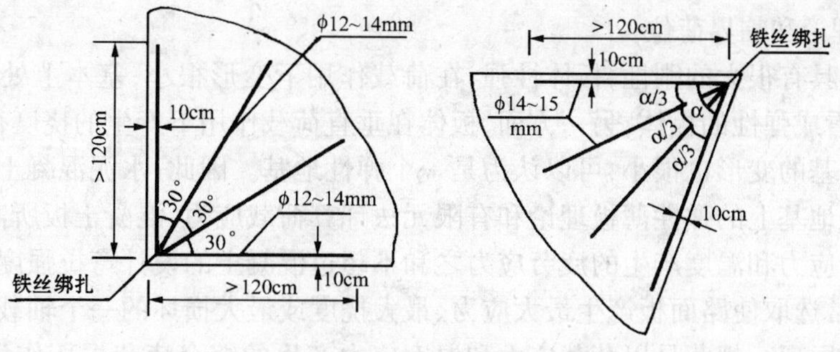

图7-13 发针形钢筋补强布置

补强，钢筋可选用直径 6mm，布置在板的上、下部，距板顶和板底以 5～10cm 为宜，如图 7-14 所示。钢筋保护层的最小厚度不应小于 5cm。

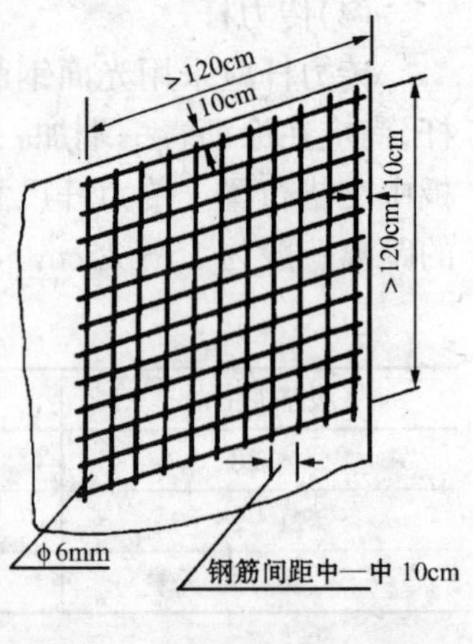

图 7-14 钢筋网补强布置

(3)混凝土路面与沥青路面相接

混凝土路面与沥青路面相接，对高速公路和一级公路，应采用下列或其他适当的处理措施，对其他各级公路，可采用混凝土预制块过渡，或径相连接。

在沥青路面面层下埋设混凝土板，其长度一般为 3m；与混凝土路面相接的一端的厚度与混凝土面板相同，另一端不小于 15cm，如图 7-15 所示。埋设的混凝土板与混凝土面板相接处的拉杆，应采用螺纹钢筋，直径一般为 25mm，长 70cm，间距 40cm。

(4)混凝土路面与桥梁相接

混凝土路面与桥梁相接，可根据公路等级、使用要求和当地经验选用以下或其他适当的措施。

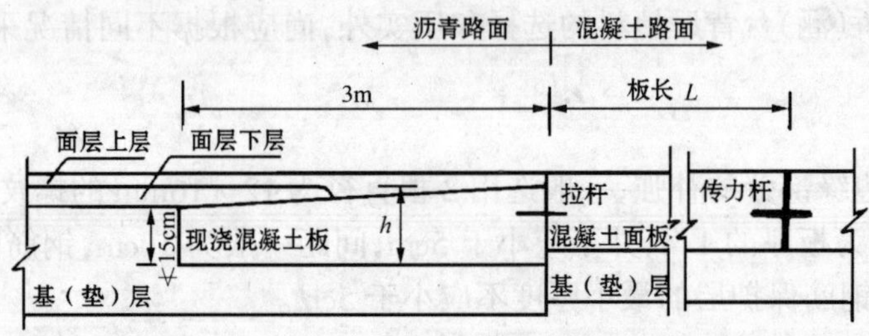

图 7-15 混凝土路面与沥青路面相接的处理

桥头设置搭板。搭板与混凝土面板之间采用钢筋混凝土面板过渡，其长度不宜小于 5m。搭板与钢筋混凝土面板之间的接缝应设置拉杆，钢筋混凝土面板与混凝土面板之间应设置胀缝，如图 7-16 所示。当桥梁为斜交时，钢筋混凝土面板的锐角部分应采用钢筋网补强。

对于等级较低的公路，或作为高等级公路的过渡措施，桥头可铺筑一段混凝土预制板或沥青路面。当桥头设有搭板时，其长度一般不小于 5m；当桥头未设搭板时，其长度一般不小于 8m。

7.3.2 水泥混凝土路面设计

1. 设计理论和临界荷位

混凝土板具有很大的刚性，板体性强，在荷载作用下变形很小，基本上处于弹性工作状态，可以把它看成弹性的板体；另一方面，板体在垂直荷载作用下产生的挠度很小，因而支承它的基层和土基的变形也很小，可以认为是一个弹性地基。因此，水泥混凝土路面设计是采用弹性半无限地基上的弹性薄板理论和有限元法计算荷载应力，混凝土板所需的厚度，按荷载产生的疲劳应力和温度产生的疲劳应力之和不超过混凝土的设计弯拉强度确定。为简化计算工作，通常选取使路面板产生最大应力、最大挠度或最大损坏的一个轴载作用位置作为临界荷位。我国现行规范是以荷载应力和温度应力产生的综合疲劳损坏作为设计标准，因

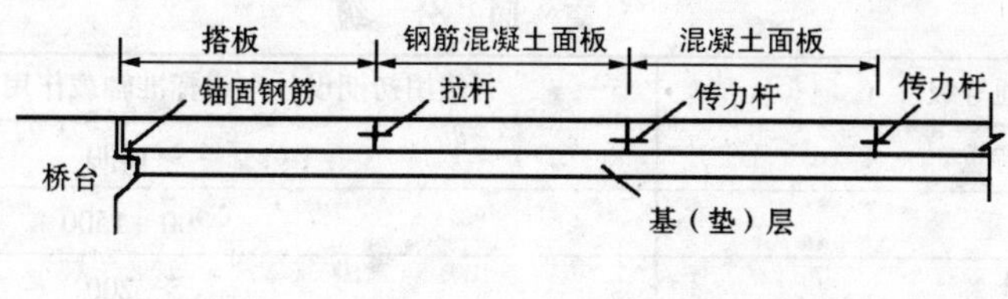

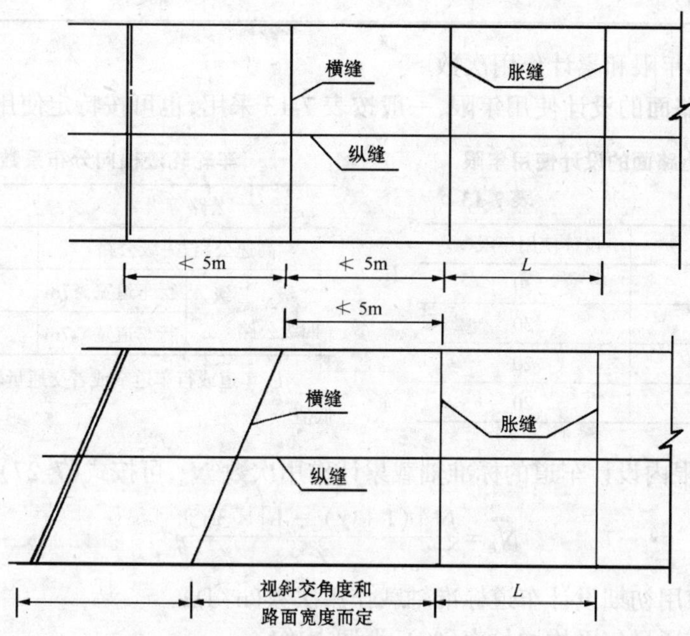

图 7-16　混凝土路面与桥梁相接的处理

而选用使路面板产生最大综合疲劳损坏的位置作为临界荷位。通过进行荷载和温度梯度的损耗分析，确定产生最大综合疲劳损坏的临界荷位，选用板的纵缝边缘中部，如图 7-17 所示。

图 7-17　临界荷位

2．设计参数

(1)标准轴载和轴载换算

水泥混凝土路面设计以重 100kN 的单轴荷载作为标准轴载。各级轴载 P_i 的作用次数 N_i 按式(7-25)换算为标准轴载 P_s 的作用次数 N_s：

$$N_s = \sum_{i=1}^{n} \alpha_i N_i (P_i/100)^{16} \tag{7-25}$$

式中　P_i ——各级轴载单轴重或双轴总重(kN)；

α_i ——轴数系数。单轴时，$\alpha_i = 1$；双轴时，$\alpha_i = 1.46 \times 10^{-5} P_i^{-0.3767}$　(7-26)

N_i ——各级轴载的作用次数(n/d)。

小于和等于 40kN(单轴)和 80kN(双轴)的轴载，可略去不计。

(2)交通分级

水泥混凝土路面承受的交通，按使用初期设计车道每日通过的标准轴载作用次数 N_s 分为四级(见表 7-12)。

交 通 分 级 **表 7-12**

交通等级	使用初期设计车道标准轴载作用次数 N_s(n/d)
特重	>1500
重	200～1500
中等	5～200
轻	≤5

(3)设计使用年限和累计作用次数

水泥混凝土路面的设计使用年限,一般按表 7-13 采用,也可按特定使用要求确定。

水泥混凝土路面的设计使用年限 **表 7-13**

交通等级	设计使用年限(a)
特重	30
重	30
中等	20
轻	20

车轮轮迹横向分布系数 η **表 7-14**

公路等级		纵缝边缘处
高速公路、一级公路		0.17～0.22
二级、三级、四级公路	行车道宽>7m	0.34～0.39
	行车道宽≤7m	0.54～0.62

注:车道或行车道窄或者交通量较小,取高值;反之,取低值。

设计使用年限内设计车道的标准轴载累计作用次数 N_e,可按式(7-27)确定。

$$N_e = \frac{N_s[(1+\gamma)^t - 1] \times 365}{\gamma}\eta \tag{7-27}$$

式中 N_e——使用初期设计车道标准轴载作用次数(n/d);

γ ——交通量年平均增长率(%),由调查确定;

t ——设计使用年限(a);

η ——车轮轮迹横向分布系数,按表 7-14 选用。

(4)基层顶面的当量回弹模量和计算回弹模量

设计新建公路时,基层顶面的当量回弹模量 E_t,可根据土类、路基干湿状态,所拟定的基(垫)层结构类型和厚度 h_b,参照《公路水泥混凝土路面设计规范》(JTJ012—94)有关规定确定土基和材料的回弹模量值 E_0 和 E_1,查图 7-18 确定。

在原有路面上铺筑水泥混凝土路面时,应通过承载板试验确定原有路面顶面的当量回弹模量 E_t;如条件不具备或有困难时,可用汽车实测路段的回弹弯沉值,按附录 D 确定计算回弹弯沉值后,再按式(7-28)确定基层顶面的当量回弹模量 E_t。

$$E_t = \frac{13.739}{l_o^{1.04}} \tag{7-28}$$

式中 l_0——以后轴重 100kN 的车辆测得的计算回弹弯沉值(1/100mm)。

基层顶面的当量回弹模量 E_t 确定后,应按式(7-29)。计算基层顶面的计算回弹模量 E_{tc}。

$$E_{tc} = nE_t \tag{7-29}$$

式中 n ——模量修正系数。计算荷载应力时,按式(7-30)确定;计算温度应力时,$n=0.35$。

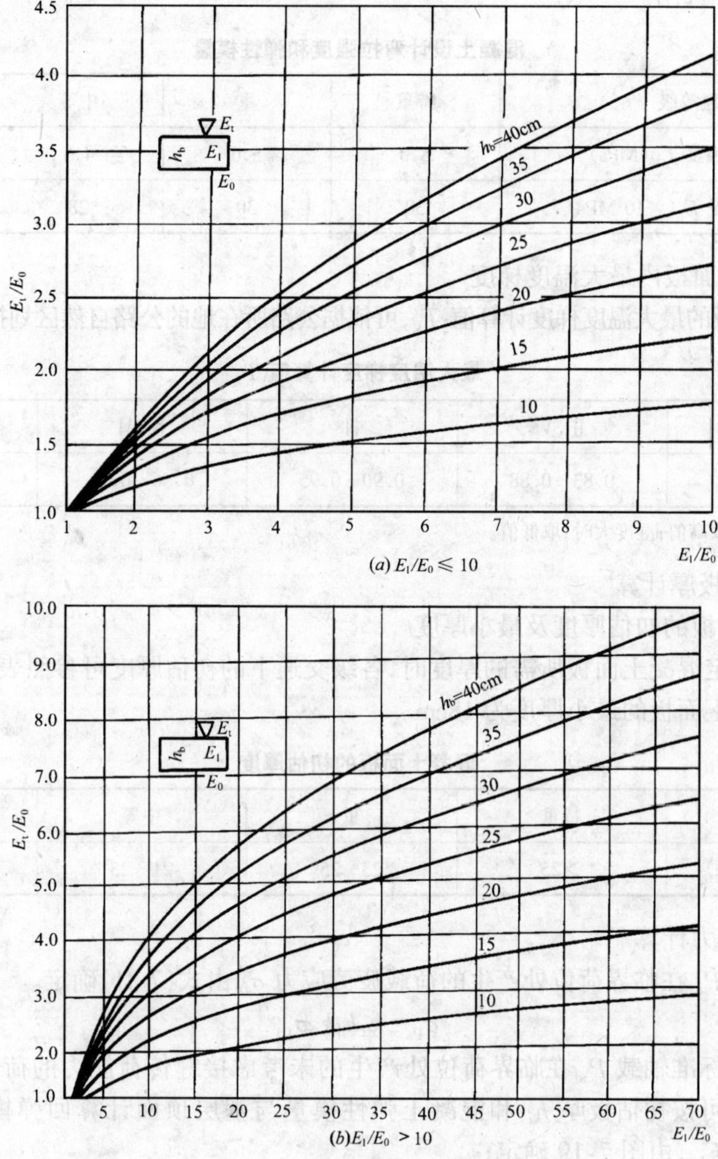

图 7-18 当量回弹模量 E_t 计算图

$$n = 1.718 \times 10^{-3} \left(\frac{hE_c}{E_t} \right)^{0.8} \tag{7-30}$$

h ——混凝土面板厚度(cm)；

E_t——基层顶面的当量回弹模量(MPa)；

E_c——混凝土弯拉弹性模量(MPa)。

(5)混凝土设计强度和弯拉弹性模量

混凝土的设计强度以龄期 28d 的弯拉强度为标准。各级交通要求的混凝土设计弯拉强度不得低于表 7-15 的规定。当混凝土浇筑后 90d 内不开放交通时，可采用 90d 龄期强度。其值一般可按 28d 龄期强度的 1.1 倍计。混凝土弯拉弹性模量以试验实测为宜。如无条件，可按表 7-15 选用。

混凝土设计弯拉强度和弹性模量 表 7-15

交通等级	特重	重	中等	轻
设计弯拉强度 f_{cm}(MPa)	5.0	5.0	4.5	4.0
弯拉弹性模量 E_c($\times10^3$MPa)	30	30	28	27

(6)混凝土面板内最大温度梯度

混凝土面板的最大温度梯度计算值 T_g，可依据公路所在地的公路自然区划按表 7-16 选用。

最大温度梯度计算值 T_g 表 7-16

公路自然区划	Ⅱ、Ⅴ	Ⅲ	Ⅳ、Ⅵ	Ⅶ
T_g(℃/cm)	0.83～0.88	0.90～0.95	0.86～0.92	0.93～0.98

注：海拔高时，取高值；湿度大时，取低值。

3．混凝土板厚计算

(1)混凝土板的初估厚度及最小厚度

在计算确定混凝土面板所需的厚度时，各级交通下的初估厚度可参照表 7-17 中所列范围选取。混凝土面板的最小厚度为 18cm。

混凝土面板的初估厚度 表 7-17

交通等级	特重	重	中等	轻
初估厚度 h_i(cm)	>25	23～25	21～23	<21

(2)荷载应力计算

标准轴载 P_s 在临界荷位处产生的荷载疲劳应力 σ_p 由式(7-31)确定。

$$\sigma_p = k_r k_f k_c \sigma_{ps} \tag{7-31}$$

式中 σ_{ps}——标准轴载 P_s 在临界荷位处产生的未考虑接缝传荷能力的荷载应力(MPa)，可按初估板厚 h_i 和混凝土弹性模量与基层顶面计算回弹模量的比值 E_c/E_{tc}，由图 7-19 确定；

k_r——考虑接缝传荷能力的应力折减系数。纵缝为设拉杆的平缝或缩缝时，k_r 可取为 0.87～0.92(刚性和半刚性基层取低值，柔性基层取高值)；不设拉杆的平缝或自由边时，k_r 取 1.0；

k_f——考虑设计使用年限内荷载应力累计疲劳作用的疲劳应力系数，可按式(7-32)确定；

$$k_f = N_e^{0.0516} \tag{7-32}$$

N_e——设计使用年限内标准轴载累计作用次数(n)，按式(7-27)确定；

k_c——考虑超载和动载等因素对路面疲劳损坏的综合影响系数，按交通等级由表 7-18 取用。

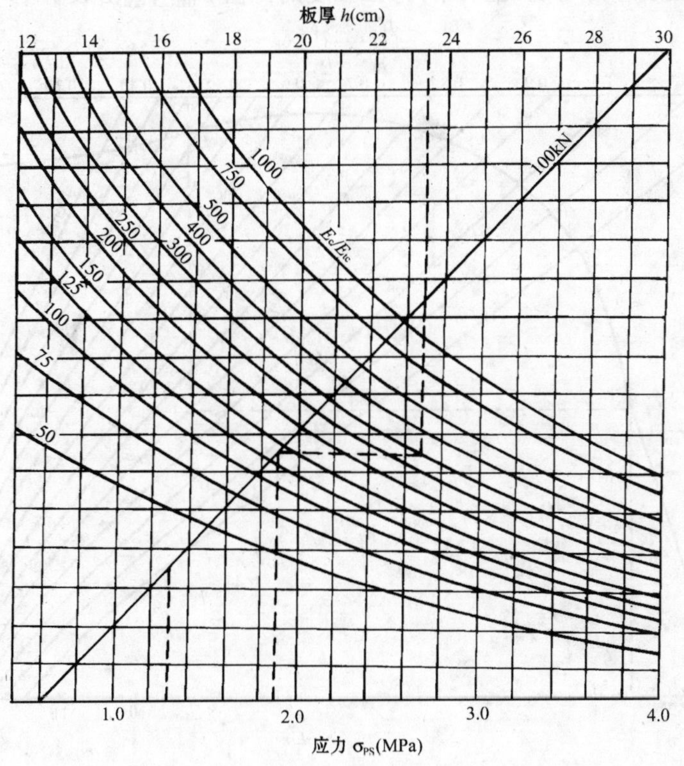

图 7-19　单轴轴载作用于纵缝边缘中部的应力计算图

综 合 影 响 系 数 k_c　　　　**表 7-18**

交通等级	特 重	重	中 等	轻
k_c	1.45	1.35	1.20	1.05

(3)温度应力计算

温度梯度作用在板边缘中点处产生的温度疲劳应力 σ_t,按式(7-33)确定。

$$\sigma_t = k_t \sigma_{tm} \tag{7-33}$$

式中 σ_{tm}——最大温度梯度时混凝土板的温度应力(MPa),按式(7-34)确定。

$$\sigma_{tm} = \frac{\alpha_c E_c h T_g}{2} k_x \tag{7-34}$$

α_c——混凝土的线膨胀系数(1/℃),通常可取为 1×10^{-5}/℃;

E_c——混凝土弯拉弹性模量(MPa);

h——混凝土面板厚度(cm);

T_g——所在地混凝土面板的最大温度梯度(℃/cm),按表 7-16 取用;

k_x——考虑温度沿板厚非线性分布的温度应力系数,按板长 L 与板相对刚度半径 γ 的比值 L/γ 和板厚 h 由图 7-20 确定;

$$\gamma = 0.537h(E_c/E_{tc})^{1/3} \tag{7-35}$$

k_t——考虑温度应力累计疲劳作用的疲劳应力系数,按所在地区公路自然区划和最大温度应力与混凝土设计弯拉强度的比值 σ_{tm}/f_{cm} 由表 7-19 确定。

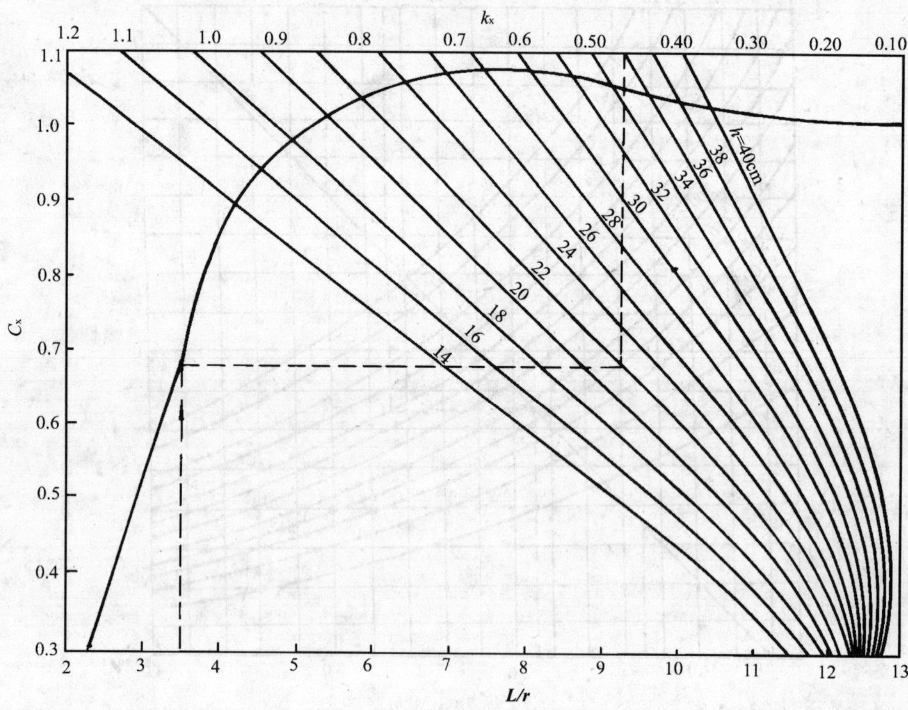

图 7-20　温度应力系数 k_x 图

温度应力疲劳作用系数 k_x　　**表 7-19**

σ_{tm}/f_{cm}	公路自然区划					
	Ⅱ	Ⅲ	Ⅳ	Ⅴ	Ⅵ	Ⅶ
0.20	0.350	0.358	0.287	0.273	0.338	0.354
0.25	0.427	0.439	0.378	0.374	0.415	0.436
0.30	0.485	0.502	0.447	0.449	0.476	0.497
0.35	0.533	0.554	0.502	0.508	0.527	0.546
0.40	0.574	0.598	0.548	0.556	0.570	0.587
0.45	0.609	0.637	0.588	0.598	0.608	0.621
0.50	0.641	0.672	0.622	0.634	0.643	0.652
0.55	0.669	0.703	0.654	0.665	0.674	0.679
0.60	0.695	0.732	0.682	0.694	0.704	0.703
0.65	0.719	0.758	0.708	0.720	0.731	0.726
0.70	0.741	0.783	0.732	0.744	0.756	0.746

(4)板厚的确定

按路面所承受的交通等级，参照表 7-17 选择初估板厚 h_i，分别求得荷载疲劳应力 σ_p 和温度疲劳应力 σ_t。当两者之和不大于混凝土设计弯拉强度 f_{cm} 的 103% 和不低于 f_{cm} 的 95% 时，原初估板厚可作为设计板厚 h。否则，应改选初估板厚，或改变板的平面尺寸，重新计算，直到满足上述要求为止。

板厚设计过程的框图，如图 7-21 所示。

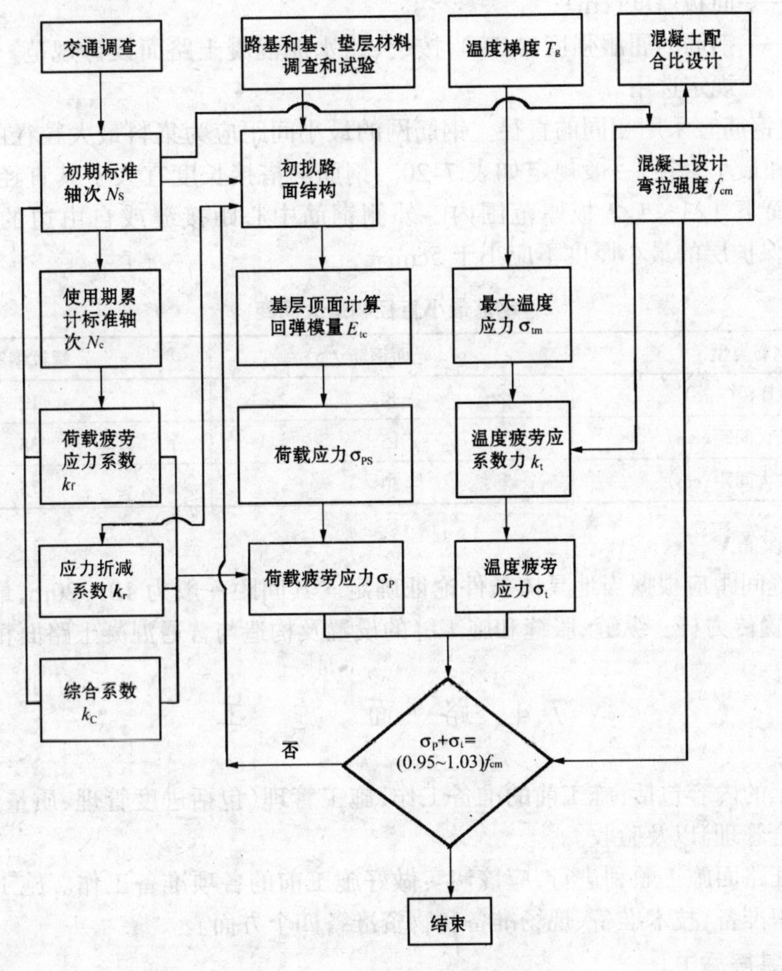

图 7-21 板厚设计过程框图

7.3.3 钢筋混凝土路面设计

1. 适用场合

面板的平面尺寸较大或形状不规则、土质不均匀或板下埋有地下设施等，预计路基和基(垫)层有可能产生不均匀沉陷时，宜采用钢筋混凝土路面。

2. 厚度设计

钢筋混凝土路面的厚度，可按普通混凝土路面厚度设计的各项规定进行设计。其基(垫)层和面板厚度分别取普通混凝土路面基(垫)层和面板的厚度。

3. 钢筋量与钢筋布置

每延米板的配筋量，可按式(7-36)确定。

$$A=\frac{3.2L_s h}{f_{sy}} \tag{7-36}$$

式中 A ——每延米板所需的钢筋面积(cm^2)；

L_s ——计算纵向钢筋时,为横缝间距(m);计算横向钢筋时,为纵缝之间或纵缝与自由边之间的距离(m);

h ——面板厚度(cm);

f_{sy} ——钢筋的屈服强度(MPa),按《公路水泥混凝土路面设计规范》(JTJ012—94)规定选用。

纵、横向钢筋宜采用相同的直径。钢筋网的最小间距应为集料最大粒径的2倍。钢筋的最大间距和最小直径,一般规定如表7-20。钢筋的搭接长度宜大于其直径的25倍。钢筋应设在板面下1/3～1/2板厚范围内。外侧钢筋中心距接缝或自由边的距离为10～15cm。钢筋保护层的最小厚度不应小于5cm。

钢筋最小直径和最大间距 **表 7-20**

钢筋类型	光面钢筋	螺纹钢筋
最小直径(mm)	8	12
纵向最大间距(cm)	15	35
横向最大间距(cm)	30	75

4. 接缝设置

横向缩缝间距应根据当地具体条件论证确定。其间距一般为10～20m,最大不得超过30m,并应设置传力杆。纵缝、胀缝和施工缝的设置及构造与普通混凝土路面相同。

7.4 路 面 施 工

路面施工的内容包括:施工前的准备工作,施工管理(包括进度管理、质量管理、施工质量检查和安全管理)以及验收。

为了保证路面施工顺利进行,应该切实做好施工前的各项准备工作。施工前的准备工作可分为组织准备、技术准备、现场准备和物资准备四个方面。

7.4.1 基层施工

1. 石料基层

块石基层是用锥形块石、片石或圆石人工摆砌,并用小碎石嵌缝压实而成。块石基层有较高的强度,但整体性差,目前只在丰产石料地区使用,一般只用作底基层。在山区公路上急弯陡坡处用块石铺筑路面面层有利保证行车安全。

块石基层石料质量要求不低于Ⅲ级,在不得已时方可用Ⅳ级。锥形块石底面积不小于$100cm^2$,高度一般为14～18cm,边长不宜大于高度的一半,过于扁平的片石不宜采用。嵌缝碎石形状及尺寸可以用楔形及片状碎石。

块石基层的铺筑应由路边砌起,逐步推向路中心,路面边缘用较大的石块铺砌成支撑状,较小的石料铺路中心,铺砌时要求“大面朝下,小面在上”,每块石头必须直立并独立站稳,长边与路中线垂直,并尽可能错缝。块石要排砌紧密,相邻块石表面高差不应大于2cm,用石料嵌挤应在铺砌一定长度后才进行,不能随铺随嵌,一般要求间隔2m以上,嵌挤时应将嵌缝石尖端向下,对准石缝,用锤子敲紧,要使其紧密稳定,不再松动,以用手不能把个别石料拔出来为准。平整度要求高的,还可以用5～15mm的石屑进行第二次嵌缝。

块石基层的碾压应先用轻型压路机稳压，然后用中型压路机或重型压路机(12t 以上)碾压。碾压时要求先边后中，碾压时还应洒水，并碾压至无明显轮迹为止。

2. 碎石基层

用加工轧制的碎(砾)石作主骨料，并以石渣和石屑嵌缝，用粘土或石灰土泥浆灌缝，按嵌挤原理压实形成的基层或路面，称碎(砾)石基层或路面。按施工方法及所用填充结合料的不同，分为泥结碎石，泥灰结碎石和填隙碎石等类型。

(1)泥结及泥灰结碎(砾)石路面及基层

泥结碎(砾)石以碎(砾)石为骨料，以土为结合料，并填充孔隙。这种结构取材容易，施工方便。可充分利用行车碾压，主要用于三、四级公路中的低、中级路面面层。由于这种结构以土作结合料和填充料，其水稳性差，所以，这种结构不宜用作沥青路面的基层。

泥灰结碎(砾)石基层是以碎(砾)石作骨料，用一定数量的石灰土填充空隙作粘结料形成的路面基层。一般情况下，土和石灰总含量占石料重量百分比应小于 20%，其中石灰剂量占土重的 15%，由于掺入了一定剂量的石灰，其水稳定性比泥结碎石好，在一定时间内强度还可能有所提高。因此，可用作沥青路面基层。但其破坏后不易恢复，故不能用作中级路面面层。

泥结及泥灰结碎(砾)石基层厚度较大时，要分层施工。碎(砾)石的压碎值要求不大于 30%，要有棱角且近于立方体。软弱与扁平、细长石料(长边与短边之比大于 3)含量不宜超过 15%～20%，用粘土作结合料，其塑性指数要求为 10～14。石灰要求在Ⅲ级以上。分两层施工时，上层碎石尺寸为层厚的 0.35～0.4 倍，下层为层厚的 0.60～0.65 倍。

泥结及泥灰结碎(砾)石基层的施工方法有灌浆法、拌和法和层铺法。相对而言灌浆法用土量不多，强度是三种施工方法中最高者。而层铺法则不能很好控制用土量，且泥土的分布不均匀，因而其强度最低。

(2)填隙碎石

用单一尺寸的粗碎石做主骨料，形成嵌锁作用，用石屑填满碎石之间的孔隙，增加密实度和稳定性，这种结构称填隙碎石，可用来作各级道路的底基层和二级以下道路的基层。其特点是一层铺筑厚度 10～12cm(通常为碎石最大粒径的 1.5～2.0 倍)，用振动压路机(振动轮每米宽重量至少 1.8t)碾压，用干燥的细料将碎石孔隙填满但又不能自成一层，表面要看得见粗碎石，填隙料用量为粗碎石的 30%～40%。碎石最大料径对于基层不大于 60mm，对于底基层不大于 80mm(圆孔筛)；压碎值要求，对于基层不大于 26%，对于底基层不大于 30%。其施工程序如下：

1)撒铺粗碎石后用 8t 的压路机初步稳压，使粗碎石就位，并具有要求的路拱和纵坡。

2)用人工或机械铺石屑，厚约为 2.5～3.0cm，然后用振动压路机慢速碾压，使石屑全部进入粗碎石孔隙内。

3)工序同 2)，撒铺石屑厚为 2.0～2.5cm。

4)最后用 12～15t 压路机洒水碾压到设计要求为止，如用湿法施工还要求洒水饱和后再碾压，直到细料和水形成浆状，填满全部孔隙。填隙碎石要求铺筑沥青面层后才能开放交通。

(3)级配碎(砾)石基层

粗、细碎石(或砾石)集料和石屑(或砂)各自具有一定比例的混合料，当其颗粒组成符合密实级配要求时，称级配碎石（或级配砾石）。

1）级配碎石

级配碎石可用未筛分碎石和石屑组配而成，也可以由预先筛分成几个（如四个）大小不同粒径的碎石组配而成。缺乏石屑时，可以添加细砂砾或粗砂，但其强度和稳定性不如添加石屑的级配碎石；也可以用各级颗粒组成合适的含细集料较多的砂砾与未筛分碎石配合成级配碎砾石。

级配碎石适用于各个等级道路的基层和底基层，也可用作较薄沥青面层与半刚性基层之间的中间层或中级路面面层，在二级和二级以下公路上，将级配碎石用作基层时，其最大粒径应控制在 40mm 以内；在高速公路和一级公路上，将级配碎石用作基层、半刚性基层及沥青路面的中间层时，其最大粒径应控制在 30mm 以下（方孔筛）。碎石集料的压碎值，一级公路和高速公路的基层不大于 26%；一级公路和高速公路的底基层及二级公路的基层不大于 30%；二级公路的底基层和二级以下公路的基层不大于 35%，二级以下公路的底基层不大于 40%。

2）级配砾石

级配砾石路面与基层可采用天然砂砾。当天然砂砾符合规定的级配要求时，而且细粒料的塑性指数在 6 或 9 以下时，可以直接用作基层，当级配不符合要求时，需筛除超尺寸颗粒或需要掺加某一粒径砂砾或砂，使其符合级配要求。塑性指数偏大的砂砾，可加少量石灰降低其塑性指数，有时也可以用无塑性的砂或石屑进行掺配，使其塑性指数降低到符合要求。

在天然砂砾中掺加部分砾石或轧碎砾石，可以提高混合料的强度和稳定性。天然砂砾掺加部分未筛分碎石组成的混合料称级配碎砾石，级配碎砾石的强度和稳定性介于级配碎石和级配砾石之间。

级配砾石适用于二级和二级以下公路的基层以及各个等级道路的底基层。用作面层和基层时，砾石的最大粒径应不超过 40mm，用作底基层时，砾石的最大粒径不应超过 50mm（方孔筛），其中细长或扁平颗粒含量不应超过 20%。石料的集料压碎值要求：一级公路和高速公路的底基层和二级公路的基层不大于 30%；二级公路的底基层和二级以下公路的基层不大于 35%；二级公路的底基层和二级以下公路的基层不大于 35%；二级以下公路的底基层不大于 40%。

3）级配碎（砾）石路面与基层的施工

级配碎砾石层的施工工艺流程图见图 7-22，图 7-23。

在采用级配碎（砾）石作路面面层时，需在其上设置磨耗层，并根据情况设置保护磨耗层的保护层。

3. 稳定土及工业废渣基层

（1）稳定土基层

近几年来，稳定土在道路工程中应用发展得很快，尤其是用无机结合料石灰、水泥稳定的石灰土、水泥土及水泥稳定粒料和石灰水泥综合稳定土（或粒料）等。这些稳定土或粒料，具有较高的抗压强度和抗弯拉强度，而且强度与模量随龄期的增长而不断增长，稳定性好，具有抗冻性，结构本身自成板体，呈半刚性，在行车荷载作用下变形小，所以又称为半刚性基层。当用作基层时，产生的累计变形小，同时传递到下承层上的受力面积大而且均匀，有良好的路面使用品质。因此,近年来在修筑水泥混凝土路面和沥青路面时常被选做基层或底基层。

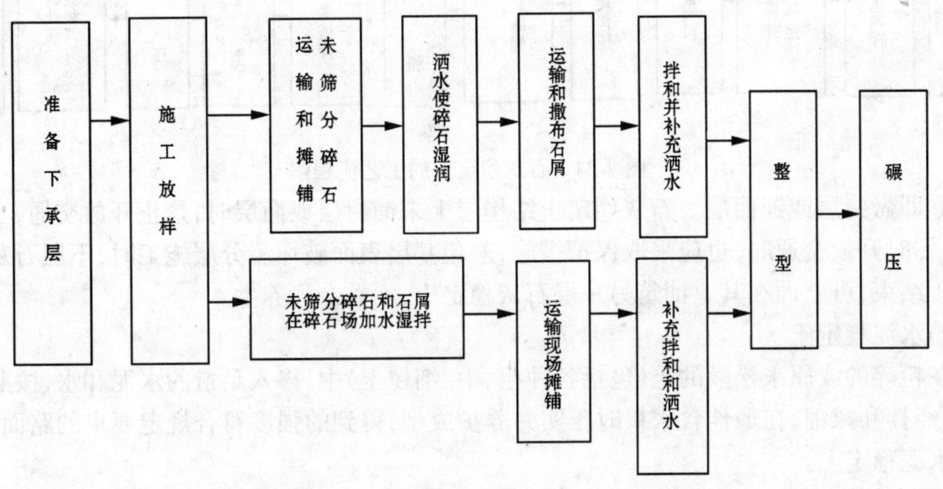

图 7-22　级配碎石路拌法施工工艺流程图

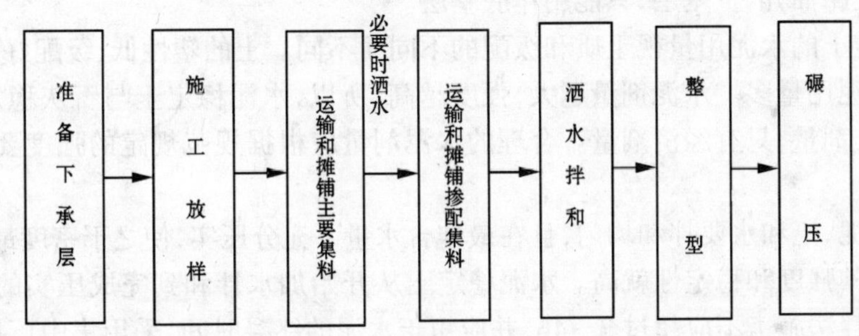

图 7-23　级配砾石施工工艺流程图

稳定土基层存在一个缺点就是易产生收缩开裂,这种开裂是由温度收缩和干缩造成的。因此,在半刚性基层上修筑沥青面层时,应采取防裂措施,以减少半刚性基层开裂,并防止半刚性基层的裂缝反射到沥青面层。

1)石灰稳定土

在粉碎的或原来松散的土(包括各种粗、中、细粒土)中,掺入足量的石灰,加水拌和并经压实,养生后得到的混合料,当其抗压强度符合规定的要求时,称为石灰稳定土。石灰稳定土适用于各级道路路面的底基层,可作二级和二级以下公路的基层。但石灰土不应用作高级路面的上基层,这是由于其缩裂严重,抗冲刷能力小等缘故。

在土中掺入足量的石灰,并在最佳含水量下拌匀压实,使石灰与土发生一系列的物理、化学反应,从而使土的性质发生根本性变化,并获得较高的强度和稳定性。

石灰稳定土基层与底基层的机械路拌法施工见图 7-24,高等级道路应采用中心站集中拌和法施工。

石灰稳定土结构层采用 120kN 以上的压路机碾压,每层的压实厚度应与压实机具相匹配,厚度超过单层施工厚度时,应分层铺筑,但每层的厚度不小于 10cm,下层宜稍厚。

石灰土结构层碾压结束必须保湿养生,养生期一般不少于 7d,亦可在碾压结束后一至

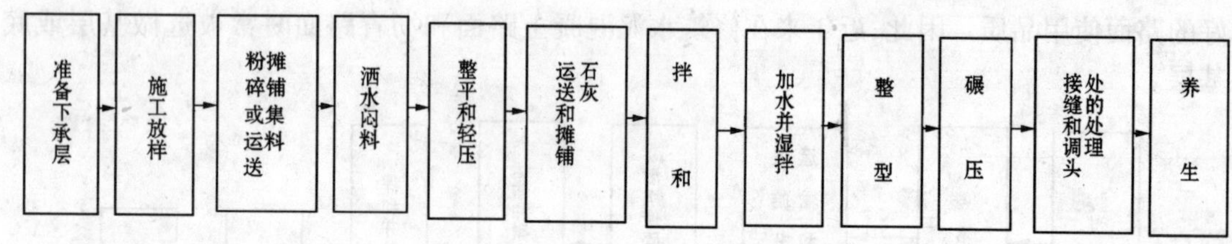

图 7-24　石灰稳定土的工艺流程图

二天立即做封层或铺面层。石灰稳定土结构层上未铺封层或面层时,禁止开放交通,当施工中断、临时开放交通时,也应采取保护措施,避免基层表面破坏。分层施工时,下层石灰稳定土碾压结束,可立即在其上铺筑另一层石灰稳定土,不需专门养生。

2)水泥稳定土

在粉碎的或原来松散的土(包括各种粗、中、细粒土)中,掺入足量的水泥和水,按照技术要求,经拌和摊铺,在最佳含水量时压实并养护成型,得到的强度符合规定要求的路面基层,称为水泥稳定土。

水泥稳定土可适用于各种交通类道路的上基层和底基层,但水泥土不宜作高级路面(包括水泥混凝土路面)的上基层,只能用作底基层。

水泥稳定土的水泥用量视土质和级配的不同而不同。土的塑性低、级配好,则水泥用量少,反之则水泥用量多。水泥剂量越大,强度越高,所以,水泥稳定土与石灰稳定土不同,不存在强度最佳剂量,只有经济剂量。合理的水泥剂量应根据规范规定的强度要求通过试验确定。

另外,水泥、土和水要拌和均匀,且在最佳含水量下充分压实,使之干密度最大,并保湿、保温养生,则其强度和稳定性就高。水泥稳定土从开始加水拌和到完成压实的延迟时间要尽可能短,路拌法施工不应超过 3～4h,并应短于水泥的终凝时间,采用集中厂拌法施工时,延迟时间不应超过 2～3h。

水泥稳定土的施工法程序和基本要求与石灰土基层类似,但要求各工序紧凑衔接,在规定的延迟时间内完成施工。并注意拌和时先干拌再洒水湿拌,保证水泥均匀地分散在土粒中。加强养生,根据天气情况每天洒水 4～6 次,养生期不少于 7d。如果为水泥混凝土面板下的基层,且面板是用小型机械施工的,则基层完成后就可以立即铺筑混凝土面层。水泥稳定土分层施工时,下层碾压结束 24h 后就可以铺筑上层水泥稳定土,无须经过 7d 养生期。在养生期间未采用覆盖措施的水泥稳定土层上,除洒水车外,应封闭交通。在采用覆盖措施的水泥稳定土层上,不能封闭交通时,应限制重车通行,其他车辆车速不应超过 30km/h。

(2)石灰工业废渣稳定土基层

路面基层用工业废渣包括:火力发电厂的粉煤灰和煤渣、钢铁厂的高炉渣和钢渣(已崩解达到稳定),以及煤矿的煤矸石等。一定数量的石灰和粉煤灰或石灰和煤渣与其他集料相配合,加入适量的水(通常为最佳含水量),经拌和、压实及养生后得到的混合料,当其抗压强度符合有关规范规定要求时,称为石灰工业废渣稳定土(简称石灰工业废渣)。将石灰掺入工业废渣时,石灰在水的作用下形成饱和的 $Ca(OH)_2$ 溶液,而废渣中的活性氧化硅和氧化铝在 $Ca(OH)_2$ 溶液中产生火山灰反应,生成水化硅酸钙和铝酸钙凝胶,把颗粒胶凝在一起,随水化物不断产生而结晶硬化,具有水硬性。同时,这些水化物还可与土(特别是细粒土)产生物理化学反应(与石灰稳定土相似),而使混合料具有一定强度,温度较高时,强度增长快,因此,石灰稳定工业废渣最好在夏季施工,并加强保湿养生。

石灰工业废渣稳定土基层具有以下一些共性:水硬性、缓凝性、强度高、稳定性好、成板体,且强度随龄期不断增加,抗水、抗冻、抗裂而且收缩小,适应各种气候环境和水文地质条件,但抗磨耗能力差。因此,石灰工业废渣稳定土是修筑各级道路路面的基层或底基层的良好材料。

石灰工业废渣稳定土基层主要有石灰粉煤灰类和石灰煤渣类。用石灰粉煤灰稳定细粒土(含砂)、中粒土和粗粒土时,视具体情况可分别简称二灰土、二灰砂砾、二灰碎石、二灰矿渣等。其中砂砾、碎石、矿渣、煤矸石等可能是中粒土也可能是粗粒土,都称集料。石灰煤渣稳定细粒土,简称二渣土,石灰煤渣稳定碎石、砂砾等粗粒料,简称三渣土。

石灰粉煤灰土做基层或底基层时,石灰与粉煤灰的比例常用1:2～1:4(对于粉土,以1:2为宜),石灰粉煤灰与粒料之比应是20:80～15:85。

采用石灰煤渣稳定细粒土作基层或底基层时,石灰与煤渣的比可用1:1～1:4,石灰煤渣与细粒土的比例可以是1:1～1:4,但混合料中石灰用量不应小于10%。可通过试验选取强度较高的配合比。当采用石灰煤渣稳定粒料做基层或底基层时,石灰:煤渣:粒料可以是(7～9):(26～33):(67～58)。

另外,由于石灰工业废渣稳定土具有缓凝性,其早期强度低,在早期重交通量下,易出现早期破坏现象,所以,为提高石灰工业废渣稳定土的早期强度可外加1%～2%的水泥。

石灰工业废渣稳定土基层的施工工艺和基本要求,与石灰稳定土类似。亦可先将石灰与工业废渣拌匀,再与粒料或细粒土拌和。施工时,应尽量安排在湿暖或高温季节,并加强养生(养生期不少于7d),以利于获得较高的早期强度而成型。养生期结束,应立即喷洒透层沥青或做下封层,并在5～10d内铺筑沥青面层或混凝土面板。

7.4.2 沥青路面面层施工

1. 概述

沥青路面是用沥青材料作结合料铺筑面层的路面的总称。沥青面层是由沥青材料、矿料及其他外掺剂按要求比例混合,铺筑而成的单层或多层结构层。

沥青路面由于使用了粘结力较强的沥青材料,使矿料之间的粘结力大大加强,从而提高了混合料的强度和稳定性,使路面的使用性能和耐久性都得到提高,且便于机械化施工,质量较易得到保证,施工进度快,并便于修补和分期修建,开放交通快等。但因其抗弯拉强度低(相对于水泥混凝土)和不透水性,所以要求其基层具有足够的强度和水稳性。另外,沥青面层的温度稳定性也较差,夏天易出现车辙、推移、波浪等破坏。低温时,沥青材料变脆而导致开裂,而且受施工季节和气候的影响较大。

沥青路面按施工方法分:层铺法、路拌法和厂拌法。

(1)层铺法　是用分层洒布沥青,分层铺撒矿料和碾压的方法修筑而成,按这种方法重复几次做成一定厚度的层次。其主要优点是施工工艺和设备简单、工效高、进度快、造价低。其缺点是路面成型期长,需要一个炎热季节的行车碾压泛油期,路面方能成型。用此种方法修筑的沥青路面有层铺式沥青表面处治和沥青贯入式两种。

(2)路拌法　即在施工现场以不同的方法(人工的或机械的,牵引式的或半固定式的机械等)将冷料热油或冷油冷料拌和,摊铺和碾压。通过拌和,沥青分布比层铺法均匀,可以缩短路面成型期,但因矿料是冷的,要求沥青稠度较低,故混合料强度较低。路拌法较有利于就地取材,乳化沥青碎石混合料和拌和式沥青表面处治即按此法施工。

(3)厂拌法　即集中设置拌和基地,采用专门设备,将具有一定级配的矿料和沥青加热拌和,然后将混合料运至工地热铺热压或冷铺冷压(当使用液体沥青时),碾压终了即可开放交通。此法需用粘稠的沥青和精选的矿料,因此,混合料质量高,路面使用寿命长,但一次性投资的建筑费用也较高。采用厂拌法施工的沥青路面有沥青混凝土和厂拌沥青碎石。

2. 沥青路面的材料

沥青面层所用的材料包括沥青材料和各种矿料,其品质的优劣,对沥青路面的使用质量和使用年限影响很大。

(1)沥青材料

沥青路面所用的沥青材料包括道路石油沥青、煤沥青、乳化石油沥青、液体石油沥青等。使用时,应根据交通量、气候条件、施工方法、沥青面层类型、材料来源等情况选用,改性沥青应经过试验论证取得经验后使用。

(2)粗集料

用于沥青面层的粗集料包括碎石、破碎砾石、筛选砾石、矿渣等。粗集料的粒径规格应符合规定(S1～S14),应洁净(含泥量小于1%)、干燥(含水量小于2%～3%)无风化、无杂质,且具有足够的强度和耐磨耗性。石料压碎值要求:高速公路、一级公路不大于28%,其他等级公路不大于30%。为使矿料颗粒之间有良好的嵌锁力,要求粗集料表面粗糙,形状以接近立方体且多棱角为佳,扁平细长颗粒含量不超过15%～20%,为保证粗集料与沥青材料有良好的粘附作用,用水煮法测定时,其粘结力一般道路不应小于Ⅲ级,高等级道路不小于Ⅳ级。采用酸性石料(石英岩、花岗岩、砂岩、片麻岩等)作沥青混合料的集料并用于高速公路、一级公路和城市快速路、主干路时,通常采用针入度较小的沥青,并采取有效的抗剥离措施。

用于抗滑表面层的粗集料应选用坚硬、耐磨、抗冲击性好的碎石或破碎砾石,不得使用筛选砾石、矿渣及软质集料,石料磨光值不小于42%,冲击值不大于28%。

用破碎砾石时,必须采用粒径大于50mm的颗粒,破碎砾石中4.75mm(方孔筛)或5mm(圆孔筛)及其以上颗粒的破碎面积必须满足规范要求,方可使用。筛选砾石仅适用于三级及三级以下公路的沥青表面处治面层或拌和法施工的沥青面层下层,不得用于贯入式路面及拌和法施工的沥青面层的中、上面层。

(3)细集料

沥青面层的细集料可采用天然砂、机制砂及石屑,细集料应洁净、干燥、无风化、无杂质且级配符合要求(S15～S16),含泥量小于3%,含砂量不小于50%～60%,视密度不小于2.45～2.5t/m^3。

细集料应与沥青有良好的粘结能力,与沥青粘结性能很差的天然砂及花岗岩、石英岩等酸性石料破碎的机制砂或石屑不宜用于高速公路、一级公路沥青面层。必须使用时,应采取抗剥离措施。

(4)填料

沥青混合料的填料宜采用石灰岩或岩浆岩中的强基性岩石等憎水性石料经磨细得到的矿粉,矿粉应干燥、洁净、不含泥土杂质和结团颗粒。小于0.075mm的颗粒含量不宜小于

70%,含水量小于1%,为使填料与沥青有良好的粘附性,要求矿粉的亲水系数不能大于1.0。水泥、石灰、粉煤灰也可用作填料,但其用量不宜超过矿料总量的2%。

另外,用粉煤灰作填料时,其烧失量应小于12%,塑性指数应小于4,用量不易超过填料总量50%,其余质量要求与矿粉相同。高速公路、一级公路的沥青混凝土面层不宜采用粉煤灰作填料。

3. 沥青表面处治

沥青表面处治面层是用沥青和矿料按层铺或拌和的方法,修筑的厚度不大于3cm的一种薄层路面面层。当采用乳化沥青时,称为乳化沥青表面处治路面。其主要作用是构成磨耗层,保护承重层免受行车破坏,作沥青面层或基层的封面,起到封闭表面,防止地表水渗入基层及土基,提高平整度,增强抗滑性能,改善行车条件,延长路面使用寿命的作用。对于新建三级公路、改建公路或经过整修的碎石路面以及损坏较轻的或泛油的沥青路面和损坏较轻而磨光的水泥混凝土路面或块石路面,均可直接在其上铺筑沥青表面处治。

沥青表面处治最常用的施工方法是层铺法。按其浇洒沥青及撒铺矿料次数多少可分为单层式,双层式及三层式三种。单层式厚度为1.0～1.5cm,双层式厚度为1.5～2.5cm,三层式厚度为2.5～3.0cm,层铺法沥青表面处治的施工工序及要求如下:

(1)清理基层　在表面处治层施工前,应将路面基层清扫干净,使基层的矿料大部分裸露,并保持干燥。对有坑槽、不平整的路段应先修补和整平,若基层整体强度不足,则应先予补强。

(2)洒布沥青　在浇洒透层沥青4～8h,或已作透层(或封层)并开放交通的基层清扫后,即可浇洒第一遍沥青。沥青要洒布均匀,不应有空白或积聚现象,以免日后产生松散、拥包或推挤等病害。

(3)铺撒矿料　洒布沥青后应趁热迅速铺撒矿料,按规定用量一次撒足,要铺撒均匀。

(4)碾压　铺撒一段矿料后随即用60～80kN双轮压路机或轮胎压路机及时碾压。碾压应从一侧路缘压向路中心,然后再从另一边开始压向路中心。碾压时,每次轮迹重叠约30cm,碾压约3～4遍。压路机行驶速度开始不宜超过2km/h,以后可适当提高。

双层式和三层式沥青表面处治的第二、三层施工,即重复第(2)、(3)、(4)工序。

(5)初期养护　碾压结束后即可开放交通,但应禁止车辆快速行驶(不超过20km/h),要控制车辆行驶的路线,使路面全幅宽度获得均匀碾压,加速处治层泛油稳定成型。对局部泛油、松散、麻面等现象,应及时修整处理。

4. 沥青贯入式

沥青贯入式面层是在初步压实的碎石(或轧制砾石)上,分层浇洒沥青,撒布嵌缝料,经碾压而成的路面结构,厚度通常为4～8cm,当采用乳化沥青时称为乳化沥青贯入式路面,其厚度宜在4～5cm。沥青贯入式结构层对提高路面结构强度起着重要的作用。

沥青贯入式路面属次高级路面,也可作高级路面的联结层或基层。它具有强度较高、稳定性好、施工简便和不易产生裂缝等优点。由于沥青贯入式路面的强度主要取决于矿料之间的嵌挤作用,且孔隙率较大,受温度变化的影响小,故温度稳定性较好。其缺点是沥青材料洒布在矿料中不易均匀,在矿料密实处沥青不易贯入,而在矿料空隙较大处沥青又容易结块,因而强度不够均匀。另外,沥青贯入式路面是一种多孔隙结构,路表水容易渗入,因而耐久性差。为防止路表水的渗入以增强路面的耐久性,沥青贯入式路面表面必须加铺封层处理，但作为基层或联结层时，最上一层可不作封层。

根据沥青材料贯入深度的不同，贯入式路面可分为深贯入式（6～8cm）和浅贯入式（4～5cm）两种，其施工程序如下：

（1）放样和砌筑路缘石；

（2）清扫基层；

（3）厚度为4～5cm的浅贯入式应浇洒透层或粘层沥青；

（4）撒铺主层矿料，并检查其松铺厚度；

（5）主层矿料摊铺后先用60～80kN压路机进行慢速初压至无明显推移为止，然后再用100～120kN压路机碾压，直至主层矿料嵌挤紧密，无明显轮迹而又有一定孔隙，使沥青能贯入为止；

（6）浇洒第一遍沥青；

（7）趁热撒铺第一次嵌缝料，撒铺均匀，嵌缝料扫匀后应立即用100～120kN压路机碾压（约碾压4～6遍），随压随扫，使其均匀嵌入；

（8）以后施工程序为浇洒第二遍沥青，撒铺第二层嵌缝料，然后碾压，再浇洒第三遍沥青，撒铺封面料，最后碾压。最后碾压采用60～80kN压路机，碾压2～4遍即可开放交通。

交通控制与初期养护等工作与沥青表面处治相同。

5. 沥青混凝土和沥青碎石

（1）沥青混凝土

沥青混凝土路面是由几种不同粒径的矿料（如碎石、轧制砾石、石屑、砂和矿粉等），按级配原理选配，用沥青作结合料，按一定比例配合，在严格控制条件下拌和，经压实成型的路面。这种沥青混合料称为沥青混凝土混合料。

沥青混凝土路面的强度是按密实原则构成的，具有密实度大、整体性好、强度高、抵抗自然因素破坏作用的能力强等优点，是一种适合现代交通荷载的高级路面，适用于高速公路、一级公路、交通量大的公路和城市道路。面层宜采用双层式或三层式结构，其上层采用中粒式或细粒式沥青混凝土，其下层采用粗粒式或中粒式沥青混凝土，使用年限可超过15年。当采用单层式沥青混凝土面层时，其最大粒径不宜大于20mm。由于沥青混凝土路面具有较高的强度，能承受繁重的车辆交通，因而也要求有十分坚固的基层。沥青混凝土路面按混合料中集料最大粒径的大小可分粗粒式、中粒式、细粒式。

在铺筑沥青混凝土混合料之前，应检查与清理基层，保证基层坚实、平整、洁净和干燥；准备和检修施工机具，检查其是否保持完好状态；落实各种材料，备齐仪器用具，制定施工计划，安排好劳动力，进行施工放样等各项工作。施工程序如下：

1）砌筑路缘石或培路肩。

2）清扫基层。

3）浇洒粘层或透层沥青。

4）摊铺　应尽量采用全路幅铺筑，以避免纵向施工缝。双层式的上、下层应尽可能在同一天内铺筑，以免下层污染。注意控制摊铺温度，石油沥青混合料控制在不低于110～130℃，不超过165℃；煤沥青混合料控制在80～120℃。严格控制现场松铺厚度，其松铺系数机械摊铺约为1.15～1.35，人工摊铺约为1.25～1.50。

5）碾压　碾压程序为：初压—复压—终压。碾压时应控制初压及碾压终了温度。

6)开放交通　沥青混凝土路面碾压成型后应在温度不高于50℃(石油沥青)或不高于45℃(煤沥青)后开放交通。

7)接缝处理　各种施工缝(包括纵缝和横缝)都必须紧密严整,接缝前其边缘应扫净、刨齐,刨齐后的边缘应保持垂直。双层式路面上下层各自的接缝,都应相互错开,不宜处于同一个垂直面上。

(2)沥青碎石

沥青碎石路面是由几种不同粒径大小的级配矿料,掺有少量矿粉或不加矿粉,用沥青作结合料,按一定比例配合,均匀拌和,经压实成型的路面。这种沥青混合料称为沥青碎石混合料。它的材料组成与沥青混凝土相似,主要的差别在于:一是空隙率较大,一般都在10%以上;其次是材料中不掺或掺少量的矿粉。用这种混合料铺筑的路面能充分发挥其颗粒的嵌挤作用,高温稳定性比沥青混凝土好,但强度和耐久性不如沥青混凝土。为防止水分渗入沥青碎石路面并保持良好的平整度,必须在其表面加铺沥青表面处治或沥青砂浆封层。

沥青碎石路面按矿料最大粒径的不同,可分为粗料式、中粒式和细粒式。沥青碎石混合料用作高等级道路沥青路面的联结层、基层和整平层,一般道路可铺筑沥青碎石路面,但面层上层宜采用沥青混凝土混合料铺筑。

单层沥青碎石的厚度为4～7cm,双层式的厚度可达10cm。

沥青碎石路面的施工方法和施工要求基本上与沥青混凝土路面相同。由于热铺沥青碎石主要依靠碾压成型,故碾压的遍数较多,一般要碾压10遍左右,直到混合料无显著轮迹为止。冷铺沥青碎石路面,施工程序与热铺的相同,但冷铺法铺筑的路面,最终成型靠开放交通后行车碾压来完成,故在铺筑时碾压的遍数可减少。

7.4.3　水泥混凝土路面面层施工

1. 概述

水泥混凝土路面的面层是用水泥混凝土混合料铺筑而成的。根据行车荷载和自然因素作用特点,为保证路面使用品质,面层混合料必须具有较高的抗弯拉强度,良好的抗冻性和耐磨性以及良好的施工和易性。通常,面层混凝土28d抗弯拉强度需达到4.0～5.0MPa,抗压强度达到30～35MPa,以满足设计强度要求。因各地施工方法不一,气温影响也不同,因此,采用坍落度大小也有差异,但一般为1～2.5cm,当坍落度小于1cm时,应用维勃稠度仪测定维勃时间,一般宜为10～30s。为了保证混合料质量,各组成材料的技术性质要严格按有关规范的要求控制。

为保证水泥混凝土有足够的强度、耐久性及抗腐蚀性,在混合料配合比设计中,单位水泥用量不应小于300kg(标号不低于425号),最大水灰比为:公路、城市道路和厂矿道路不应大于0.5,机场道路和高等级公路应不大于0.46;冰冻地区冬季施工时不应大于0.45。

混凝土的单位用水量,应按骨料种类、最大粒径、级配和掺用外加剂等通过试验确定。当骨料最大粒径为40mm(一般不超过40mm)且干燥时,单位用水量为:碎石混凝土150～170kg/cm^3,砾石混凝土140～160kg/m^3。

混凝土的含砂率对其强度、耐磨性能和施工和易性影响很大,应按碎(砾)石和砂的用量、种类、规格及混凝土的水灰比确定,砂的细度模数宜在2.5以上。

2. 施工方法

混凝土面板的施工方法有人工摊铺法和机械摊铺法。现多数采用人工摊铺法,当具备机械条件时，宜采用机械摊铺法，因机械化程度高，不但能加快施工进度，而且也能提高施工质量。施工操作程序和方法：

(1)安装模板

摊铺混凝土之前，应先将路面边部模板安装好。当采用半幅路面施工时，还应将纵缝处模板安装好，边模的高度应与路面的厚度相同。边模一般用硬木或钢板做成。直线段采用4～8cm厚的模板，但在弯道上和交叉口边缘处，可用1.5～3.0cm的模板，以便形成弧形。模板装好后，应先用水平仪检查其高程是否正确，然后在其内侧涂刷肥皂水、废机油等润滑剂，以便利拆模。

(2)筑做接缝与安设钢筋

1)胀缝的筑做

当胀缝与结构物相接时，混凝土板无法设置传力杆，可做成厚边式，即接近结构物一端可适当加厚，此时可将木制嵌缝板设在胀缝位置，即可摊铺混凝土。

当胀缝设置传力杆时，可采用整体式嵌缝板，它是用软木作成，中部予留穿设传力杆的圆孔，混凝土浇成后留在缝内不再拔出。或用两截式嵌缝板。

2)缩缝的筑做

压缝法　混凝土经振捣后，在缩缝位置先用湿切缝刀切出一条细缝，再将压缝板压入混凝土中。

切缝法　混凝土浇捣后，经过养生达到设计强度的50%～70%时，在缩缝位置使用切缝机切割缝隙，其宽度约6～7mm。此法便于连续施工，效率高、切缝整齐平直、宽度一致。

3)纵缝的筑做

设置拉杆的纵缝，则模板上事先钻圆孔，以便穿入拉杆，对于平头式纵缝，其下部已凝固的混凝土侧壁应涂以沥青，上部设置压缝板，再浇筑另一侧混凝土。

因下雨或当天不能做到胀缝处，也应赶至横向缩缝处。此时缩缝应做成如纵缝所述的平头缝式样，其上部做成深4cm，宽1cm的缝隙，其中填以填缝料。一般要求施工缝设置传力杆，传力杆的直径、间距、长度则根据板宽、板厚确定，施工时一端浇固在混凝土板中，另一端表面涂以沥青，以便能自由伸缩。

4)钢筋的安设

边缘钢筋和角隅钢筋的布置见图7-12、图7-13所示。

安设钢筋时，事先应按设计要求将钢筋弯起并绑扎好。安装边缘钢筋，可在底部垫放预制的混凝土垫块，或用钢钎固定位置。浇捣混凝土后，垫块或钢钎即留在混凝土内不再取出。至于角隅钢筋、全面网状钢筋，可先摊铺下面一层混凝土，然后安放钢筋，再摊铺上层混凝土。

(3)拌制与运送混凝土混合料

1)混凝土的拌制

拌制混凝土时，要准确掌握配合比，特别要严格控制用水量。每天开始拌和前，应根据天气变化情况，测定石、砂的含水量，以调整实际用水量。每一工班应检查材料量配的精度至少两次，每半天检查混合料坍落度两次。拌和时根据拌和机容量、混凝土稠度和气温控制拌和时间和转数。

2)混凝土的运送

人工运送以不超过100m运距为宜,以防震动而使混凝土产生离析。自卸汽车运送,则车箱应密封以免漏浆。天热时防止混凝土水分蒸发,应加覆盖用具,运距则以运载允许时间确定,通常夏季不超过30~40min,冬季不超过60~90min。

(4)混凝土的摊铺与捣实

1)混凝土的摊铺

摊铺混凝土混合料之前,应先检查模板、传力杆、接缝板、各种钢筋的安装位置是否正确,尺寸是否符合规定,绑扎是否牢固。对于砂质平整层,还要检查其是否压平整,并洒水润湿。如混合料有离析现象,应用铁铲翻拌均匀。人工摊铺时,不得撒扬抛掷,以免混凝土发生离析。在模板附近,必须用方铲以扣铲法撒铺混合料,并插捣几下,使浆水捣出,以免发生空洞蜂窝现象。摊铺后的松散混凝土表面,应略高于模板顶面,使捣实后的路面高程与厚度符合设计要求。

2)混凝土的捣实

混凝土摊铺到一半厚度后,立即用铁耙和刮板刮平,再用平板振捣器振捣一遍,然后再加铺混凝土到顶面,整平后再用平板振捣器再振捣一遍。振捣器沿纵向一行一行地由路边向路中移动,每次移动时平板位置需重叠10~20cm,振捣器在同一位置不得停留过久,一般为10~15s,以达到表面振出浆水不再沉落为度。凡振捣不到之处,如模板边缘、窨井、进水口附近,应用插入式振捣器振捣,或用捣钎钎夯捣实。

为使混凝土表面更加平整密实,可用夯梁夯拍,把露在表面的碎石击下去,并使表面有一层湿润的砂浆。

(5)整面与拆模

1)混凝土整面

为使混凝土表面更加平整,可在终凝前用长45cm、宽20cm的木抹反复抹平,然后再用铁抹板拖抹至少三次。为使混凝土具有粗糙抗滑的表面,可在整面后用棕刷、金属梳或尼龙梳梳成深1~2mm的横槽,或在表面撒布少量石屑,或用切割机将路面切割成深5~6mm、宽3mm、间距20mm的小横槽,效果更好。

2)模板的拆除

当混凝土达到一定强度后,即可拆除模板。拆模时间视气温而定。拆模时应先起下模板支撑、铁钎等,然后用扁头小铁棒插入模板与混凝土之间,慢慢向外撬动模板。拆下的模板必须平放,并保护好防止变形,以便转移它处使用。

(6)湿治养生与填缝

1)混凝土的湿治养生

湿治养生的目的是防止混凝土中水分蒸发过快而产生缩裂,保证水泥水化过程的顺利进行。养生工作应在抹面2小时后,混凝土表面已有相当硬度,用手指轻轻压上没有痕迹时开始进行。养生时,一般用湿麻袋、草席、2~3cm厚湿砂或锯末覆盖于混凝土表面上,每天均匀洒水2~3次,养生时间一般为14~21d,具体时间视气温而定。

近年来使用了一种塑料薄膜养生新技术,亦可阻止混凝土中水分的蒸发,保证水泥的水化作用。此种方法能保证质量、节约劳动力,但在行车初期容易引起路面滑溜。

2)填缝

混凝土路面养生期满后即可进行填缝,也可在混凝土初步硬结后进行。填缝前需对缝隙清理，在其干燥状态下，先涂沥青漆，等干燥后再填缝，理想的填缝料应能长期保持弹性与韧性，热天缝隙窄时不软化挤出，冷天缝隙增宽时能胀大而不脆裂，同时还要与混凝土粘牢，防止土砂、雨水进入缝内，此外还要耐磨、抗疲劳、不易老化。常用的填缝料有沥青玛蹄脂、沥青软木屑、沥青橡胶混合料、聚氯乙烯胶泥。

在填缝工作中，冬天施工填到与路面齐平。夏季施工时，可高出路面约1cm，但不可溢出和污染边缘。

7.5 路 面 排 水

水是危害道路的主要自然因素。例如路基沉陷、冲刷、坍塌、翻浆，沥青路面松散、剥落、龟裂，水泥混凝土路面唧泥、错台、断裂等病害，都不同程度地与地表水和地下水的侵蚀有关。水的作用加剧了路基和路面结构的损坏，加快了路面使用性能的变坏，缩短了它们的使用寿命。因而，道路排水系统是道路工程的重要组成部分，对保证道路的使用性能和使用寿命具有十分重要的作用。

7.5.1 公路路面排水

1. 路界地表排水

路界地表排水包括路面(含路肩)、中央分隔带、路基边坡坡面和路界范围内地表坡面的表面排水，以及有可能进入路界的公路毗邻地带的地表水和由相交道路进入路界内的地表水的排除。路界地表排水的目的，是把降落在路界范围内的表面水有效地汇集并迅速排除出路界，同时把路界外可能流入的地表水拦截在路界范围外(但不包括横穿路界的自然水道内的水流)，以减少地表水对路基和路面的危害以及对行车安全的威胁。

地表排水设施的布设应充分利用地形和天然水系，形成完善的排水系统，并做好进出口位置的选择和处理，使水流通畅，不出现堵塞、溢流、渗漏、淤积、冲刷、冻结等，造成对路基、路面和毗邻地带的危害。路基地表排水设施不应兼作其他流水用途。对于二级以下的公路，如受条件限制而需兼用时，应限制在较小的范围和规模内，符合公路排水设计原则，并应进行个别设计。地表排水设计应与坡面防护工程综合考虑，采取有效措施防止坡面岩土遭受冲刷和失稳。地表排水沟管排放的水流不得直接排入饮用水水源，也不宜直接排入养殖池、农田等。

(1)路面表面排水

路面表面排水的主要任务是迅速把降落在路面和路肩表面的降水排走，以免造成路面积水而影响行车安全。

路面表面排水设计应遵循下列原则：

1)降落在路面上的雨水，应通过路面横向坡度向两侧排流，避免行车道路面范围内出现积水。

2)在路线纵坡平缓、汇水量不大、路堤较低且边坡坡面不会受到冲刷的情况下，应采用在路堤边坡上横向漫流的方式排除路面表面水。

3)在路堤较高，边坡坡面未做防护而易遭受路面表面水流冲刷，或者坡面虽已采取防护措施但仍有可能受到冲刷时，应沿路肩外侧边缘设置拦水带，汇集路面表面水，然后通过泄水口和急流槽排离路堤。

4)设置拦水带汇集路面表面水时,拦水带过水断面内的水面,在高速公路及一级公路上不得漫过右侧车道外边缘,在二级及二级以下公路上不得漫过右侧车道中心线。

无中间带或采用分离式路基的公路,在未设超高路段上,行车道路面应沿路中心线设置向两侧倾斜的双向横坡;在设超高路段上,应设置向曲线内侧倾斜的单向横坡。设中间带的公路,各个行车方向的行车道路面应分别设置单向横坡,但单向车道数超过 3 个时,也可分别设置双向横坡。路面和路肩横坡的坡度,应依据铺面类型,按《技术标准》规定选用。设拦水带时,右侧硬路肩的横向坡度宜采用 5%。拦水带可由沥青混凝土现场浇筑,或者由水泥混凝土预制块铺砌而成。拦水带的横断面尺寸可参考图 7-25。拦水带的顶面应略高于过水断面的设计水面高(水深)。低路堤不设防撞护栏的路段上,拦水带的外露高度不宜超过 10cm,其迎车面的坡度不宜陡于 1:2。

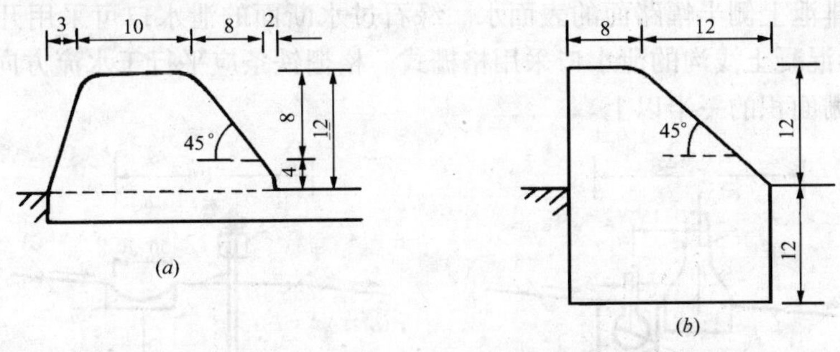

图 7-25　拦水带横断面参考尺寸(单位:cm)

(a)沥青混凝土拦水带;(b)水泥混凝土拦水带

拦水带的泄水口可设置成开口(喇叭口)式。设在纵坡坡段上的泄洪口,宜做成不对称的喇叭口,并在硬路肩边缘的外侧设置逐渐变宽的低凹区(图 7-26)。低凹区的铺面类型与路肩相同。设在平坡或缓坡坡段上时,泄水口可做成对称式。

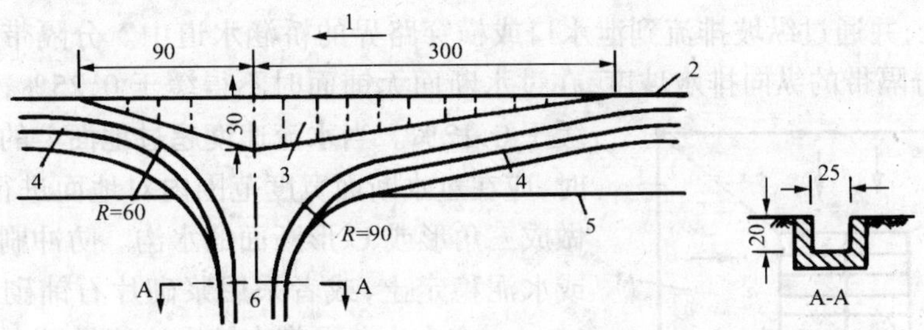

图 7-26　纵坡坡段上拦水带不对称泄水口的平面布置示意(单位:cm)

1—水流流向;2—硬路肩边缘;3—低凹区;

4—拦水带顶;5—路堤边坡坡顶;6—急流槽

在道路交叉口、匝道口、与桥梁等构造物连接处、超高路段和一般路段的横坡转换处,应设置泄水口以避免路面表面水横向流过行车道或结构物。在纵坡符号变换的凹形竖曲线底部,泄水口应设在最低点,并在其前后相距 3m～5m 处各增设一个泄水口。泄水口的设置间距以 20m～50m 为宜。在硬路肩宽度较窄,汇水宽度或汇水量大而使拦水带的过水断面不足时,可沿土路肩设置由 U 形水泥混凝土预制件铺筑的路肩边沟。

(2)中央分隔带排水

中央分隔带排水是高速公路及一级公路地表排水的重要内容，应根据分隔带宽度、绿化和交通安全设施的形式、分隔带表面的处理方式等因素选择不同的排水方式。中央分隔带排水可分为三种类型：宽度小于3m且表面采用铺面封闭的中央分隔带排水，降落在分隔带上的表面水排向两侧行车道；宽度大于3m且表面未采用铺面封闭的中央分隔带排水，降落在分隔带上的表面水汇集在中央带的低洼处，由分隔带内的表面排水设施排走；表面无铺面且未采用表面排水措施的中央分隔带，降落在分隔带上的表面水下渗，由分隔带内的地下排水设施排除。

分隔带宽度小于3m且表面采用铺面封闭时，在不设超高路段上，分隔带铺面应采用向两侧外倾的横坡，其坡度与路面的横坡度相同；在超高路段上，可在分隔带上侧边缘处设置缘石和泄水口，或者在分隔带内设置缝隙式圆形集水管或碟形混凝土浅沟和泄水口(图7-27)，以拦截和排泄上侧半幅路面的表面水。缘石过水断面的泄水口可采用开口式、格栅式或组合式；碟形混凝土浅沟的泄水口采用格栅式。格栅铁条应平行于水流方向，孔口的净泄水面积应占格栅面积的一半以上。

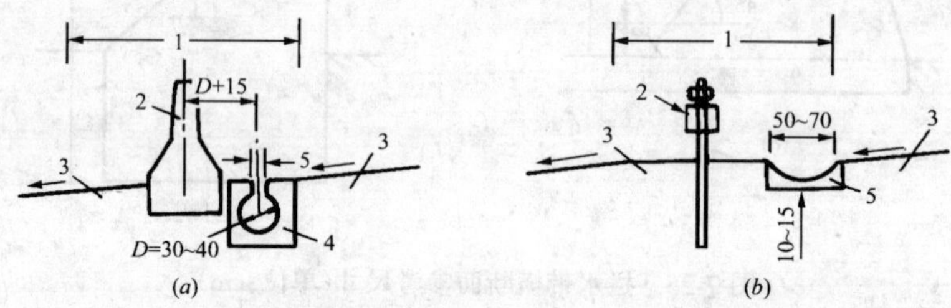

图7-27 超高路段上设置缝隙式圆形集水管或碟形浅沟(尺寸单位：cm)
(a)缝隙式圆形集水管；(b)碟形混凝土浅沟
1—中央分隔带；2—护栏；3—铺面；4—缝隙式圆形集水管；5—碟形混凝土浅沟

分隔带宽度大于3m且未采用铺面封闭时，应通过内倾的横向坡度使表面水流向分隔带中央低凹处，并通过纵坡排流到泄水口或横穿路界的桥涵水道中。分隔带的横向坡度不得陡于1∶6；分隔带的纵向排水坡度，在过水断面无铺面时不得缓于0.25%，有铺面时不得缓于0.12%。当水流速度超过地面上的最大允许流速时，应在过水断面宽度范围内对地面进行防冲刷处理，做成三角形或U形断面的水沟。防冲刷层可采用石灰或水泥稳定土，或者采用浆砌片石铺砌，层厚10cm～15cm。在中央分隔带内的水流流量过大或流速超过允许范围处，或者在分隔带低凹区的流水汇集处，应设置格栅式泄水口，并通过排水管引排到桥涵或路界外。格栅可以同周围地面齐平，也可适当降低，并在其周围一定宽度范围内做成低凹区(图7-28)，以增加泄水能力。

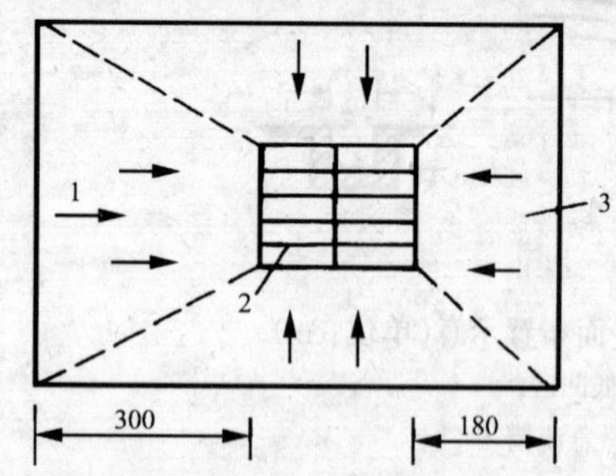

图7-28 中央分隔带格栅式泄水口布置示意(尺寸单位：cm)
1—上游；2—格栅；3—低凹区

多雨地区表面无铺面且未采用表面排水措施的中央分隔带，为排除渗入分隔带内的表面水，可设置纵向排水渗沟(图7-29)，并隔一定间距通过横向排水管将渗沟内的水排引出路界。渗沟周围包裹反滤织物(土工布)，以免渗入水携带的细粒将渗沟堵塞。渗沟上的回填料与路面结构的交界面处铺设涂双层沥青的土工布隔渗层。排水管可采用直径 70mm～150mm 的塑料管。

(3)坡面排水

坡面排水主要由各种横断面形状和尺寸的沟渠(槽)组成,条件合适时也可采用金属管。各种沟管设计的主要内容:确定布设位置、横断面形状和尺寸以及纵向坡度等。

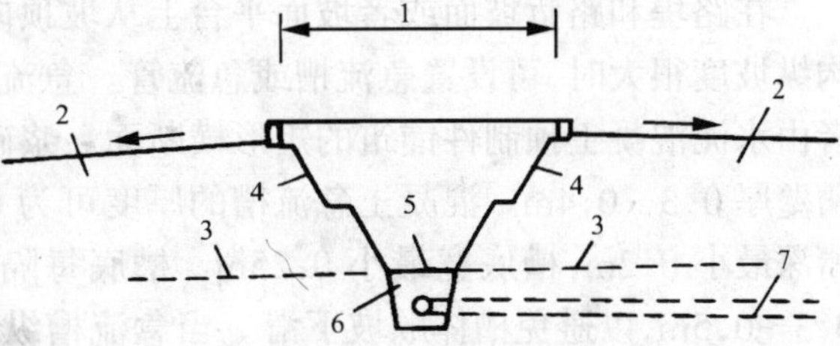

图 7-29 中央分隔带下设排水渗沟示意

1—中央分隔带;2—路面;3—路床顶面;4—隔渗层;5—反滤织物;6—渗沟;7—横向排水管

各种坡面排水沟渠的设计,应符合下列要求:

1)沟渠纵坡坡度和出水口间距的设计,应使沟内水流的流速不超过沟渠最大允许流速;超过时应对沟壁采取冲刷防护措施。

2)沟底纵坡坡度一般不宜小于 0.5%。土质沟渠的最小纵坡为 0.25%;沟壁铺砌的沟渠的最小纵坡为 0.12%。

3)沟槽的顶面高度应高出设计水位 0.1～0.2m。

挖方路段及填土高度小于边沟深度的填方路段,应在挖方边坡或填方边坡坡脚处设置边沟,以汇集和排泄降落在坡面和路面上的表面水。边沟可采用三角形、碟形、梯形或矩形横断面,按公路等级、所需排泄的设计流量、设置位置和土质或岩质选定。高速公路及一级公路,宜采用三角形或碟形边沟;受条件限制而需采用矩形横断面时,应在顶面加带槽孔的混凝土盖板。二级及二级以下公路,可采用梯形横断面,边沟内侧边坡坡度按土质类别采用 1∶1.0～1∶1.5;岩石挖方路段,可采用矩形横断面,其内侧坡面用浆砌片石砌筑以保持直立。矩形和梯形边沟的底宽和深度不应小于 0.4m。挖方路段边沟的外侧坡面与路堑下部坡面的坡度一致。边沟的纵坡坡度应结合路线纵坡、地形、土质、出水口位置等情况选定,尽可能与路线纵坡坡度保持一致。当路线纵坡坡度小于沟底最小纵坡坡度时,边沟应采用沟底最小纵坡坡度,并缩短边沟出水口的间距。高速公路及一级公路的土质边沟,均应采取防护措施。边沟出水口的间距,一般地区不宜超过 500m,多雨地区不宜超过 300m,三角形和碟形边沟不宜超过 200m。边沟出水口的排放应结合地形、地质条件以及桥涵水道位置,排引到路基范围外,使之不冲刷路堤坡脚。

当路堑或路堤边坡上方流入路界的地表径流量大时,应设置拦截地表径流的截水沟。在坡面汇流长度大的山坡上,应酌情设置一道以上大致平行的截水沟。在坡体稳定性较差或有可能形成滑坡的路段,应在滑坡体的周界外设置截水沟。截水沟设在路堑坡顶 5m 或路堤坡脚 2m 以外。如土质良好、路堑边坡不高或沟壁进行铺砌时,前者也可不小于 2m。截水沟应结合地形和地质条件沿等高线布置,使拦截的水顺畅地排向自然沟谷或水道。截水沟长度以 200～500m 为宜;超过 500m 时,可在中间适宜位置处增设泄水口,由急流槽或急流管分流排引。截水沟一般采用梯形横断面,沟坡坡度为 1∶1.0～1∶1.5,沟底宽度和沟的深度不宜小于 0.5m。地质或土质条件差,有可能产生渗漏或变形时,应采取相应的防护措施。

由拦水带泄水口通过路堤边坡上的急流槽或急流管引排到坡脚的水流,应汇集到设在路堤坡脚外 1～2m 处的排水沟内,并排放到桥涵或自然水道中。深路堑或高路堤边坡设边坡平台时，在坡面径流量大的情况下可设置平台排水沟，以减少坡面冲刷。

在路堤和路堑坡面或者坡面平台上从坡顶向下竖向集中排水时，或者在截水沟或排水沟纵坡度很大时，可设置急流槽或急流管。急流槽可采用由浆砌片石铺砌的矩形横断面或者由水泥混凝土预制件铺筑的矩形横断面。浆砌片石急流槽的槽底厚度可为0.2～0.4m，槽壁厚0.3～0.4m。混凝土急流槽的厚度可为0.2～0.3m。槽顶应与两侧斜坡表面齐平。槽深最小0.2m，槽底宽最小0.25m。槽底每隔2.5～5.0m应设置一个凸榫，嵌入坡体内0.3～0.5m，以避免槽体顺坡下滑。当急流槽纵坡陡于1:1.5时，宜采用金属管，管径至少20cm。各节急流管用管桩锚固在坡体上，其接口应做防水联结，以免管内水流渗漏而冲刷坡面。急流槽或急流管的进水口与沟渠泄水口之间做成喇叭口式联结，变宽段应有至少15cm的下凹，并做铺砌防护。急流槽或急流管的出水口处应设置消能设施，可采用混凝土或石块铺筑的消力坪或消力池。

在陡坡或深沟地段的排水沟，为避免其出口下游的桥涵结构物、自然水道或农田受到冲刷，可设置跌水结构物。跌水可带消力池，并按坡度和坡长的不同，设置成单级或多级。不带消力池的跌水，其台阶高度不应大于0.5～0.6m，以0.3～0.4m最为适宜；高度和长度之比，应与原地面坡度相吻合。带消力池的跌水，单级跌水墙的高度以1m左右为宜，消力槛的高度以0.5m左右为宜，消力槛与跌水墙的距离以5m左右为宜，但高度与长度之比也应结合原地面的坡度确定。消力池台面应设2%～3%的外倾纵坡；消力槛顶宽不宜小于0.4m，槛底应设泄水孔。跌水的槽身横断面可采用矩形，断面尺寸和要求与急流槽相同。

气候干旱、排水困难地段，可利用沿线的集中取土坑或专门开挖的凹坑修筑蒸发池，以汇集路界地表水，并通过蒸发和渗漏使之消散。蒸发池边缘距路基边沟不应小于5m，面积较大的蒸发池不得小于20m。蒸发池同边沟或排水沟之间设排水沟相连，池中水位应低于排水沟沟底。池的容量应以一个月内地表水汇入池中的水量能及时完成渗透和蒸发作为依据，但每个池的容量不宜超过200～300m^3，蓄水深度不应大于1.5～2.0m。

2. 路面内部排水

为排除通过路面接缝、裂缝或空隙，或者由路基或路肩渗入并滞留在路面结构内的自由水，可沿路面边缘设置边缘排水系统，或者在路面结构层内设置排水基层或排水垫层排水系统。

遇有下列情况时，宜设置路面内部排水系统：

1)年降水量为600mm以上的湿润和多雨地区，路基由透水性差的细粒土(渗透系数不大于10^{-5}cm/s)组成的高速公路、一级或重要的二级公路。

2)路基两侧有滞水，可能渗入路面结构内。

3)严重冰冻地区，路基为由粉性土组成的潮湿、过湿路段。

4)现有路面改建或改善工程，需排除积滞在路面结构内的水分。

路面内部排水系统设计应符合下列要求：

1)路面内部排水系统中各项排水设施的泄水能力均应大于渗入路面结构内的水量，且下游排水设施的泄水能力应超过上游排水设施的泄水能力。

2)渗入水在路面结构内的最大渗流时间，冰冻地区不应超过1h，其他地区不应超过2h(重交通时)～4h(轻交通时)。渗入水在路面结构内的渗流路径长度不宜超过45～60m。

3)各项排水设施不应被渗流从路面结构、路基或路肩中带来的细料堵塞，以保证系统的排水效率不随时间推移而很快丧失。

(1)路面边缘排水系统

边缘排水系统是将渗入路面结构内的自由水,先沿路面结构层的层间空隙或某一透水层次横向流入纵向集水沟和排水管,再由横向出水管排引出路基。这种方案常用于基层透水性小的水泥混凝土路面,特别是用于改善排水状况不良的旧水泥混凝土路面。

沿路面边缘设置由透水性填料集水沟、纵向排水管、横向出水管和过滤织物(土工布)组成的边缘排水系统(图 7-30)。

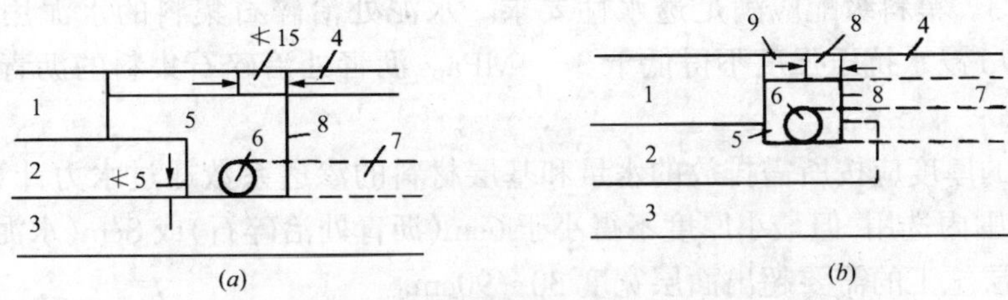

图 7-30 边缘排水系统(单位:cm)

(a)新建路面边缘排水系统;(b)改建路面边缘排水系统

1—面层;2—基层;3—垫层;4—路肩面层;5—集水沟;

6—排水管;7—出水管;8—反滤织物;9—回填路肩面层

纵向排水管通常选用聚氯乙烯(PVC)或聚乙烯(PE)塑料管。排水管设 3 排槽口或孔口,其开口总面积不小于 $42cm^2/m$。管径按设计流量由水力计算确定,通常在 70~150mm 范围内选用。排水管的埋设深度,应保证不被车辆或施工机械压裂,并应超过当地的冰冻深度。在非冰冻地区,新建路面时,排水管管底通常与基层底面齐平;改建路面时,管中心应低于基层顶面。排水管的纵向坡度宜与路线纵坡相同,但不得小于 0.25%。

横向出水管选用不带槽或孔的聚氯乙烯或聚乙烯塑料管,管径与排水管相同。其间距和安设位置由水力计算并考虑邻近地面高程和公路纵横断面情况确定,一般在 50~100m 范围内选用。出水管的横向坡度不宜小于 5%。埋设出水管所开挖的沟,须用低透水材料回填。出水管的外露端头用镀锌铁丝网或格栅罩住。出水口的下方应铺设水泥混凝土防冲刷垫板或者对泄水道的坡面进行浆砌片石防护,以防止水流冲刷路基边坡和植物生长。出水水流应尽可能排引至排水沟或涵洞内。

透水性填料由水泥处治开级配粗集料组成,其孔隙率约为 15%~20%。粗集料最大粒径不大于 40mm。水泥处治集料的配合比,应按透水性要求和施工要求通过试配确定。

集水沟底面的最小宽度,对新建路面,不应小于 30cm;对改建路面,应能保证排水管两侧各有至少 5cm 宽的透水填料。透水填料的底面和外侧围以反滤织物(土工布),以防垫、基层和路肩内的细粒侵入而堵塞填料空隙或管孔。反滤织物可选用由聚酯类、尼龙或聚丙烯材料制成的无纺织物,能透水,但细粒土不能随水一起透过。

(2)排水基层的排水系统

直接在面层下设置透水性排水基层,在其边缘设置纵向集水沟和排水管以及横向出水管等,组成排水基层排水系统(图 7-31)。

排水基层由水泥或沥青处治不含或含少量粒径 4.75mm 以下细料的开级配碎石集料组成,或者由未经结合料处治的开级配碎石集料组成。最大粒径可为 20cm 或 25cm,并不得

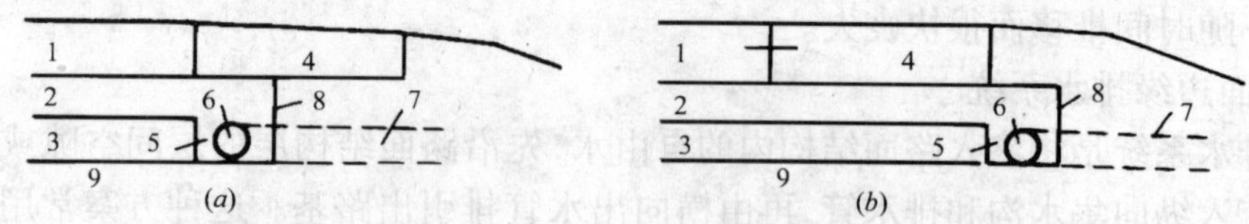

图 7-31　排水基层排水系统

1—面层；2—排水基层；3—不透水垫层；4—路肩面层或水泥混凝土路肩面层；
5—集水沟；6—排水管；7—出水管；8—反滤织物；9—路基

超过层厚的2/3。集料级配应满足透水性要求。水泥处治碎石集料的水泥用量不宜少于160kg/m^3，其7d浸水抗压强度不得低于3～4MPa。沥青处治碎石集料的沥青用量约为集料干重的2.5%～4.5%。

排水基层的厚度应按所需排放的水量和基层材料的渗透系数通过水力计算确定，通常在8～15cm范围内选用，但最小厚度不得小于6cm（沥青处治碎石）或8cm（水泥处治碎石）。其宽度应视面层施工的需要超出面层宽度30～90cm。

纵向集水沟可设在面层边缘外侧、路肩下或路肩边缘外侧（图7-31）。集水沟中的填料采用与排水基层相同的透水性材料。集水沟的下部设置带槽口或圆孔的纵向排水管，并间隔适当距离设置不带槽孔的横向出水管。

排水基层的下卧垫层应选用不透水或低透水性的密级配混合料，以阻截自由水的下渗和路基中细粒土的上迁。

为拦截地下水、滞水或泉水进入路面结构，或者排除因负温差作用而积聚在路基上层的自由水，可直接在路基顶面设置透水性排水垫层，并酌情配置纵向集水沟、排水管和出水管等（图7-32）。

图 7-32　排水垫层排水系统

1—面层；2—基层；3—垫层；4—排水垫层；5—集水沟；6—排水管

排水垫层选用开级配集料（砂或砂砾石），其级配应满足排水和反滤的要求。

7.5.2　城市道路路面排水

设计城市道路时，为了保证车辆和行人的正常交通，改善城市的卫生条件，以及避免路面的过早损坏，要求迅速地将地面雨雪水排除。所以，城市道路排水是城市道路的一个组成部分。

1. 道路雨水排除系统

根据构造的特点，城市干道雨水排除系统可分为下列各类：

1）明沟系统

与公路地面排水相同。即用明沟排水，在街坊出入口，人行过街等地方增设一些盖板、涵管等过水结构物。

纵向明沟可设在路面的两边（如图7-33）或一边，也可设在车行道的中间。纵向明沟过长将增大明沟断面和开挖过深，此时须在适当地点开挖横向明沟，将水引向道路两侧的河滨排出。

图 7-33　道路明沟排水示意图

明沟的排水断面尺寸,可按照泄水面积依水力学所述公式计算。明沟一般采用梯形,底宽一般不小于 0.3m,边坡视土壤及护面材料而不同,用砖石或混凝土块铺砌的明沟,一般采用1:0.75~1:1 的边坡。有的城市也有石砌或砖砌的上面加盖板的矩形明沟。

2)暗管系统

包括街沟、雨水口、连管、干管、检查井、出水口等主要部分。

道路上及其相邻地区的地面水依靠道路设计的纵、横坡度,流向车行两侧的街沟,然后顺街沟的纵坡流入沿街沟设置的雨水口,再由地下的连管通到干管,排入附近河滨或湖泊中去(如图 7-34)。

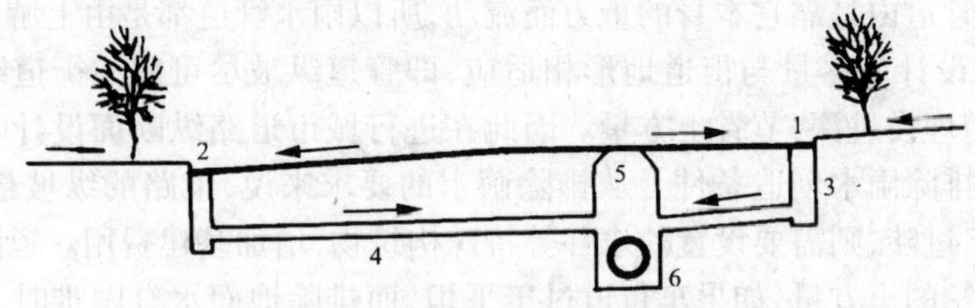

图 7-34　暗管排水示意图

1—街沟;2—进水孔;3—雨水口;4—连管;5—检查井;6—雨水干管

雨水排除系统一般不设泵站,雨水靠管道的坡差排入水体。但某些地势平坦、区域较大的大城市如上海、天津等,因为水体的水位高于出水口,常需设置泵站抽升雨水。

3)混合系统—明沟和暗管结合的一种形式

城市中排除雨水可用暗管,也可用明沟。在一个城市中,也不一定只采用单一系统来排除雨水。采用明沟可以降低造价;但在建筑物密度较高和交通频繁的地区,采用明沟往往引起生产、生活和交通的不便、桥涵费用增加、占用土地较多,并影响环境卫生。因此,这些地区应采用暗管系统。而在城镇的郊区或其他建筑物密度较小、交通较稀的地区应首先考虑采用明沟。工业区或居住区的边界到出水口的距离较长时,这一段雨水道也宜采用明沟,以节省造价。为了降低雨水管道的造价,在每一集水流域的起端可利用街道边沟排水来减少暗管的长度。

2. 道路雨水管的布置

城市道路的雨水管线应是直线,平行于道路的中心线或规划红线。雨水干管一般设置在街道中间或一侧,并宜设在快车道以外,在个别情况下亦可以双线分置于街道的两侧(如图 7-35)。这主要根据街道的等级、横断面的形式、车辆交通、沿街建筑等技术经济条件来决定。

由于管道施工和检修对交通运输影响较大,所以在交通量大的干道上,雨水管也可埋设

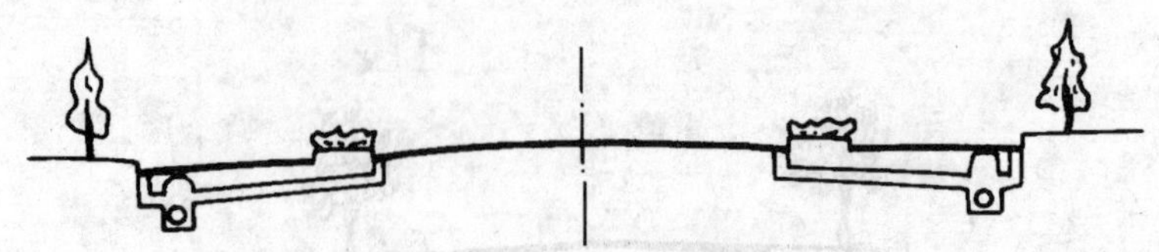

图 7-35　双线雨水管布置示意图

在街道的绿地下和较宽的人行道下。但不可埋设在种植树木的绿带下和灯杆线及侧石线下。

雨水管线应尽可能避免或减少与河流、铁路以及其他城市地下管线的交叉,否则将使施工复杂以致增加造价。在不能避免相交处应以直交,并保证相互之间有一定的竖向间隙。雨水管道离开房屋及其他管道要满足有关规范规定的最小距离要求。

雨水管与其他管线发生平交时其他管线一般可用倒虹管的办法。如雨水管和污水管相交,一般将污水管用倒虹管穿过雨水管的下方。

如果污水管的管径较小,也可在交汇处加建窨井,将污水管改用生铁管穿越而过。当雨水管与给水管相交时,可以把给水管向上做成弯头,用铁管穿过雨水窨井。

由于雨水在管道内是靠它本身的重力而流动,所以雨水管道都是由上游向下游倾斜的。雨水管的纵断面设计应尽量与街道地形相适应,即管道纵坡尽可能与街道纵坡取得一致。这样,不致使管道埋设过深,节省土方量。因此在进行城市道路纵断面设计时,应考虑雨水的排除问题并为排除雨水创造条件。从排除雨水的要求来说,道路的纵坡最好在 0.3%～4%范围内。道路过陡,则需要设置跌水井等特殊构筑物,增加基建费用。道路过于平坦,将增加埋管道时开挖的土方量,如果车行道过于平坦,而排除地面水有困难时,应使街沟的纵坡大于 0.3%,设计成锯齿形街沟,以保证排水。

管道的埋设深度,对整个管道系统的造价和施工影响很大,管道越深则造价越贵,施工越困难,所以管道埋深不宜过大。管道最大允许埋深根据技术经济指标及施工方法决定,一般在干燥土壤中,管道最大埋深不超过 7～8m,象上海地下水位较高,可能产生流砂的地区,不超过 4～5m。

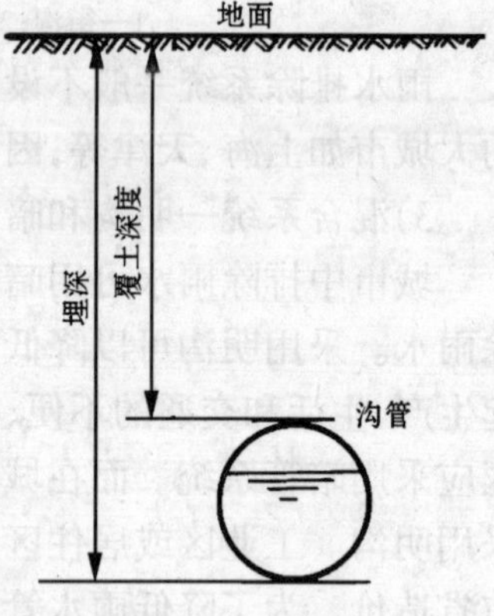

图 7-36　覆土深度

最小埋设深度决定于管道上面的最小覆土深度(如图 7-36)。

《城市排水设计规范》规定:在车行道下,管顶最小覆土深度一般不小于 0.7m。在管道保证不受外部荷载损坏时,最小覆土深度可适当减小。

不同直径的管子在检查井内的衔接,应使上下游管段的管顶等高,称为管顶平接(如图 7-37),这样可避免在上游管中形成回水。

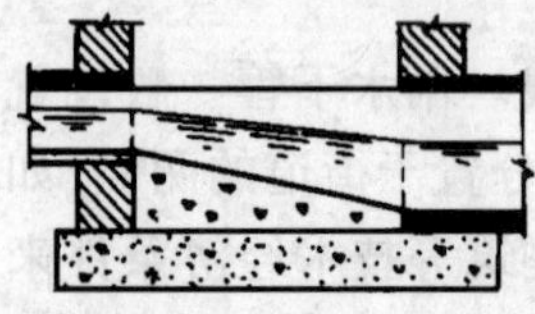

图 7-37　管顶平接

3. 雨水口的布置

雨水口是在雨水管道和合流管道上收集雨水的构筑物。地面上、街道路面上的雨水首先进入雨水口,再经过连接管流入雨水管道。雨水口一般设在街区内、广场上、街道交叉口和街道边沟的一定距离处，以防止雨水漫过道路或造成道路及低洼地区积水、妨碍交通。

布置雨水口时，首先应根据道路纵断面设计，把街沟纵断面上低洼汇水处和交叉口上必须设置雨水口的地点确定下来，然后根据街沟纵坡大小、街道的宽窄、路面种类以及两旁街坊院落排水情况，确定雨水口的间距和位置。此外，还要考虑当地暴雨强度、雨水口的排水能力和受水面积等因素。道路上雨水口的间距一般为30～80m。一般当道路纵坡较大时雨水口的间距可大些。但是，实践证明在道路纵坡过陡的地方，为了防止雨水因流速增大而越过雨水口，应增设雨水口，雨水口的间距反而应当缩短。在低洼和易积水地段也应适当增加雨水口的数量。

在沿路建筑物门口、分水点及其他地下管道顶上应避免设置雨水口。

雨水口在交叉口的布置应使来自街道的雨水在交叉口前人行横道上游就被截住而流入进水口，不允许在交叉口上漫流，以免妨碍车辆和过街行人交通。若道路宽度较窄，路口转弯半径较小，可将雨水口布置在转弯处，即每一转弯处设置一个雨水口。雨水口串联时一般不宜多于两个，雨水口连接管的长度一般不大于25m。

在交叉口处雨水口的排水能力应加大，避免积水影响交通，在加大井盖的进水面积的同时，也可适当缩小雨水口的间距。

雨水口的构造包括进水篦、井身和连接管三部分(如图7-38)。

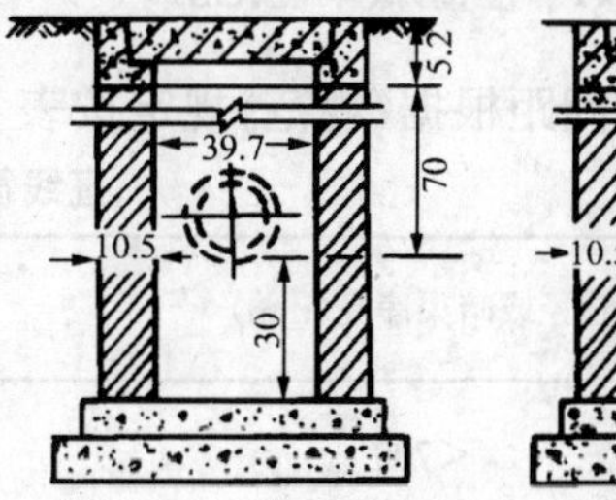

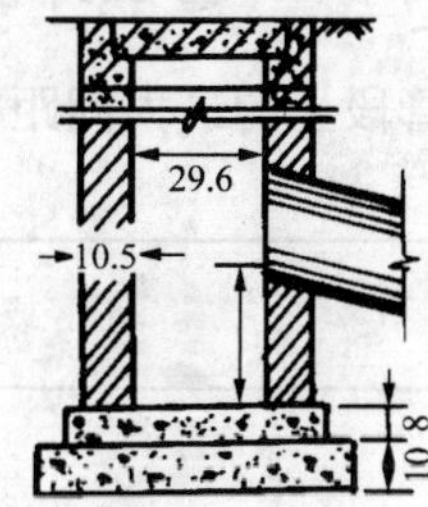

图7-38 雨水口(单位:cm)

平式雨水口的盖平铺在道路边沟上，雨水沿边沟进入雨水口(如图7-39)。进水篦宜稍低于边沟或邻近地面约3cm。进水篦孔隙越大，进水能力越大，从结构上考虑钢筋混凝土盖孔隙不宜过大，所以目前用铸铁盖的较多。平式雨水口设在边沟平面上，盖子易被车辆压坏，清捞垃圾不方便，所以在繁忙的交通干道上用竖式(侧石式)雨水口(如图7-40)较好，雨水口设置在人行道上便于清捞垃圾，在道路侧石处，设置有格栅的进水口，雨水由格栅流入雨水口。这种雨水口，因为雨水沿边沟流来时需要转90°才能流入雨水口，以致水流不畅，进水较慢。所以雨水口间距不宜过长，在严重积水区不宜采用。

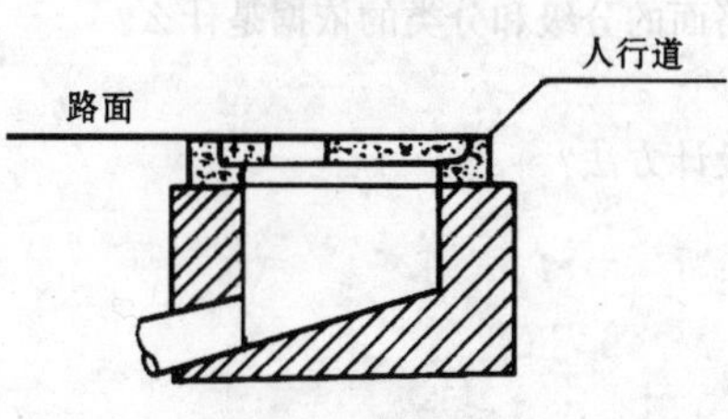

图7-39 平式雨水口示意图

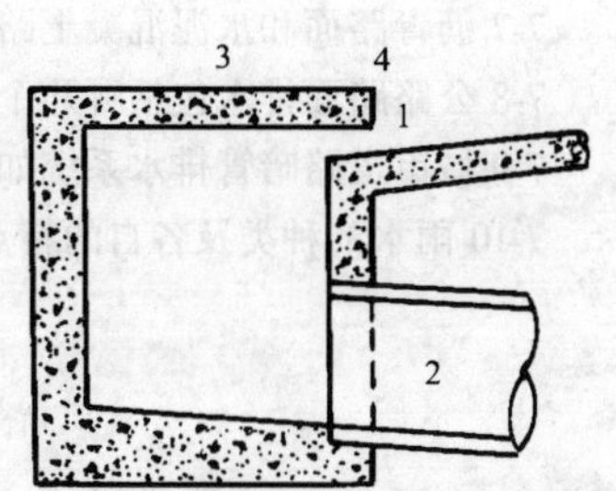

图7-40 竖式雨水口示意图

1—街沟;2—连管;3—盖板;4—侧石

在大城市干道上一般用联合式雨水口(上述两种进水方式的混合)较多。

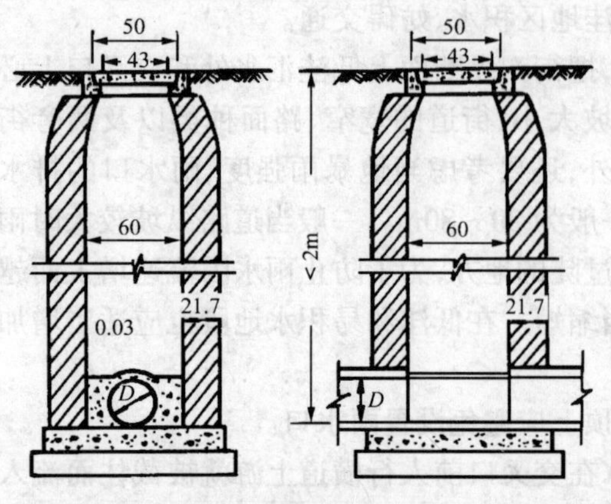

图 7-41　检查井(单位:cm)

雨水口底部可分为有沉泥槽(落底)和无沉泥槽(不落底)两种。沉泥槽可截留雨水所夹带的泥沙,不使它们进入管道而造成淤塞,但它往往影响环境卫生,增加养护的工作量。

4. 检查井的布置

为了对管道进行检查和疏通,管道系统上必须设置检查井;同时检查井还起连接沟管的作用(如图 7-41)。相邻两个检查井之间的管道应在一条直线上,以便于检查和疏通管道。所以,在管道改变方向处、改变坡度处、改变高程处、改变断面处和交汇处,都需要设置检查井。在过长的直线管道上,亦需要设置检查井。检查井在直线管段上的最大间距根据《规范》规定按表 7-21 采用。

直线管道上检查井间距　　**表 7-21**

管径或暗渠净高(mm)	最大间距(m)
＜700	75
700～1500	125
＜1500	200

注:本表适用雨水管道和合流管道。

复习思考题

7-1 路面的定义和作用是什么？对路面有哪些要求？
7-2 路面设计的标准轴载、当量轴次、累计当量轴次是什么？路面的分级和分类的依据是什么？
7-3 沥青路面结构组合设计的原则？
7-4 沥青路面和水泥混凝土路面设计理论各是什么？各自的设计方法？
7-5 沥青路面的种类和各自的特性？
7-6 水泥混凝土路面接缝类型？如何设置？
7-7 沥青路面和水泥混凝土路面相接如何处理？
7-8 公路路面排水包括哪几个方面？中央分隔带排水有哪些排水方式？
7-9 城市道路暗管排水系统如何设置？
7-10 雨水的种类及各自的特点？

第8章　道路绿化与环境

8.1　道路绿化与环境

道路绿化是一门综合性的学科,它与道路美学、建筑学、生物学、环境科学、自然地理学等学科及水、电、路、桥梁工程和历史文学、艺术等都有密切关系。道路绿化是大地绿化的组成部分,也是道路组成不可缺少的部分。无论是道路总体规划、详细设计、修建施工,还是养护管理都是其中的一项重要内容。它比城市园林、街道绿化简单粗放,而比荒山造林、农田林网的技术性强、标准高。

道路绿化的特点和风格是:绿色缭绕、交融自然、浑厚壮观、简单粗放、舒适优美、方便交通。

道路绿化范围指的是在道路用地内栽值的树木花草;也可泛指道路沿线视野内的一切绿色覆盖,即道路周围的大环境绿化。

随着工业的发展,环境污染日益严重,特别是城市环境污染更为严重,要改善和保护环境,一方面从根本上杜绝污染源,另一方面要发展绿化事业,建立良好的生态环境。

8.1.1　绿化对环境的改善

(1)吸收二氧化碳,放出氧气

众所周知,植物通过光合作用吸收的二氧化碳要比排出的二氧化碳多20倍,因此,总的是消耗了空气中的二氧化碳,增加了氧气。有资料表明,地球上60%以上的氧气来自植物,每公顷阔叶林(相当于1km道路两侧单行路树),每天能吸收1000kg二氧化碳,放出730kg氧气,供1000人呼吸所需。一般来说,一个人每天需要0.7kg的氧气,有10m^2树木或25m^2草坪,就能自动调节空气中二氧化碳和氧气的比例平衡,使空气保持新鲜。成片的松林,每天可从1m^3空气中吸收20mg的二氧化硫,每公顷柳杉林每天能吸收60kg的二氧化硫。因此,为防止污染、净化空气应选择与其相适应的、对有害气体具有吸收作用和抗性强的绿化树种。

(2)改变小气候

树木花草叶面的蒸腾作用,能降低气温,调节湿度,吸收太阳辐射,对改善小气候有着积极作用。据材料表明,当夏季气温为27.5℃时,草坪表面温度为22~24.5℃,比裸露地面低6~7℃,比沥青路面低8~20.5℃。不同树种有不同的降温能力,主要取决于树冠大小、树叶的疏密程度和叶片的质地。冬季,在树木较多的小环境中,其气温要比空旷地高1~3℃,有草皮的足球场地面温度比裸地高2~4℃。总之,绿化了的小环境可以起到冬暖夏凉的作用。

(3)调节湿度

空气湿度过高,易使人厌倦疲乏,过低,则感觉干燥烦恼。一般最舒适的相对湿度是30%~60%,据北京地区测定,阔叶林的蒸腾能力相当于同等面积水库的蒸发量,比同面积的裸地蒸腾能力高20倍。

(4)降低噪声

成片栽植的树木对降低噪声也有一定的作用。树木能降低噪声，是因为能使投射到树叶上的噪声被反射到各方向，造成树木微振使声能消耗而减弱。噪声的减弱与林带的高度、宽度、位置、配置方式以及树木种类有密切关系。据测定，40m 宽的林带可以减低噪声 10～15dB(A)；道路两旁乔灌木搭配成 15m 宽的林带，可减低噪声一半；快车道的汽车噪声，穿过 12m 宽的树冠，与同距离空地相比降低 3～5dB(A)。

8.1.2 道路绿化的基本要求

(1)道路绿化应贯彻为交通运输服务，为工农业生产服务的方针，做到全面规划、合理布局，各具特色，点、线、面结合，组成一个完整的道路绿化体系。做到自然美和人工美，粗犷美和精致美的和谐统一。

(2)道路绿化不但要适用、美观，而且还要经济，视气候、土壤等自然条件不同，宜树则树，宜草则草，宜花则花。

(3)绿化要达到改善行车条件，美化路容，增进舒适性和安全感的要求。

(4)绿化要随地形、环境不同，可以为连续形、自然形、对称形和一定图案等形式。也可根据道路的性质、等级采用不同的树种绿化。高速道路车速快，不宜种植高大的乔木或离路太近，也不宜栽植过密。因为，树的阴影会影响视力，看不清周围景色，使人头昏目眩，一般植栽 1.2m 左右的低矮植物，对等级不高的道路，可以种植高大的树木，既可美化路容，又可以收获木材。

(5)道路绿化要与预防自然灾害结合起来，用以阻挡风、沙、雪、洪水等灾害对道路的侵害。

8.1.3 道路绿化的功能

道路绿化与路基、路面、桥涵、标志等共同构成道路整体，对美化路容、诱导交通、保护路基、路面都起着重要作用。

(1)有视线诱导和指路作用。利用绿化种类的不同预示高速道路的出入口、道路线型变化及要去的方向，以引导驾驶员安全操作。

(2)稳固路基、保护边坡的功能。在平台、边坡上的绿化可以保持水土、防止冲刷，同时又可通过植物的蒸腾作用来消耗土壤中的含水量，抑制地下水位的上升，从而达到稳固地基、保护边坡的作用。

(3)防眩功能。中央分隔带的绿化，主要用于防止夜间由对面或侧道汽车大灯引起的眩目，有利于安全行车。

(4)有补充道路景观，调整工程中难以避免的景色影响的作用。可以遮蔽杂乱和不美观的建筑，可美化取土坑、废料堆和贮水池，使它们成为道路环境中的一景，对重新建立和形成生态平衡系统起着积极作用。

(5)有调节路面温度，防止路面老化的作用。绿色植物能吸收日光辐射和减少地面辐射的作用，夏季能遮光蔽荫，冬季能阻挡寒风，有防止路面老化的作用。

(6)有调节周围小气候和净化空气的作用。树丛还能隔音、吸音，以创造安静、清洁的环境。

(7)缓冲栽植。这种栽植，一般在高速道路出口处，能促使车辆减速，以减轻汽车肇事的冲击力。

8.1.4 道路绿化的类型

分公路绿化和城市道路绿化。

按其目的、内容和任务不同,又分为以下工程类型:

(1)营造行道树

一般以乔木为主,以路中心线为轴线,在公路两旁营造单行或双行的树木。行道树的位置如表 8-1 所示。

道路行道树(乔木)植树的位置 **表 8-1**

名　　称	树木距离(m)	名　　称	树木距离(m)
道　　牙	1	高压线与路平行	15
边坡上口	0.5	高压线穿越公路	15
护坡道两侧	0.5	电力电线杆	2
公路平交道口	20	警亭	3
公路铁路平交道口	25	平房	2
乡村平交道口	8	楼房	5
桥　　涵	6	电讯电缆	2

注:1. 公路路肩不植树;

2. 公路弯道半径小于 100m 时,内侧不植树。

(2)营造防护林带

一般离路基 10~30m 外,种植两行以上的乔木或灌木、乔木混合林带,以防止风、沙等自然灾害的侵袭。

(3)营造绿化防护工程

如护坡草皮、活柳坡及矮林等,以保护线路、加固构造物、增强路肩和路基的稳定性。

(4)营造风景林、美化环境

公路两旁多半种植两行以上的观赏乔木或将灌木和果树适当混交成林。而在高速公路的中央分隔带和收费站(亭)、停车场、立交桥等景点的绿化以低矮、四季常青的树种为主。

对于城市道路的风景绿化,可以是道路全程绿化,以保持整体上的协调统一,提高道路绿化的艺术水平,也可以各路段在形式上有所变化,既能结合环境特点,且景观上也得以丰富。同时一条路段上分布有多条绿带,各绿带的植物配置相互协调,使道路绿化有层次、有变化、景观丰富,也能较好地发挥绿化的隔离防护作用。

8.2 道路与环境

人类环境,是指人类的生存环境,它是自然环境、人工环境和社会环境的总和。

自然环境,如地形、地质、水文、气候、土壤、动植物等;人工环境,如农业、工业、城市、乡村、风景名胜、文物古迹及各种游乐场所;社会环境,如人力、物力、财力、信息等。自然环境是人工环境和社会环境的基础,社会环境又起着决定性的制约和调控作用。

道路环境问题是整个人类环境问题的一个组成部分,它是由于人们为发展经济修建道路而引起的环境恶化，以致影响人类生产和生活，导致生活质量的下降。

道路环境问题可分为两大类，一类是自然环境的破坏；另一类是对环境的污染。

8.2.1 道路建设对环境的影响

道路建设对环境的影响，可归纳为以下三个方面。

(1)道路开发引起的环境问题

在道路修建过程中，由于施工引起的环境问题，主要是对原始自然生态环境、自然风景景观的破坏，以及大量占用土地，各种拆迁工程和施工噪声、废弃物对沿途居民生活、工作造成的扰乱和污染。道路施工对农业产生的影响，还表现在废弃物，如石灰、水泥、沥青渣、机械残油、污水等对道路两旁的农田和作物的污染，而造成农业的减产。

道路开发对自然风貌的破坏，如道路路基和其他桥涵构造物的施工，要大量砍伐森林，开山填路、改移河道，均会破坏原始地貌、植被，从而使大量水土流失，造成山体滑坍、泥石流等。还会改变生物群落、减少动物繁殖群的数目以及造成动物迁移等。总之它会使自然风貌失去原始状态，破坏生态系统的功能结构。

(2)汽车交通引起的环境问题

汽车在行驶过程中，排出的废气含有一氧化碳、碳氢化合物、氮氧化物和铅微粒。碳氢化合物、氮氧化物与水反应形成酸，所以，汽车排放废气是导致酸雨形成的主要原因。酸雨不但对动、植物生长有很大影响，而且易破坏建筑物。

当内燃机车释放出一氧化碳(CO)达到足够浓度时，对人类将会产生致命的毒性。人所接触到的一氧化碳几乎都是汽车排放的，因此对一氧化碳应予重视，如道路、隧道等处，应规定有通风标准，以确保一氧化碳浓度不允许达到(超过)对人类健康产生影响的程度。

汽车在排放中都散放出无机铅化合物的细小颗粒物，并在行驶中扰动了路面的一些物质，在无结合料的路面上会造成尘土飞扬。由汽车产生扰动起来的空中污物、灰尘可以直接落入土壤中，并通过道路附近的植物进入食链中形成对人体有害的物质。

道路噪声发生于行驶的汽车群，沿路传布并散布到周围环境中，噪声过大会危害人们的身心健康，使人烦躁不安，干扰睡眠，增加急促感，工作中易分散注意力。所以，噪声和振动是一种公认的公害。

(3)道路视觉环境问题

由于道路的修建，将对所通过的地区景观有所改变，并且常常把道路当作正常景观的一部分。因此，道路环境问题，还包括道路本身和周围环境对司机视觉的不利影响，称之为道路视觉环境。

视觉环境是指汽车在行驶中，司机在视野极限范围内(1km)所看见的行车道上和道路两旁周围环境中的一切景物，即道路的总外貌。司机对道路环境的认识，主要是通过视觉观察，从中选择行驶信息，形成心理环境，并通过大脑对这些信息进行判断，而采取相应的驾驶方案。如果在视觉环境中，道路景物杂、乱、脏、刺眼，甚至险恶，都会引起视觉污染，影响人的思维、行为、情绪、感觉，造成心理和生理的变化，严重影响司机的操纵行为。因此，视觉污染是引起交通事故的根源之一。

道路视觉污染产生的原因很多，有道路本身结构和沿途设施结构的原因，也有司机、旅客、行人的原因及周围居民的原因。例如：道路路线扭曲、断背、折断、隘口山崖险恶、急转弯，路旁刺眼的广告、交通标志牌、行车道上旅游垃圾、脏水等等，都会给司机的视觉造成刺激，增加他们的紧张感，增加交通事故的发生率。

8.2.2 道路建设对环境的影响层次

道路建设对环境的影响层次主要有：全球影响，例如使全球变暖和对臭氧层的破坏；区域性影响，如酸雨和光化学现象；局部影响，如噪声，柴油机排放的微粒物及道路照明等。

8.3 道路环境影响评价

道路环境影响评价是道路环境质量评价的一个组成部分。它是工程项目开发之前，就施工过程中和建成交付营运期间，可能对环境造成的影响进行评估和预测。

8.3.1 环境影响评价内容

道路环境影响评价，包括自然环境和社会环境两大部分。即对自然资源、生态平衡、环境和环境美学的影响评价。从空间概念来说，要研究大气、水质、土壤等污染的发生与发展规律以及人类、生物对环境的反应；从时间概念来说，要研究工程开发对环境短期、中期和长期的影响。

美国联邦公路管理局认为，对公路建设中环境影响评价内容应包括：

(1)对自然资源(森林、矿藏、自然保护区、珍贵动植物)、文化或风景资源可能产生的严重影响。

(2)对房屋拆迁可能引起的争论或纠纷。

(3)使现有城镇可能出现被分割、被破坏或与当地规划目标相矛盾，或增加城镇拥挤程度。

(4)公路建设与国家、地方环境标准相矛盾，如对毗邻地区的不良影响、噪声、大气、水的污染，甚至造成洪水泛滥的可能性。

(5)防治环境污染与破坏的措施及其投资估算和经济技术可行性论证意见等。

8.3.2 环境影响评价的程序

环境影响评价可按下述程序进行：

(1)调查、收集、整理道路沿线环境状况，如现有道路环境监测数据，污染原因和程度，有害气体种类、浓度、噪声等级等；

(2)确定评价项目，一般要按环境要素列项。除考虑对大气、土壤的影响外，还要对动植物、文物、风景、生活环境的影响给予考虑；

(3)讨论确定环境保护措施和要达到的目标，要采用综合治理的措施；

(4)要根据地区的环境标准、经济发展情况及人们对道路交通污染的承受能力，确定道路环境容量标准和评价标准；

(5)要根据各种环境影响评价的数学模型，借助计算机进行计算，预估环境污染和未来发展趋势及其影响，提出防止污染的措施，确定最佳方案。

关于环境评价的实施流程，如图 8-1 所示。

8.3.3 环境影响评价方法

要客观地、准确地评价道路开发对环境的影响，需要采用模拟、计算机等新技术及多学科的技术和经济专业人员密切配合来完成这项工作。

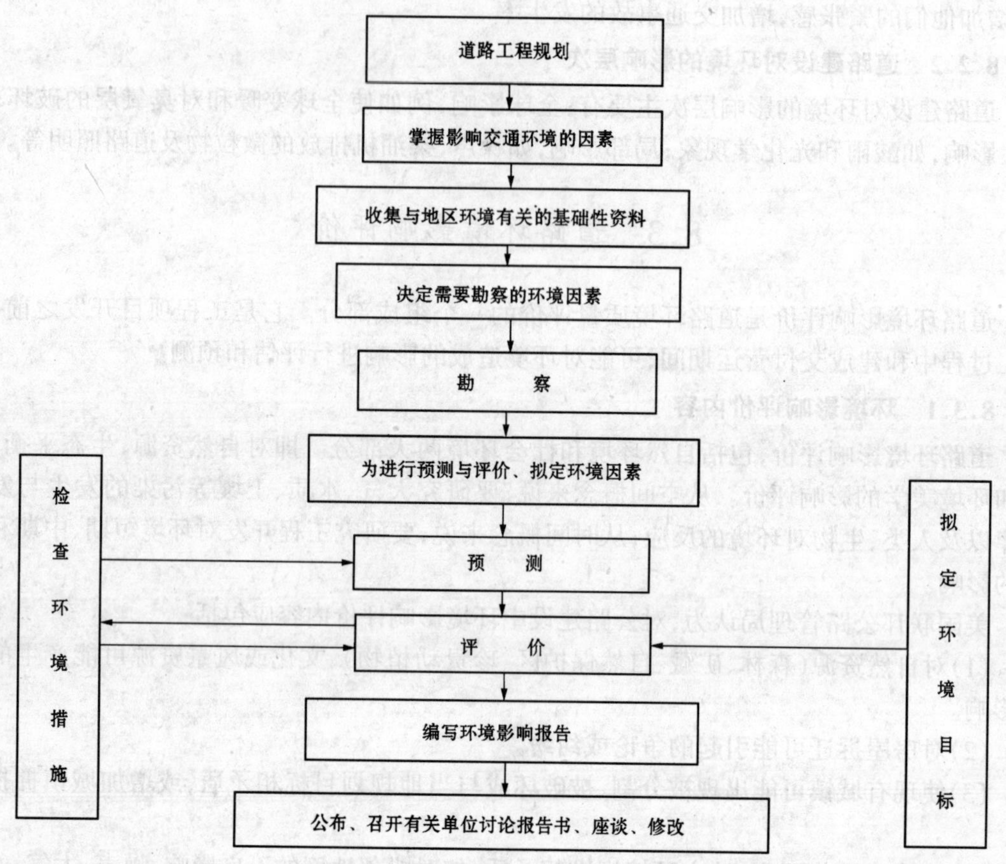

图 8-1　环境评价实施流程图

近年来认为 EIA 应作为一个程序步骤,改变以往侧重于方法和技术的偏见,在程序的各步骤都应有解决的方法和技术。1969 年以来,美国等发达国家将 EIA 用法律形式予以规定,成为一种必须遵循的制度。

1."环境影响评价"程序

道路工程项目在施工前,施工时和营运养护时,对环境均有影响,如何评价其影响,大体可包括两方面的内容:

(1)EIA 程序　涉及拟开发的工程项目的目标和后果,提出有关单位职责、立法和管理等;

(2)EIA 方法和技术　涉及采用什么方法、使用数据、信息资料、规范指南、模式等技术,目的是如何有效地评估和鉴定环境影响。

EIA 程序一般分为三个阶段,第一阶段是决定该工程项目是否要进行 EIA;第二阶段是进行环境影响的评价工作;第三阶段是工程竣工后的事后工作。

2.EIA 方法

EIA 方法和技术是用以判明、预测和评估环境的手段。这些方法繁多,大致可归为以下几类:

(1)直观的"列表和讨论"法;

(2)模拟和分析系统；

(3)对已建工程项目的环境影响进行监测并将监测结果与该工程项目的原有条件相对比，又称为“EIA 审计”或“回顾评估”法；

(4)适应性的环境评价法，是上述三种方法的某些综合。

现简介几种具体方法如下：

1)特别委员会法　亦称临时专家组法。组织一个专家组，让他们按各自的专业知识鉴定影响，并具体分析与项目有关的问题，必须达到专家组成员意见统一为止。这种方法可靠、灵活有效，可靠程度取决于个人专业知识的可靠程度。

2)目录清单法　目录清单是环境参数或影响类别的清单，分析人员在评定影响时，应审核目录清单的各项目。它起备忘录的作用，对可能的影响能引起广泛的思路，但也会产生“一成不变”的缺陷。

3)矩阵法　此法是用编绘的表格进行评价，类似数学中的矩阵。在项目活动表中加上活动参数表或活动类别表。这两项在矩阵中是相关的，以便判明原因及其相互间的关系，但不能指出影响的性质。由于有多学科成员的小组完成矩阵，可以减少专业上的偏见。

4)重叠图法　实质是一种简化的矩阵法。先作出单项环境参数影响的透明图，然后将这些图重叠起来，综合分析它的多项影响。将被研究地区分为若干环境因素(地形、植物分布、生态敏感区、历史造址等)区域图，标出面积范围和价值。所有这些图片均绘于透明底片上，然后重叠起来并拍照，成图后反映出所有这些资料的综合因素，判明该地区是否适于可指定的项目。这种方法灵活有效，可以从图上直观地表现问题。但费用高，也不能区分直接或间接影响。这种方法可电脑化，计算机可储存大量数据和很多重叠图，供操作和权衡比较。

5)环境影响指数法　这种方法是对每一个比较方案计算一个平均指数。它是环境各组成部分(如干扰破坏区域内的土地面积范围、线路的安全系数、造价等)数值乘以加权值的线性和。各组成部分的数值及其按重要性所确定的加权值均经标定或标准化，使所得结果在合理范围内。每个组成部分均用“现在”和“将来”两个加权值。其缺点是没有系统的选择组成部分，加权值有任意性，需要在多学科专家中予以协调，优点是可用计算机处理大量的环境组成部分，即对某些加权值偏高、相对不敏感、近期、远期影响等。

在上述各方法中，没有一种方法能有效地解决影响分析的全部要求，故有必要考虑数据的需要和费用来选择最有效的组合方法。目前环境影响评价分析中，最弱点是预测。一般认为小型项目，可采用有专业知识的经验小组来完成。特大型项目要解决环境中最突出的尖锐问题时，模拟方法是可取的。涉及大量土地面积和选址有灵活性时，最适于采用重叠图法。目前认为，对公路项目，应用最广泛的是矩阵法和重叠图法。

复习思考题

8-1 道路开发对环境的影响因素有哪些？

8-2 道路绿化对环境的意义何在？基本要求是什么？

8-3 道路环境影响评价的内容及程序是什么？

第 9 章　高速公路简介

高速公路作为现代交通概念，本世纪 20 年代在西方出现。自 1919 年建成世界上第一条高速公路以来，到 90 年代初世界上已有 80 多个国家修建高速公路，总里程超过了 17 万 km。我国大陆自 1990 年沈大高速公路修建以来，现已建成 11000km 的高速公路，对我国的经济发展起了积极的作用。

9.1　基本概念

9.1.1　高速公路概念

《技术标准》规定：高速公路一般应适应年平均昼夜小客车交通量为 25000 辆以上，具有特别重要的政治、经济意义的、专供汽车分向、分车道行驶并全部控制出入的干线公路。

1. 高速公路的基本含义

欧洲多数国家将高速公路称为"汽车公路"、"汽车专用公路"。

1962 年 11 月，在日内瓦召开的联合国欧洲经济委员会运输会议，对高速公路的定义是："利用分离的车行道往返行驶的交通道路，它的两个车行道用中央分隔带分开；与其他任何铁路、公路不允许平面交叉；禁止从路侧的任何地方直接进入公路；禁止汽车以外的任何交通工具出入。

中国《辞海》1979 年版中关于高速公路的解释是：供汽车高速行驶的公路，一般能适应 120km/h 或更高的速度；要求路线顺滑，纵坡较小。路面有 4～6 车道的宽度，中间设分隔带；采用沥青混凝土或水泥混凝土高级路面。在必要处应设坚韧的路拦；为了保证行车安全，应有必要的标志、信号及照明设备。禁止行人和非机动车在路上行驶。与铁路或其他公路相交时完全采用立体交叉。行人跨越则用跨线桥或地道通过。

总之，高速公路应具备以下 4 个条件：

(1) 为汽车专用公路；

(2) 设有中央分隔带，往返分开；

(3) 立体交叉，排除平面干扰；

(4) 全封闭，控制出入。同时只允许右转弯行驶，不允许向左转出入（日本、英国相反）。

2. 高速公路的基本特性

(1) 公路的基本属性　公路的建设与管理是物质生产，所以公路是一种特殊产品，与其他产品一样应有其基本属性。

1) 公益性　公路生产是物质生产，必然具备商品的基本性，即具有生产价值，又具有使用价值。如现在世界各国的收费道路，就充分体现了公路的商品性。通过收费来扩大公路事业的再发展。

2) 灵活性　与其他运输方式相比，更具有灵活性。特点是送达速度快，资金周转快，中转少，消耗少，投资少，能适应客货流变化并提供多样化服务。

3）超前性 公路是为国民经济和社会发展服务的，是连结工农业生产的纽带，是经济起飞的先行条件，所以其发展速度应高于或先于其他部门的发展速度。

4）储备性 公路运输业是资金密集型和技术密集型产业。公路建设不仅要满足现行通行能力的要求，还要考虑今后一段时期内通行能力增长的要求，即要有一定储备能力，否则会出现"超期服役"、超负荷运行的恶性循环状况。

（2）高速公路与一般公路相比，其具有以下优点：

1）车速高、通行能力大。高速公路最高时速一般为 120km/h。车速是交通运输的一个重要因素，由于速度高，行驶时间缩短，而带来巨大的社会效益和经济效益。

通行能力反映公路允许通过汽车数量的多少。一般双车道公路的通行能力 5000～6000 辆/昼夜，而一条四车道的高速公路通行能力为 34000～50000 辆/昼夜，六车道和八车道可达 70000～100000 辆/昼夜。可见其通行能力比一般公路高几倍甚至几十倍，基本上可以解决交通拥塞的问题。

2）燃料消耗和运输成本大幅度降低。高速公路改变了行车条件，汽车效能可以充分发挥。同样的车辆条件，高速公路的百吨公里的油耗和运输成本均比一般公路降低 25%左右。

3）旅客乘车条件改善、交通事故减少。高速公路由于没有其他运输工具的干扰，基本上按一定速度行驶，不仅乘客感到舒适，交通事故也大幅度下降。据介绍，高速公路与一般道路相比，美国交通事故减少 56%，英国减少 62%；日本减少 89%，我国京石汽车专用路事故下降 70%，时速提高 3 倍。

（3）高速公路存在的问题

1）占地多 高速公路用地宽度至少为 30～35m；六车道为 50～60m；八车道 70～80m；一个全互通式立交用地达 4～10 万 m^2。用地价占整个公路投资的 1/3 以上。因此，我国修建高速公路，要结合我国耕地少、人口多的情况，注意尽量减少占用农田。

2）投资大、造价高 我国高速公路平均造价为 1000 万元/km，比一般公路高十几倍，这些投资需在今后的运营中回收。资金紧张，是影响我国高速公路修建的主要因素。

3）与地方交通贯通不方便 由于高速公路控制出入，给地方运输带来不便。如何处理好高速公路与地方道路的关系，是今后研究的主要问题。

9.1.2 高速公路效益

1. 经济效益

高速公路是社会经济发展的必然产物，它推动了生产力的发展，又显示了很高的效益。

（1）直接经济效益 包括：缩短运输时间，提高汽车使用效率所带来的经济效益；节约行驶费用（包括油耗、车耗、轮耗等方面的节约）带来的经济效益；节省包装、装卸，减少货物运输损坏带来的经济效益。

（2）间接经济效益 由于高速公路的修建，促进了沿线的经济发展，对地区性经济开发起着巨大的作用，并带来很大的经济效益。

如沈大高速公路建成后，它的经济效益和社会效益十分显著。设计通行能力达 50000 辆/昼夜，年货运能力 8000 万 t，客运能力 1.3 亿人次，车速可达 100km/h。据测算，由于距离缩短，速度提高而节约的运输费用和各种消耗，每年可达4亿元以上。

沈大高速公路连接沿线五大城市、三大港口，缩短了城市间、城市与港口间、沿海与内陆间的距离，港口扩大至腹地，内陆城市变成了港口城市。带动了城市群的建设，促进了城市整体能力优势的发挥，对政治、经济、文化教育的发展起到了积极的作用。

2.社会效益

(1) 促进社会的生产和运输的合理化　高速公路的修建，促使该区域的工农业及各方面生产的布局更为合理。高速公路在公路运输中占有很大的比重，据统计日本仅占全国公路里程0.31%的高速公路，却承担了总货运量的25.6%，美国1.4%的高速公路，承担了26.3%左右的总运输量。

(2) 促进沿线经济发展和资源的开发　高速公路的修建，将有利于地方经济和一些特殊事业的发展，如上面提及的沈大高速公路就是如此。

(3) 加速物质生产和产品流通　现代化生产对原材料的需要和产品的流通要求直达、快速，以加快货物运转，加快资金周转，从而能达到扩大再生产的目的。而高速公路在加速物质生产，促进产品的流通方面起着重要的作用。

(4) 促进水运、铁路和高速公路的联运　快速灵活的汽车与运量大的火车运输及廉价长距离的水运有机结合形成联运网，使产品运输更为直接、便利、快速、准时，从而最大限度地提高运输效率，降低运输成本。

(5) 有利于城市人口的分散和卫星城的开发　修建高速公路后，沿线小城镇、小型工业的兴建，使城市人口向郊外分散，城市主要居住区转向周围卫星城，既促进了地区发展，又缓和了城市人口集中的矛盾。

9.1.3 我国高速公路发展历程

1988年，是我国交通史上不平凡的一年。沈大，沪嘉等高速公路的兴建，使我国大陆实现了高速公路零的突破，也是我国公路迈入现代化的新起点。

高速公路在我国，也像其他新生事物一样，经历了一个曲折的过程。早在70年代初期我国就开始讨论可行性问题（当时仅有台湾省于1978年建成的基隆到高雄的373.3公里的高速公路），进入80年代后，仍在讨论该不该修建和应该如何修建高速公路（1983年在北京召开的“交通运输技术政策论证会”、“公路运输发展座谈会”、1987年2月中国公路学会在广州召开了关于高速公路的座谈会）。京津塘高速公路就是在70年代初期开始论证，并作可行性研究。同时邀请国外专家进行咨询，进行社会效益和经济效益分析、计算了投资偿还期，认识到其效益的显著性，并报请国务院批准兴建。但由于认识存在分歧，使高速公路建设从酝酿到实施，整整经过了15个年头，直到1987年10月才签订土建工程合同，当年12月破土动工。据交通部提供的资料，我国“七五”期间，建成了以沈大公路为代表的高速公路522km，“八五”期间，又相继建成了京津塘、济青、成渝等高速公路1619km，是“七五”期间的3.1倍，“九五”期间，沪宁、太原至石家庄，长春至四平等一批高速公路相继竣工通车。尤其是近三年，高速公路以年均1300多公里的速度发展。到1999年末，我国已建成高速公路里程达11000km，位居世界第四位。主要线路有：沈阳至大连、北京至天津至塘沽、成都至重庆、济南至青岛、广州至深圳、北京至石家庄、上海至南京、太原至旧关、柳州至桂林、吐鲁番至乌鲁木齐至大黄山、上海至杭州、广州至佛山等，这些路段均是我国的交通要道。

根据“七五”末编制的公路建设中、长期建设发展计划，“九五”期间，将重点实施“两纵两横”及三条主要路线，约1.8万km的国道主干线，其中70%采用高速公路的标准建设。计划再用25年建成“五纵七横”的公路大动脉，贯通首都、各省省会、连接所有人口在50万以上的城市，做到400～500km当日往返，800～1000km当日直达。

短短几年，我国公路、特别是高速公路建设发展之快的事实，已使人们普遍认识到，高速公路的建设不仅不违背国情，且是国情所需，社会所需，是我国经济发展带来的货物、车流迅速增加对公路建设提出的客观需求。它也是解决我国公路混合交通、提高汽车通行能力、改善投资环境，反过来又促进经济发展的极为重要条件。

9.1.4 世界高速公路发展概况

修建高速公路，是社会与经济发展的需要，也是根据社会和经济发展的实际情况而决定的。

德国是最早修建高速公路的国家，早在1919年通车的AVUS，是世界上最早设有上、下行车道、中间设分隔带的公路。从1933年到1939年，德国共建成3440km高速公路，平均每年582km，至1991年已修建高速公路里程达1.1万km。

意大利于1924年建成米兰至瓦雷泽的汽车专用公路，到1984年已有高速公路5901km。

美国是高速公路最多、路网最发达、设备最完善的国家。1937年加州建成第一条高速公路，1944年制订了近7万km的州际和国际高速公路规划。到1991年美国已建成8.5万km高速公路。纽约至洛杉矶高速公路全长4556km，是世界之冠。美国高速公路修建的速度最快，从1956年到1980年，平均每年增加3000km。

日本自1957年颁发“高速道路干道法”后，1958年～1965年修建了名神高速公路。到1992年，已达5054km，形成以东京为中心，纵贯南北的高速公路网。其目标是到2015年形成1.4万km的高速公路网。

高速公路密度最大的国家是荷兰，每1000平方公里国土面积即有43.97km的高速公路，其次是比利时和德国。

国际高速公路网正在逐步修建形成。为了更好地发挥高速公路的优势，加强国际间的联系，一些国家正在把高速公路连接起来，以构成国际高速公路网。已实现的有：横贯全欧，东自奥地利的维也纳，经荷兰、法国，西至西班牙的瓦伦西亚高速公路，全长3200km；纵贯全欧，北起丹麦的哥本哈根，经过德国和奥地利，南至意大利的罗马高速公路，全长2100km。

另一条宏伟的世界高速公路正在规划设计中。该路从东京出发，连接汉城、平壤、北京、河内、达卡、新德里、德黑兰、莫斯科、华沙、柏林、波恩、巴黎（或经巴格达、布达佩斯、维也纳、慕尼黑至巴黎），最后到达伦敦。该工程将穿过日本海峡、博斯普鲁斯海峡、加勒比海峡、费马思海峡、英吉利海峡和比利牛斯山、阿尔卑斯山等。为了该高速公路的修建，在联合国发展组织和欧洲经济委员会的参与和协调下，以10000公里为目标，有10多个国家参加的“TEM”计划组织自1977年9月1日开始工作。联合国经互会1980年批准了“国际高速公路基本技术要求和设计标准”。

9.2 高速公路技术标准

9.2.1 概述

1. 等级划分标准

《技术标准》将高速公路按地形复杂程度分为四个档次,并分别规定了相应的设计车速及其主要技术指标,具体见表1-4。

一条较长的高速公路,可以根据交通量及地形的变化情况分段采用不同的级别。当在同一地形分区范围内采用不同级别时,相邻设计路段的设计车速之差不宜超过20km/h;当一条公路通过不同地形分区时,应结合地形的逐渐变化,主要技术指标也随之逐渐过渡,避免出现突变。

按不同设计速度设计的路段长度不宜过短,高速公路一般不小于20km,特殊情况下可为10km。

不同设计速度的路段相互衔接地点,应选在交通量发生变化处或者驾驶者能够明显判断前方需要改变行车速度处。

2. 设计车型

设计车型是高速公路设计的重要依据之一,是设计所采用的代表性车型。道路的技术指标如行车道宽度、曲线加宽、视距的决定,都与设计车型的外廓尺寸及性能有关。

高速公路上行驶的汽车归为两类:一是小客车类,包括所有轻型客货车;另一类是载重车,包括普通重车、载重车、牵引车与半拖挂或全拖挂的组合车。其中小客车与一般载重车是主要车型,设计车辆应以这两种类型车的尺寸和性能为主。一般以小客车为设计车型,其他车辆以一定的换算系数折算成小客车。

我国采用的设计车型外廓尺寸见表9-1。

设计车型尺寸(单位:m) 表9-1

尺寸 类型	总长	总宽	总高	前悬	轴距	后悬
小客车	6.0	1.8	2.0	0.8	3.8	1.4
载重车	12.0	2.5	4.0	1.5	6.5	4.0
半挂车	16.0	2.5	4.0	1.2	4+8.8	2.0

高速公路的建筑界限,是保证汽车在路上正常行驶与安全情况下所规定的,即在一定宽度和高度范围内不得有任何障碍物的有效空间界限,如图9-1所示。净空范围内不得设置桥墩、标志、照明设备、防护栅。特别是位于中央分隔带或路肩上的桥墩和标志的柱不能紧靠净空界限,应留有防护栅的余宽,见图9-2。

净空界限的顶线与路面平行,两侧边线:当路面横坡大于2%时与路面垂直,小于2%时为铅垂线。

3. 设计交通量与通行能力

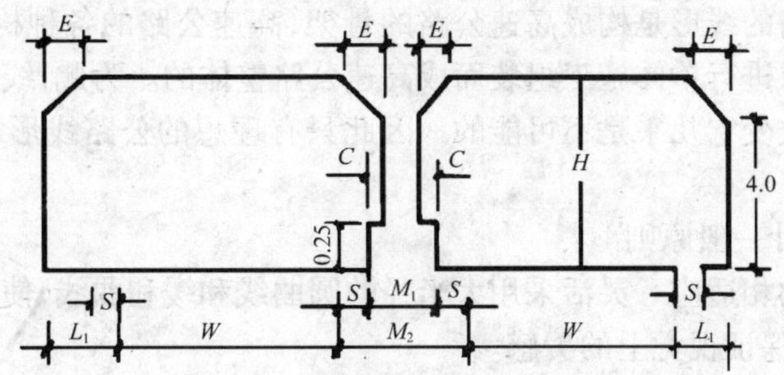

图 9-1　高速公路建设界限

W—行车道宽；H—净空高度，5.0m；L_1—右路肩宽；

S—路缘带宽；M_1—中央分隔带宽；M_2—中央带宽；

E—净空顶角宽，路肩为 1.5m 以上时，$E=1.5$m；

C—当设计车速≥100km/h 时，$C=0.5$m，当设计车速＜100km/h 时，$C=0.25$m

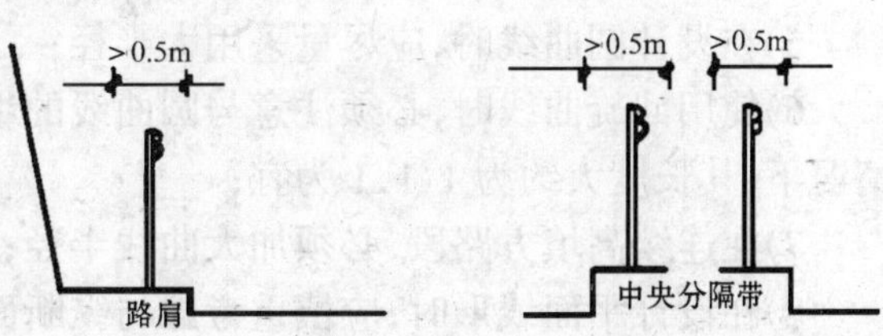

图 9-2　设置防护栅余宽

(1)交通量是指单位时间通过公路某一断面的交通流量(即单位时间通过公路某断面的车辆数目)。其具体数值由交通调查和交通量预测确定。设计交通量是指拟建公路到达远景设计年限时能达到的年平均日交通量(辆/昼夜)，它是公路几何线形、路基横断面、路面结构和安全设施设计的最基本的数据。高速公路设计时，一般以规划远景年份(20 年)的第 30 个高峰小时两个方向的交通量为设计标准。

(2)设计通行能力

1)基本通行能力　是指道路与交通处于理想情况下，每一条车道(或每一条道路)在单位时间内，能够通过的最大交通量。计算公式为：

$$N_{max}=3600/t_0=1000V/L_0(辆/h) \tag{9-1}$$

式中　V ——行车速度(km/h)；

t_0 ——车头最小时距(s)；

L_0——车头最小间距(m)，其值为

$$L_0=L_{返}+L_{制}+L_{安}+L_{车}$$

2)可能通行能力　是在实际道路和交通条件下，单位时间内通过道路某一点的最大可能交通量。它是考虑实际道路和交通情况，在基本通行能力的基础上修订得到的。

3)设计通行能力　是指道路根据使用要求不同，按不同服务水平条件下所具有的通行能力，也就是要求道路所承担的服务交通量。

$$N_{设计}=N_{可能}\times 服务交通量/通行能力 \tag{9-2}$$

9.2.2　线形设计标准

所谓公路线形，就是道路中心线的立体形状，公路平面线形是指道路中心线在水平面上的投影，纵断面线形是指道路中心线在竖直面上的投影，路幅在与中心线垂直面上的投影称

为横断面。高速公路的线形是构成高速公路的骨架，高速公路的各种构造物如路基、路面，都是按公路线形要求进行单体施工组装而成高速公路整体的。为此，线形起着支配作用，一旦公路建成之后要改变它几乎是不可能的。因此只有理想的公路线形才能保证汽车高速、安全、顺适地行驶。

1．平面线形设计一般原则

(1)与地形、地物相适应　灵活采用大半径的圆曲线和缓和曲线，使之与地形相适应，并与自然景观相协调，保证视觉上的美感。

(2)确保汽车行驶的安全性和舒适性　此项应从以下几方面考虑：

1)线形应是连续的，避免各线形之间出现突变；

2)直线不宜随地形布设，过长的直线是事故的多发地段，在运用直线时不要破坏线形的连续性；

3)小交角曲线容易给驾驶员以错觉，所以交角尽量不小于10°；

4)在两个同向曲线间不要插入短直线；

5)在设计圆曲线时，应尽量采用大半径；

6)使用回旋曲线时，必须注意与圆曲线的组合，在回旋线——圆曲线——回旋线的连接情况下，其长度大约为1∶1.1为宜；

7)在连续高填方路段，必须加大曲线半径；

8)在设计平面线形时，应慎重考虑与纵断面线形之间的配合。

(3)保证平面线形的顺适性　为确保平面线形的顺适、优美，应尽量利用缓和曲线。

(4)保证经济性　努力做到经济合理，工程费用最小。

2．平面线形的设计方法

一般公路在平面设计时大多采用以直线为主的方法，即直线作为基本线形，然后再用圆弧连接各条直线。对于高速公路，则是以曲线为主的设计方法，即长曲线—短直线和连续曲线的线形，如图9-3所示。此种方法是根据地形条件，首先选用尽可能大的半径来确定基本线形的圆弧，再把这些圆弧用适当的缓和曲线连接起来。用这种新的设计方法很容易求出所需的线形。

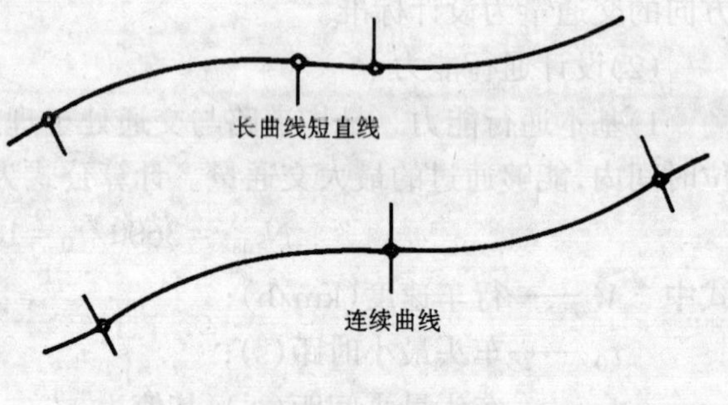

图9-3　曲线设计法

此种线形是比较理想的平面线形，由于在曲线上行车，道路的景观不断变化，使驾驶员、乘客心情轻松愉快；可以弥补直线的不足，还能给驾驶员提供良好的视线诱导。

3．纵断面线形设计

纵断面线形是公路路线三维空间线形的一个组成部分，由一系列的直坡线和竖曲线所组成。纵断面线形设计就是在给定的设计速度范围内，使汽车行驶适应地形起伏条件，把纵断面线形诸要素组合成视觉连续，平顺圆滑的线形。

(1)纵断面线形设计原则

1)线形圆滑顺适，在短距离内最好不出现反复的凹凸线形；

2)应避免只能看到近处和远处而看不到中间凹下部分的线形；

3)应避免在同向弯曲的两条竖曲线间(特别是凹形竖曲线)设置短直坡线，注意使整体线形一目了然；

4)两坡度差较小时，竖曲线半径应尽量大些；

5)上坡坡度大且坡段长时，应考虑设置爬坡车道；

6)纵坡越缓越好，但根据排水要求，最小纵坡不应小于0.3%～0.5%。

(2)纵断面线形设计方法

纵断面线形的设计方法，可采用与平面线形相类似的设计方法，即以连续的竖曲线为主体的线形设计。基本作法是：首先作出符合地形的竖曲线，再使相邻的竖曲线相互连接，或插入切线连接，或采用一条大竖曲线代替相邻两条竖曲线。此作法能给驾驶员一种适应地形和连贯流畅的感觉，以保证汽车安全舒适的行驶。

4. 高速公路横断面设计

(1)路幅组成

高速公路的横断面分为整体式和分离式两类，一般标准横断面多以整体式断面为代表。它包括：行车道、中间带、路肩以及用地范围内的标志照明、防护栅、取土坑、边沟、边坡等与地面线围成的整个断面，它的宽度大小决定用地多少和造价，并影响通行能力及行车安全。标准横断面见图9-4所示。

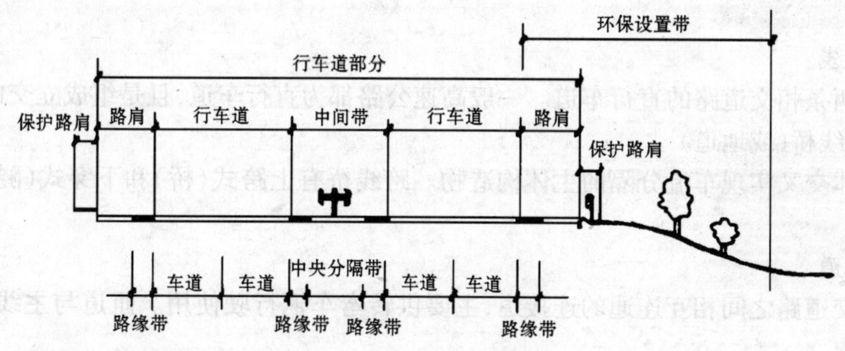

图9-4 横断面路幅组成

(2)行车道

高速公路的行车道，一般至少配备四个车道，每一车道宽度为3.5～3.75m。路拱横坡采用1%～2%。

(3)中间带

中间带是由中央分隔带及两侧路缘带组成，其宽度等于设施带宽与侧向余宽之和。主要作用是排除纵向交通干扰，分隔对向上下流以避免相撞；在不熄灭前灯时可减轻夜间车灯眩光；防止车辆回头转弯；清晰显示内侧边缘，引导司机视线；可作为设置防护标志及绿化用地等。

(4)路肩

高速公路的路肩包括硬路肩和保护性路肩。我国规范规定硬路肩(包括外路缘带)总宽度：平原微丘区不小于2.5m，山岭重丘区不小于1.75m；保护性路肩，一般为0.5～2.0m，在其上可种草皮绿化，也可设置标志设施。

9.2.3 立体交叉设计标准

根据高速公路的定义可知，高速公路在与其他道路相交时，应全部采用立体交叉形式。立体交叉是指两条道路在不同平面上相互交叉的联结。这样可以确保车流畅通和安全，增大通行能力。

立体交叉可分为分离式和互通式两种。分离式立交的两条道路互不相通，各行其道；互通式立交是指相交的两条或多条道路，可以互相出入。

1. 立体交叉的修建条件

(1)高速公路与高速公路、高速公路与快速道路、一级公路或主干道路与交通繁忙的其他道路相交时，可采用立交。

(2)高速公路与通往重要港口、机场或国际重要游览胜地的公路相交时，可设立交。

(3)相交的两条道路进入交叉口的交通量达到4000～6000辆/h；相交道路为四车道以上时，可设立交。

(4)相交道路的行车速度达80～120km/h，采用平交道口车速会降低太多，经济损失过大时，应改为立交。

(5)地形适宜，有明显的经济效益时，可设立交。

2. 立体交叉的基本组成

完全互通式立体交叉，通常由跨线桥(或地道)、主线、出入口及变速车道(加速、减速车道)等组成。

(1)主线

是指两条相交道路的直行车道。一般高速公路都为直行车道，且是组成立交的主体。

(2)跨线桥(或地道)

是立体交叉实现车流分隔的主体构造物。跨线桥有上跨式(桥)和下穿式(隧道、地道)等形式。

(3)匝道

是相交道路之间相互连通的连接道，主要供转弯车辆行驶使用。匝道与主线的交点称为匝道终点。

(4)出口和入口

由高速公路驶出进入匝道的路口称为出口，由匝道驶入高速公路的路口称为入口。

(5)变速车道

在高速公路进出口附近主线右侧增设的为车辆进出变速而用的附加车道称为变速车道。入口端为加速车道，出口端为减速车道。

(6)斜带及三角形地带

变速车道与主线衔接的三角形渐变段称为斜带。匝道与主线间、或匝道与匝道间所围成的地区称三角形地带。三角形地带是交叉口绿化、美化、照明等的用地。

(7)集散道路

位于城市附近交通繁忙地区的高速公路，因特殊情况，两个立交间距较近，将两立交的加减速匝道直接连结起来，构成集散道路。

3. 立体交叉分类

(1)按相交路线跨越方式划分

1)上跨式　用跨线桥从相交路线上方跨过的立交方式；

2)下穿式　用地道桥、路堑或隧道从相交路线下方通过的立交方式；

3)半上跨半下穿式　介于上述两种之间的一种立交方式。

(2)按相交道路的条数划分

1)三路立交，可分Y和T形两种；

2)四路立交；

3)多路立交；

(3)按立交层数划分

1)两层式；

2)三层式；

3)四层式。

9.2.4　路基设计标准

(1)路基宽度及质量

高速公路的路基比一般公路路基要宽一些，我国四车道路基宽度规定为20～26m。高速公路对路堤的工程质量要求很高，路堤的下层要求填筑水稳性好的粗粒土，上层填土的压实度要求达到98%。对软土地基处理，有的采用压密砂桩或用钻孔法将石灰、水泥或化学试剂压入深层，使软土固结；有的在软土层上铺设土工布做垫层。

(2)边坡

在边坡稳定方面，广泛采用加筋挡土墙代替重力式挡土墙，以减少路堤的填土数量。

(3)高度

路堤高度在受河流洪水或洼地积水影响的路段，由设计洪水频率或积水位高程决定，一般要高出自然地面2.5m左右，并设置护坡道。

(4)防护工程

在路基防护方面，应采取工程防护和植物防护相结合的防护措施，确保稳定，协调景观。

9.2.5　路面设计标准

1.路面类型

高速公路的路面结构，一般为沥青路面和水泥混凝土路面。沥青路面的面层、基层和垫层可采用沥青做结合料的沥青混合料、级配碎石、未筛分碎石和优质级配砾石等。

水泥混凝土路面的面层是水泥混凝土板，基层多采用水硬性结合料稳定材料，也可以用无结合料的粒料。

(1)沥青混凝土路面

沥青混凝土路面具有造价低、路面连续性好(无接缝)、施工完毕即可开放交通、有很好的平整度及损坏后便于修补等优点。

当前各国高速公路的沥青混凝土路面结构，多数采用多层次组合。其中上面层一般采用热拌热铺沥青混凝土，用耐磨和摩阻系数高的坚硬砂石骨料，厚度一般为3～7cm；下面层多采用沥青碎(砾)石混合料，厚度为4～9cm，沥青含量较少；基层多采用沥青贯入碎(砾)石或低标号水泥混凝土，厚度为15～20cm；底基层一般采用10～30cm厚的沥青、水泥或石灰稳定砂土或级配碎(砾)石或矿渣；最下面的垫层则采用15～30cm厚的天然砂砾或矿渣，总厚度在 50～100cm。

(2)水泥混凝土路面

水泥混凝土路面有许多优点,如耐磨、使用寿命长、平整度好。但由于接缝太多及接缝间处理不完善,将严重影响高速行车的舒适。现在普遍对胀缝与缩缝采用不同的方法进行处理。缩缝多采用切缝机,在混凝土终凝后切缝,缩缝间距为 4～6m,并按 4、4.5、5.5……以间距相差 0.5m 的规律排列,缩缝与路中线呈 1:6 的斜交(30°),这样可以消除等距离缩缝使车轮产生的跳动。对于胀缝尽量少设,一般只在桥头、平曲线起终点、纵断变坡点及交叉口处设置胀缝。

水泥混凝土路面板一般厚度为 22cm 以上,最厚可达 30cm,根据行车需要厚薄应不等,内侧车道应薄些,外侧车道应厚些。

2. 路拱及排水

路拱一般取 1～2%,且六车道、八车道的高速公路宜采用较大的横坡。

高速公路的路面排水,一般由路肩排水与中央分隔带排水系统组成。

9.3 高速公路管理与监控系统

9.3.1 收费管理

公路具有商品性,将公路纳入商品经济轨道,是事物发展的客观规律。公路征收通行费的意义就在于能加速高速公路的建设,为全社会创造更高的经济效益,为国家的投资投放减轻压力,同时也体现公路本身的价值。

国家规定,凡利用贷款新建、改建的高速公路和里程在 10km 以上的一级公路、里程在 20km 以上的二级公路,建成后可对过往车辆收取通行费。收费应按桥梁、隧道、公路长度、还款额度、收费期限、交通量大小、车辆负担能力等因素综合考虑。

收费系统包括自动发卡机和自动读卡机。自动发卡机的发卡机构、写卡机及微处理机能根据不同车型发出不同的磁卡。当车辆驶入时,值班员识别车型后按键,发卡机会将磁卡自动送到写卡机中,写卡机将所需信息写在磁卡上,随后将卡发出,全部时间只需 3～4s。自动读卡机包括读卡机、投卡箱等。当车辆通过出口时,值班员将磁卡投入投卡箱中,磁卡通过读卡机将磁卡中携带的信息读到微处理机中,能计算出该车应交的通行费。司机交钱后,打印出可供报销的发票,自动栏杆打开。如遇跑车、无票卡行驶等特殊情况,值班员按键后,显示器能显示出应收的罚款金额。

9.3.2 监控系统

高速公路具有全封闭、全立交、分道行驶、中央分隔等高标准的道路条件;同时配有比较齐全的交通安全措施和服务设施;具有较大的通行能力和舒适安全的条件。但要想发挥其更大的作用,必须具备现代化管理手段并具备快速、准确地反映道路交通状况的现代管理设施。所以监控系统是高速公路必不可少的组成部分。

监控系统是由控制系统、监视系统、情报系统、传输系统和中心控制与显示系统组成的。

1. 控制系统

控制系统包括:干道本身控制和进出匝道控制。

(1)干道本身控制

通过干道本身控制可以达到最佳的、均匀的交通速度；减少尾端冲撞；由于事故维修的影响在限制交通的情况下增加营运。控制内容包括：

1)可变速度控制　A. 如在事故现场、维修施工现场之前一定距离设置限速标志；B. 在危险路段根据路面情况、能见度等，利用可变速度标志进行速度限制。

2)车道关闭控制　当某一车道前方由于事故或维修等原因受阻时，在现场前方立一转向标志，把车辆引到指定车道上行驶。

(2)进出匝道控制

目前对进出匝道控制只局限于对收费口的控制。

2. 监视系统

设置监控措施能帮助管理人员及时获悉发生的偶然事件，以迅速提供需要的服务。如提供火警、救护车等急救服务；提供修理服务；为驾驶员提供情报服务。

监视偶然事件采用的方法：(1)电子监视；(2)闭路电视；(3)紧急电话；(4)交警和公路巡逻车。

3. 情报系统

情报系统分为：提供情报、加工处理、收集情报三部分。

(1)提供情况

1)内容：A. 交通情况：交通规则、交通阻塞、故障车辆、交通事故等；B. 道路情报：道路构造、路面状况、路线情况、灾害等；C. 其他情报：气象、道路维修等。

2)提供情报设施 A. 大型可变情报板；B. 非可变标志。

(2)收集情报

1)内容：气象、灾害、交通流、道路状况、构造物、收费情况等。

2)方法：通过人力、仪器及其他机关提供等。

4. 传输系统

传输系统是控制原始交通情报的收集和控制指令发送确认的通道，负责完成各种信息、指令的传送任务，主要借助通信系统来完成。

5. 中心控制

监控系统的控制，一般采用以管理所(分中心)为基础单元，各管理所所管辖路段的各种设施(包括紧急电话、情报板、限制板、交通监测器、闭路电视等)都由管理所(分中心)实施控制。局中心主要负责对各管理所(分中心)实施宏观控制，收集汇总各种信息资料，分析全局道路交通运营状况，发布局的各种指令等。

复习思考题

9-1 高速公路的概念及应具备的条件是什么？

9-2 高速公路技术标准在哪些方面不同于其他等级道路的技术标准？

主要参考文献

1. 张廷楷主编．高速公路．北京:人民交通出版社,1990
2. 胡长顺,黄辉华编著．高等级公路路基路面施工技术．北京:人民交通出版社,1995
3. 梁富权主编．道路工程．北京:人民交通出版社,1996
4. 姚祖康编著．道路路基路面工程．上海:同济大学出版社,1994
5. 刘恩德等编著．高速公路线形与环境设计．哈尔滨:东北林业大学出版社,1994
6. 张正林主编．公路工程．北京:人民交通出版社,1987
7. 张金水,张廷楷主编．道路勘测设计．上海:同济大学出版社,1998
8. 张雨化主编．公路勘测设计．北京:人民交通出版社,1986
9. 何景华主编．公路勘测设计．北京:人民交通出版社,1985
10. 徐家钰,程家驹编著．道路工程．上海:同济大学出版社,1995
11. 周荣沾主编．城市道路设计．北京:人民交通出版社,1988
12. 陆鼎中,程家驹编著．路基路面工程．上海:同济大学出版社,1992
13. 胡江碧．公路设计概论．北京:人民交通出版社,1997
14. 交通部第二勘察设计院主编．公路设计手册——路基．北京:人民交通出版社,1996
15. 高速公路丛书编委会．高速公路规划与设计．北京:人民交通出版社,1998